THE RESEARCH ON

MORAL INTENTION

道德意愿
及其
培育研究

AND ITS CULTIVATION

王迎迎

著

社会科学文献出版社
SOCIAL SCIENCES ACADEMIC PRESS (CHINA)

西南交通大学马克思主义学院"纪念中国共产党建党 100 周年"后期资助

前　言

　　善良道德意愿是人们向往崇高道德境界、追求理想道德生活的力量之源。关注道德意愿及其培育问题，探寻个体道德意愿的生成过程与规律，剖析当前道德意愿培育中的现实问题及成因，既是优化道德教育的理论前提，也是加强社会道德建设的应有之举。聚焦"道德意愿是什么""道德意愿如何生成""道德意愿如何培育"等问题，本书对道德意愿进行了创新性、系统化研究；针对道德意愿培育的现实问题，努力剖析问题成因、探寻解决之策。本书共分五章，探讨了道德意愿的内涵、特征与作用，生成及影响因素，并在分析道德意愿培育现实问题的基础上，尝试提出了道德意愿培育的原则与方法，以及提升道德意愿培育效果的着力点。

　　第一章为"道德意愿的内涵、特征与作用"，主要探讨道德意愿的概念、特征及作用。本书指出，道德意愿就是人的"善念"，包括修善之念和行善之念，心之所存的"道德愿望"和心之所发的"道德意向"象征不同发展阶段的"道德意愿"；本书还探讨了"道德意愿"与"道德意识""道德意志""道德需要""道德动机"等相关范畴的区别和联系，指出道德意愿与相关范畴在个体道德发展中各司其职、相互促进。道德意愿具有显著特征，从道德意愿的概念界定可以看出，自愿性与意向性是道德意愿最为突出的两大特征；就存在形态而言，道德意愿呈现出内存性与交往性并存的特征；以道德主体划分为依据，道德意愿具有普遍性与特殊性；就利益诉求而言，道德意愿具有利己性与利他性；从时空场域来看，道德意愿具有理想性与现实性；就发展程度而言，道德意愿具有坚韧性与脆弱性。道德意愿之于个体德性发展而言，具有重要的推动和促进作用。具体来看，道德意愿的自由决断充当着道德主体性的根基，道德意愿是生成道德自觉的基本前提、产生道德行为的心理动力、人们遵循道德规范的内生根源、行为主体履行道德责任的动力之源和能力之本，也是判断和评价行为主体是否需要对其行为负道德责任的重要依据。

第二章为"道德意愿的生成及影响因素"，分析了道德意愿的生成条件、生成过程及规律、影响因素等。首先，本书从道德的个体生成与历史生成两个视角，反思当前有关道德生成问题的研究。本书归纳了道德意愿的生成条件，如道德共识、道德交往、道德实践、道德冲突等客观条件，以及道德认知能力、道德共情能力、道德感知能力、道德自控能力等主观条件。本书指出，道德意愿的生成过程分为萌发"道德愿望"、激发"道德意向"、达成"道德意愿"三个主要阶段；其中"道德愿望"的萌发包括认知内化、情感内化、行为内化和交互内化等方式，"道德意向"的激发要经历情境感知、情境反应、情境判断等阶段，"道德意愿"的达成又分为道德意愿的实现与升华两个阶段。道德意愿的生成过程通常遵循"内化与外化的统一""能动性与制约性的对立""强化与弱化的交替""阶段性与连续性的同步"等规律。道德意愿的生成在宏观方面受风俗习惯的影响和社会舆论的催化，在微观方面受道德榜样的激励和道德情境的制约。

第三章为"道德意愿培育的现实问题"，重点审视当前道德意愿培育的突出问题。关于当前道德意愿培育中的突出问题及原因剖析，本书认为，自觉性的参与力量不足、科学化的内容考究不足、全局性的整体关注不足、持续性的理性驱动不足，是当前道德意愿培育中的突出问题；原因可能在于，政府与民间力量的互动关系尚未完整构建、理论对实践的指导作用尚未充分发挥、网络对舆论的引导功能尚未有效实现、培育与践行的长效机制尚未真正形成。

第四章为"道德意愿培育的原则与方法"，提出了道德意愿培育应坚持的主要原则，以及在自我修养和教育引导方面可采纳的具体方法。本书提出，道德意愿培育要在教育目标上坚持"知行转化"原则，在培育内容上坚持"知识与能力并重"原则，在培育方式上坚持"言传与身教同步"原则，在培育途径上坚持"教育与自我教育并举"原则。关于道德意愿培育的方法，本书提出，要在"自我修养"上树立崇德向善的理想追求、强化正心诚意的道德自省、重视少私寡欲的意志磨炼、养成与人为善的行为习惯、躬行慈爱扬善的公益实践；要在"教育引导"上培养主体性道德人格、激发内隐性道德需要、培育基础性道德情感、建构远距离道德想象、增强道德失范免疫力。

第五章为"提升道德意愿培育效果的着力点",从凝聚道德共识、引领道德追求、夯实道德力量和营造道德风尚等方面提出了道德意愿培育效果的提升对策。首先,以社会主义核心价值观凝聚崇德向善的道德共识。要以社会主义核心价值观引领道德意愿的共识性发展,将社会主义核心价值观融入道德意愿培育的全过程,在践行社会主义核心价值观的过程中提升道德意愿。其次,以道德榜样引领崇德向善的道德追求。通过认识道德榜样的精神特质以增进榜样引领作用,推动榜样选树的现代转型以走出榜样疏离困境,发掘特定群体的榜样示范以激发榜样学习意愿。再次,以制度育人夯实崇德向善的道德力量。制度育人要做到立制彰显公正价值、立制系于人心人伦、立制固化善良意愿。最后,以环境育人营造崇德向善的道德风尚。引导道德舆论传播、净化社会道德风气,加强道德舆论监督、规范媒体伦理责任,及时回应道德事件、合理引导道德舆情。

目　录

导　论

　　道德意愿是人们发自内心的善意，是激发个体追求崇高道德境界、引领社会重塑公序良俗的动力所在。虽然当前的道德教育及道德建设已经取得一定成效；但是，道德教育效果不佳、道德建设成效不突出的现象依旧存在，这与道德教育或道德建设过程中没有重点关注个体道德意愿有着密切关联。然而，当前学界关于道德意愿的研究尚显不足，已有研究成果主要集中于道德意愿的相近范畴，未触及道德意愿的实质问题。本研究将立足现有研究成果，聚焦道德意愿及其培育问题，明晰道德意愿的内涵、特征、作用，以及探讨道德意愿的生成问题，尝试构建道德意愿理论研究体系；针对当前公民道德意愿存在的问题和道德意愿培育中的突出问题，提出道德意愿培育的原则与方法，以及具体培育策略。

一　问题的提出

　　通过长期的道德教育实践和一系列道德建设举措的逐步推行，个体道德素养和社会道德状况得到显著提升和改善。不过，随着多元化时代的到来，出现了道德缺位、道德冷漠、道德焦虑等问题，个体道德意愿逐渐被遮蔽和弱化，致使当前社会道德建设面临诸多压力。价值多元化的时代背景也为道德教育的开展带来了诸多挑战，个体道德的知行分离是教育实效不佳的突出表现。基于上述现实和理论背景，本书提出了道德意愿及其培育问题的研究设想，旨在以道德意愿为研究切入点，分析个体道德意愿的生成过程与规律，剖析道德意愿培育的现实问题，为切实解决当前道德教育和道德建设的突出问题提供理论依据和进行现实考证。

（一）研究背景

关注道德意愿的基础理论研究，并针对当前道德意愿培育的现实问题提出有效对策，是提升个体道德素养、改善社会道德状况的应有之举。无论是基于道德教育实效性不佳、道德建设成效不突出等现实背景，还是基于主体道德的根源、道德的生成过程与规律等理论背景，对道德意愿及其培育问题的研究都十分必要。

1. 现实背景

从现实背景来看，当前社会出现的道德缺位、道德冷漠、道德焦虑等状况给道德建设提出了新的现实挑战，道德教育中的知行分离现象成为道德教育效果弱化的突出表现；加强道德建设、提升道德教育实效，必须激发人们的善良道德意愿，促使个体道德实现知行转化。

（1）加强道德建设须激发善良道德意愿

2013 年 9 月 26 日，习近平在会见第四届全国道德模范及提名奖获得者时指出："要深入开展学习宣传道德模范活动，弘扬真善美、传播正能量，激励人民群众崇德向善、见贤思齐，鼓励全社会积善成德、明德惟馨。"① 两个月后，习近平在曲阜参观孔府和孔子研究院并同有关专家学者座谈时强调："必须加强全社会的思想道德建设，激发人们形成善良的道德意愿、道德情感，培育正确的道德判断和道德责任，提高道德实践能力尤其是自觉践行能力，引导人们向往和追求讲道德、尊道德、守道德的生活，形成向上的力量、向善的力量。只要中华民族一代接着一代追求美好崇高的道德境界，我们的民族就永远充满希望。"② 随后，刘云山在培育和践行社会主义核心价值观座谈会上指出："每个人心底蕴藏的善良道德意愿、道德情感，就是我们培育社会主义核心价值观最深厚的土壤。要把增强全社会的价值判断力和道德责任感作为宣传教育的重要着力点，引导人们辨别什么是真善美、什么是假恶丑，自觉做到常修善德、常怀善念、常做善举。"③

① 《习近平：深入开展学习宣传道德模范活动 为实现中国梦凝聚有力道德支撑》，《人民日报》2013 年 9 月 27 日，第 1 版。
② 《认真贯彻党的十八届三中全会精神 汇聚起全面深化改革的强大正能量》，《光明日报》2013 年 11 月 29 日，第 1 版。
③ 刘云山：《着力培育和践行社会主义核心价值观》，《求是》2014 年第 2 期。

善良道德意愿是人们向往崇高道德境界、追求理想道德生活的力量之源，从这个角度来讲，激发善良道德意愿是加强道德建设的必要之举。然而，审视当前我国现实道德状况却发现：在特殊的道德转型时期，新的道德体系尚不完善，道德标准失衡、道德价值失真等问题开始引发人们的道德焦虑；尤其是在当下新媒体时代，个别消极道德事件很容易通过网络媒体大范围传播而泛化为普遍性道德事件，给社会带来不同程度的道德恐慌；道德信任危机更是将"助人为乐"的传统美德演变为现代社会的风险行为，致使社会善意期待逐渐被弱化，人们内心的道德意愿不自觉地被道德冷漠所遮蔽。道德意愿是个体道德活动的行为动力、道德自觉的心理基础，也是社会道德规范的起源、道德功能发挥的依据，道德意愿使道德的人和道德的社会成为可能。加强社会道德建设，改善当前道德环境，最关键、最紧迫的任务就是要通过营造良好的道德舆论氛围、构建合理的道德评价机制等，努力激发和保护人们的善良道德意愿。

（2）提升道德教育实效须凸显道德意愿

有学者指出，当代中国道德教育至少有三大困境：一是教育目标过于精英化，二是教育手段过于强制性，三是教育内容过于知识化。[①] 事实上，道德教育的三大困境存在一个共性问题，即对受教育者道德意愿的忽略。精英化的道德教育目标给道德扣上了"高大上"的帽子，在一定程度上否定了多数受教育者内心蕴藏的道德意愿；强制性的道德教育手段视道德条目为刚性法则，忽视受教育者的自由意志，从而使其失去应有的道德选择能力；知识化的道德教育内容秉承"道德知识决定论"，认定拥有道德知识的人必会择善去恶，却忽略了道德意愿在受教育者道德知行转化过程中的关键作用。

知行合一是考察道德教育实效性的标准，习近平也曾多次提及知行合一问题。2014年5月4日，习近平在考察北京大学时强调："道不可坐论，德不能空谈。于实处用力，从知行合一上下功夫，核心价值观才能内化为人们的精神追求，外化为人们的自觉行动。"[②] 5月24日，习近平在上海考察时再次强调："培育和践行社会主义核心价值观，贵在坚持知行合一、

---

① 参见朱必法《中国道德教育的三大困境》，《光明日报》2014年12月16日，第14版。
② 习近平：《青年要自觉践行社会主义核心价值观——在北京大学师生座谈会上的讲话》，《人民日报》2014年5月5日，第2版。

坚持行胜于言，在落细、落小、落实上下功夫。"① 走向知行合一是道德教育的终极目标，激发受教育者的道德意愿，充分发挥道德意愿在知行转化中的动力功能、调控功能是实现这一目标的重要举措。

2. 理论背景

从理论背景来看，探寻德性伦理与规范伦理融合的可能性是当下道德哲学研究普遍关注的话题，道德危机等问题使对道德个体及其自我意识的研究变得尤为迫切；关注道德主体，从个体道德意愿视角切入，从而认识个体道德根源、解释道德行为的合理性，契合当前道德哲学及道德教育研究的理论诉求。

（1）探寻德性伦理与规范伦理融合的可能性

与探讨道德规则合理性的规范伦理学不同，德性伦理学主要围绕道德行为者的动机与品性展开讨论。1958 年，英国哲学家安斯库姆在《哲学杂志》上发表了《现代道德哲学》一文，对现代道德哲学（尤其是规范伦理学）进行了全面"清算"。安斯库姆旨在寻求一种合宜的道德心理学，更好地阐释"意愿""需求"等概念。随后，麦金太尔在《追寻美德：道德理论研究》一书中表达了同样的呼声，他认为产生西方现代性伦理困境的根本原因是当代规范伦理对传统德性伦理的拒斥。② 为寻找现代道德危机的出路，麦金太尔强烈推动亚里士多德德性伦理学在当代的复兴。

在安斯库姆和麦金太尔全面批判现代道德哲学之际，规范伦理学正处在发展的黄金时代，罗尔斯的《正义论》便完成于这一巅峰时期。在《道德哲学史讲义》的开篇导言中，罗尔斯指出，古典道德哲学与现代道德哲学的最大区别在于，前者依存的社会是同质性的，而后者依存的社会是异质性的。③ 罗尔斯的观点间接否定了麦金太尔的提议，即在历史背景已发生重大变化的现代社会，亚里士多德的德性伦理学已经难以回归。直到《三种伦理学方法：一场辩论》④ 面世，功利论、道义论和德性论三大派别的争论达到白热化。此后，一些伦理学家放弃了规范伦理与德性伦理"非

---

① 《当好全国改革开放排头兵 不断提高城市核心竞争力》，《光明日报》2014 年 5 月 25 日，第 1 版。

② 参见〔美〕麦金太尔《追寻美德：道德理论研究》，宋继杰译，译林出版社，2011。

③ 参见〔美〕约翰·罗尔斯《道德哲学史讲义》，顾肃、刘雪梅译，中国社会科学出版社，2012。

④ M. Baron, P. Pettit, M. Slote, *Three Methods of Ethics*: *A Debate*, Blackwell, 1997.

此即彼"的态度，开始关注二者的互补与融合。如，纳斯鲍姆的《德性伦理学：一个误导性的类型》、罗伯特·罗伯茨的《美德与规则》、迈克尔·斯洛特的《从道德到美德》、欧若拉·奥尼尔的《走向正义与德性》等，均在尝试探寻德性伦理与规范伦理融合的可能性。至此，道德主体、认识主体的道德根源成为当代哲学普遍关注的话题。①

　　我国学者金生鈜也曾关注过规范伦理与德性伦理的融合问题，认为现代性伦理过于重视普遍化的规则，却把德性视为纯粹个人性的道德意愿、感情和欲望，造成周全的伦理规则与具体道德处境中的人、道德生活中的传统相去甚远。② 德性伦理与规范伦理的融合是否可能？何以可能？如何在融合德性与规则的基础上，提出摆脱当前中国道德困境的适宜性道德理论？道德意愿既是德性的起源，也是规范的根源；没有道德主体自觉的道德意愿，便没有对善的追寻，更没有对道德规范的认同及遵守。道德意愿同时关涉德性伦理"道德动机"和规范伦理"规则正当"，正是探寻德性伦理与规范伦理融合的可能性、尝试解决现代性伦理危机的切入点。

　　（2）探寻人的自我理解的可能性

　　认识自我是实现自我的第一前提，哲学一直将认识自我奉为探究的最高目标。然而，"在历史上没有任何一个时代像当前这样，人对于自身这样地困惑不解"③。舍勒的疑惑恰恰是近代哲学自身所处的尴尬境地的反映，就人类知识学而言，伦理学、心理学、人类学、生物学等已经积累了相当丰富的经验，但我们对人类本性的认识却愈发迷茫和混乱。胡塞尔在其最后的著作中把哲学家看作"人性的主管""对人性的真实存在负责的人"，而非只对自身生命负责的个体。霍伦施泰因在《人的自我理解》一书中指出，在当代主流哲学中，人的自我意识被视为认识最可靠的出发点，是人类开展一切创造性活动的前提。自我意识同时也是意志自由的前提条件，对人的自我意识的探寻是理解人类道德意愿与道德行为的前提。但是，在自我意识研究的过程中，人类自我理解却不间断地遭遇不同解

---

①　参见刘科《从权利观念到公民德性》，上海大学出版社，2014，第3页。

②　参见金生鈜《德性与教化——从苏格拉底到尼采：西方道德教育哲学思想研究》，湖南大学出版社，2003，第30页。

③　〔德〕马克斯·舍勒：《人在宇宙中的地位》，李伯杰译，刘小枫校，贵州人民出版社，1989，第2页。

读，因而在人类的实践活动中出现了相应的道德危机、信任危机等。对道德意愿的深入探究，是从意愿这一视角切入，去剖析人的自我意识、去理解人的本性，并在此基础上去解释人类道德行为的合理性。从这一角度来看，道德意愿研究契合了探寻人的自我理解之可能性和必要性的理论诉求。

（二）研究意义

本研究将围绕"道德意愿是什么、道德意愿有何特征与作用、道德意愿如何生成"等问题，对道德意愿基础理论进行创新性、系统化研究；在此基础上尝试思考"培育道德意愿是否可能、怎样开展道德意愿培育、如何有效培育道德意愿"，聚焦当前道德意愿培育的现实问题，同时剖析原因所在，并努力探寻解决之策。对于深化道德意愿研究、优化道德教育实践、加强思想道德建设，这些尝试和探索无疑具有重要的理论价值和现实意义。

1. 理论价值

本研究的理论价值主要在于构建完善的道德意愿理论研究体系，对道德意愿的概念界定为今后深化道德意愿研究提供理论支撑，对道德意愿的全面考察为探析道德教育内在机制提供学理依据。

（1）对道德意愿的概念界定将为深化道德意愿研究提供理论支撑

中西伦理思想史上对道德意愿的探讨不曾间断，无论是中国传统心学，还是西方情感主义、功利主义伦理学，都从不同视角关注过道德意愿问题。即便是在当代学术体系中，道德意愿问题依然是欧陆现象学、英美分析哲学的核心话题，包括现代心理学，尤其是哲学心理学、社会心理学，十分关注人的行为意向。但是，本研究的核心概念——"道德意愿"，是当代道德话语体系下的表述，与中西伦理思想史上的"良知""道德感"等仍有显著差别；与现代心理学、欧陆现象学、英美分析哲学的"意向性"概念也有所不同，它更聚焦于人的道德行为意愿。总的来说，当前学术界尚未形成有关道德意愿研究的专门性论著，对道德意愿的概念界定也尚无定论，对道德意愿的有关思考零散地出现于对道德良知、道德需要、道德动机、道德意志等问题的分析之中。本研究首先要做的便是界定道德意愿这一概念，在梳理伦理思想史，借鉴心理学、现象学、心灵哲学和行动哲学有关研究的基础上，尝试科学界定当代道德话语中的"道德意愿"概念，准确描述"道德意愿"的内涵、本质特征，合理阐释道德意愿和相关范畴的区别与联系。概念界定是研究的基础条件和有效前提，本研究的尝试将有利于明晰道德意愿的内涵以及外延，为进一步深化道德意愿研究提供清晰的概念范畴和进行必要的理论探索。

（2）对道德意愿的全面考察将为探析道德教育内在机制提供学理依据

本研究将重点考察"道德意愿的作用"和"道德意愿的生成"等问题，试图通过对个体道德意愿的全面考察，为探析道德教育内在机制寻找新的研究视角。关于道德意愿作用的考察，将在肯定道德意愿之于个体和社会的重要性的同时，进一步思考如何强化道德意愿、如何发挥道德意愿的作用。关于道德意愿生成机制的分析，将探讨道德意愿的起源，道德意愿生成的主观条件、客观条件，道德意愿的发展过程和规律，以及影响道德意愿的宏观因素与微观因素等。本研究对道德意愿生成机制的深入分析，将为探析道德教育内在机制提供学理依据。

2. 现实意义

本研究的现实意义主要在于为提升当前道德教育与道德建设效果提供理论指导，其中，道德意愿的培育原则与方法的提出为优化道德教育提供了方法指导，而抓住提升道德意愿培育效果的着力点是加强社会道德建设的关键所在。从道德意愿视角分析个体道德发展，剖析社会道德发展，具有重要的现实意义。

（1）道德意愿的培育原则与方法是优化道德教育的原则和方法

在对道德意愿的基础理论进行全面、系统研究的基础上，本研究尝试探讨了道德意愿培育的可能性、可行性和有效性问题，提出了较为完善的道德意愿培育原则与方法。比如，本研究从自我修养视角出发，提出通过树立崇德向善的理想追求、强化正心诚意的道德自省、重视少私寡欲的意志磨炼、养成与人为善的行为习惯、躬行慈爱扬善的公益实践等方法来培育个体的道德意愿；从教育引导视角出发，提出通过培养主体性道德人格、激发内隐性道德需要、培育基础性道德情感、建构远距离道德想象、增强道德失范免疫力等方法来培育个体的道德意愿。本研究尝试构建出系统化的道德意愿培育体系，以期为改变当前道德教育实效性不强的现状提供理论参考和方法指导。

（2）提升道德意愿培育效果有助于加强社会道德建设

本研究在实践问题探讨部分，重点剖析了当前道德意愿培育的现实状况和道德意愿培育的突出问题。本研究深入探讨了当前道德意愿培育的突出问题及其可能成因，对有关问题的考量更具时代特色，也更接近中国道德建设的实际情况。无论是道德教育，还是道德建设，对其实效性的考察都必须立足于个体是否在实际道德生活中做出相应的道德实践，因而道德意愿培育是解决上述问题的关键所在。本研究在审视当前道德意愿培育现实问题的基础上，尝试提出了提升道德意愿培育效果的四大着力点，力争为完善当前中国道德建设提供相应的理论思考和对策建议。

二 国内外研究状况

善念是人文精神的灵魂所在，对善念的思考是中西伦理思想史上的永恒话题。在中国，善一直是中华民族的精神信仰，无论是儒家的"仁者爱人""善与人同"主张，还是道家的"天道无亲，常与善人"思想，或是佛家的"修善功德观"，都是在引导人们扬善抑恶、乐善好施、修善积功，而"三教的精神又汇合为乐善行善的共同理念，从而奠定了中国人共同的文化心理基础"[①]。在西方，至善始终是人们孜孜以求的道德终极目标，从苏格拉底的"善生"理想到亚里士多德的"至善论"，从奥古斯丁的"自由意志"到康德的"善良意志"，以及情感主义伦理学的"道德感"、功利主义伦理学的"最大幸福"、进化论伦理学的"互助本能"等，西方人一直行走在追寻美德的路上。

（一）国内研究状况

国内学者关于道德意愿的研究呈现多学科分布态势，在伦理学、教育心理学、社会心理学、分析哲学和现象学领域，道德意愿都曾被提及，尤其是在伦理学和心理学领域，道德意愿始终是基础理论研究的一个核心概念，同时也是一个永远趋向成熟的研究方向。

当前国内尚无关于道德意愿研究的专门著作，"道德意愿"概念在两

---

① 游子安：《善与人同——明清以来的慈善与教化》，中华书局，2005，第2页。

个版本的《伦理学》专著中，也仅仅是被简单提及。如，在 1989 年首次出版的《伦理学》中，罗国杰将道德意愿、道德意向、道德意图统归于道德动机过程；① 2012 年版《伦理学》指出，道德动机的产生要经历道德意愿的萌动、道德意向的确定过程等。② 但是一些相关或相近研究，如围绕道德需要、道德动机、道德意志等的研究，主要集中在教育心理学、伦理学、心灵哲学、现象学、社会心理学等领域。在教育心理学领域，主要是运用心理学实验法研究受教育者的道德发展规律，其中会涉及受教育者的道德需要等内容，如林崇德的《品德发展心理学》（1989）、白先同的《教育心理学教程》（1992）、贺希荣等的《道德的选择：来自大学生心灵的报告》（2006）、李霞的《当代青少年的良心发展的心理学研究：对职业道德教育的启示》（2012）等著作。在伦理学领域，与道德意愿相近的研究成果较为丰富，如，何建华的《道德选择论》（2000）、刘惊铎的《道德体验论》（2003）、彭柏林的《道德需要论》（2007）、胡林英的《道德内化论》（2007）、吴瑾菁的《道德认识论》（2011）、覃青必的《论道德自由》（2012）等，虽然上述著作并未直接探讨个体的道德意愿，但围绕道德选择、道德体验、道德认识、道德自由等范畴的研究同样具有启示意义。在心灵哲学领域，围绕道德意愿的研究尚不成熟，目前只有徐向东的《理解自由意志》（2008）这一代表性著作。在现象学领域，对道德意愿的探讨主要集中于现象学心理学（心学）的有关研究中，如崔光辉的《现象的沉思：现象学心理学》（2009）、倪梁康的《心的秩序：一种现象学心学研究的可能性》（2010）。在社会心理学领域，主要通过实证研究方法分析人的利他行为，以及利他行为的动机或意向，如李丹的《儿童亲社会行为的发展》（2002）、迟毓凯的《亲社会行为启动效应研究》（2009）、迟云的《社会的良心与善行——聚焦社会志愿服务》（2014）等。

关于研究方法，教育心理学和社会心理学都注重实证研究。比如，白先同、王枬合著的论文《广西初中学生道德需要发展水平的调研报告》，采用品德情境测评法设计了"初中生道德需要问卷"，是国内关于道德需要的第一篇实证研究论文。丁长江、王宪清运用实证研究分析儿童对他人

---

① 参见罗国杰主编《伦理学》，人民出版社，2014，第 66 页。
② 参见《伦理学》编写组《伦理学》，高等教育出版社、人民出版社，2012，第 126 页。

道德行为归因的发展，进而了解儿童的道德动机及其发展特征。① 李道佳通过实证研究测量幼儿道德动机水平，揭示其道德动机发展的社会背景。② 郭占基、赵娟运用实证研究方法，分析成就动机与道德行为之间的关系。③ 伦理学领域的研究方法主要是逻辑思辨，心灵哲学领域的研究多运用哲学分析方法，现象学领域的研究通常采用现象学独有的先验研究、体验研究和解释学研究等方法。

1. 关于道德意愿相近概念的内涵的研究

当前学界关于道德意愿内涵尚无定论，尤其是对于狭义层面的道德意愿并未给出明晰的概说。广义的"道德意向"是指"个人想要进行某种道德活动和想要采取何种行动来完成这种道德活动时的心理活动"④，是"个人身上所表现出来的对现实社会道德生活的态度或行为倾向的主观部分或道德意识活动现象"⑤。在李光辉看来，道德需要、道德动机和道德意志统归于个体道德意向活动的范畴。

第一，关于"道德需要"的概念界定。当前学界关于道德需要的研究已较为成熟，有关道德需要的概念界定就有十余种，不过众多定义也有共同之处，即将道德需要作为个体对道德的内在需求、心理倾向或心理意愿来理解。其中，多数学者倾向于将"道德需要"理解为人对于道德的内在需求。如，心理学家林崇德认为，道德需要是"直接地与人所具有的对于一定道德规范的需要相联系的一种体验"⑥。萧揪指出，道德需要从起源标准来看属于人类所特有的文化需要，从对象性质来看属于精神方面的需要。⑦ 在罗国杰教授看来，道德需要是"建筑在高度自觉和完全自律的基

① 参见丁长江、王宪清《小学儿童对他人道德行为归因的发展研究》，《心理科学》1993年第4期。
② 参见李道佳《关于幼儿道德动机水平的初步研究》，《学前教育研究》1995年第6期。
③ 参见郭占基、赵娟《教育心理学领域中动机与功效研究动态》，《心理科学》1992年第4期。
④ 李光辉：《论道德意向在个体道德活动中的主导作用》，《重庆师范大学学报》（哲学社会科学版）1991年第2期。
⑤ 李光辉：《论道德意向在个体道德活动中的主导作用》，《重庆师范大学学报》（哲学社会科学版）1991年第2期。
⑥ 林崇德：《品德发展心理学》，上海教育出版社，1989，第37页。
⑦ 参见萧揪《学生品德形成对自身道德需要的依存性》，《现代中小学教育》1991年第1期。

础上并依靠内心信念来满足的一种需要"①，体现了一个人崇高的道德责任和义务。《哲学大辞典》给出的道德需要的定义是："人们自觉履行一定的道德原则和规范的内在要求。"② 也有部分学者将"道德需要"视为一种特殊的心理倾向。如，曾钊新等将道德需要界定为"为保证社会和谐、发展和个人实现自我肯定、自我完善而产生的对自律体系的倾向性"③；白先同等认为，道德需要属个性倾向，是"人们在社会生活中从共同的利益出发执行和维护一定的行为准则的需要"④，"常表现为道德信念、道德认识，更主要的心理成分则是道德情感"⑤；彭柏林指出，道德需要是"人们基于道德所具有的满足自我与社会的价值、意义的认识和把握而产生的遵守一定道德原则和规范、做一个道德人的心理倾向"⑥。还有部分学者认为"道德需要"是个体的心理意愿。例如，在黄明理看来，道德需要是指人们"对于道德环境、道德规范、道德行为和自觉完善自我道德人格的心理意愿"⑦，这种心理意愿是基于对道德意义的认识而产生的；而王枬则认为，道德需要是人们自我确证、自我完善的自觉要求和内在追求。⑧ 此外，曾小五还分别从人性、社会、心理三个不同视角入手，揭示了"道德需要"三个不同层面的含义：从人性角度看，道德需要是人的存在对内在理性秩序的依赖关系；从社会角度看，道德需要是社会发展对特殊社会道德秩序的依赖关系；从心理角度看，个体道德需要的形成实际上是社会道德需要向个体心理道德需要的转移过程。⑨

第二，关于"道德动机"的概念界定。学者们基本上将其视作道德意愿，如《大学生道德动力建构探析》一文指出，道德动力的本质是

---

① 罗国杰：《论道德需要》，《湖北社会科学》1992 年第 9 期。

② 冯契主编《哲学大辞典》，上海辞书出版社，2001，第 234 页。

③ 曾钊新等：《心灵的碰撞——伦理社会学的虚与实》，湖南出版社，1993，第 12 页。

④ 白先同、郭志峰：《主体性德育模式试构》，《广西师范大学学报》（哲学社会科学版）1998 年第 2 期。

⑤ 白先同、王枬：《广西初中学生道德需要发展水平的调研报告》，《广西社会科学》1999 年第 4 期。

⑥ 彭柏林：《道德需要的含义及其二重性》，《海南大学学报》（人文社会科学版）2000 年第 2 期。

⑦ 黄明理：《个体道德需要的含义及其特征——道德研究的新视角》，《淮阴师专学报》1995 年第 2 期。

⑧ 参见王枬《论道德需要与道德教育》，《教育科学》1998 年第 2 期。

⑨ 参见曾小五《从三个视点看道德需要》，《湖南师范大学社会科学学报》2000 年第 4 期。

道德需要，即"主体在客观的社会实践中按照社会要求根据自身价值判断而产生的道德需要"①；李丽军将道德动力定义为"主体在社会实践中的道德需要"，是推动道德主体接受和践行社会道德原则和道德规范的力量；②柯丹露指出，道德动机是"个体遵守他们认为有效的道德规则的意愿"③。

第三，关于"道德意志"的概念界定。有学者指出，当前我国关于道德意志的界定大致有两种倾向，一种是将道德意志理解为"一种内在趋善的强烈意愿"，另一种把道德意志定义为"一种克服困难的强大动力"。④唐凯麟认为，道德意志是"个体在履行道德义务的过程中，通过自觉地确定目的、支配行动、克服困难等表现出来的能动的实践精神"⑤。王海明认为，道德意志是一个人的道德行为从心理、思想确定到实际实现的整个心理过程。⑥沈永福指出，道德意志就是一种向善、求善的意志，使人们确立善的动机和善的目标；⑦沈永福、聂全高认为道德意志是人们根据某种道德原则和目的来调控道德行为、实现预定目的的心理因素和心理过程。⑧

2. 关于道德意愿相近概念的特征、功能的研究

在界定道德需要、道德动机、道德意志的基础上，学者们还进一步研究了它们的特征、结构、功能等。学者们普遍认为，道德需要具有超功利性和自律性、自觉性和内在性、内隐性、主观能动性和层次性等特征。曾钊新认为，道德需要的自律性是区别于其他社会性需要的外部特征，而倾向性是区别于其他社会精神需要的显著特征。⑨黄明理指出，道德需要是利己性与利他性的统一、层次性与整体性的统一、稳定性与可变性的统

---

① 宋明：《大学生道德动力建构探析》，《思想教育研究》2005 年第 2 期。
② 参见李丽军《当代大学生思想道德动力分析及实践研究》，硕士学位论文，山东大学，2007。
③ 柯丹露：《中学生道德动机的测评与特点研究》，硕士学位论文，南京师范大学，2011。
④ 参见易小明、祝青《道德意志概念论析》，《哲学研究》2010 年第 10 期。
⑤ 唐凯麟编著《伦理学》，高等教育出版社，2001，第 252 页。
⑥ 参见王海明《新伦理学》，商务印书馆，2001，第 624 页。
⑦ 参见沈永福《论传统儒家道德意志的修养方法》，《道德与文明》2011 年第 6 期。
⑧ 参见沈永福、聂全高《唯物史观视野中的道德意志》，《内蒙古师范大学学报》（哲学社会科学版）2008 年第 4 期。
⑨ 参见曾钊新等《心灵的碰撞——伦理社会学的虚与实》，湖南出版社，1993，第 18～19 页。

一、独特性与共同性的统一。① 唐凯麟认为，道德需要还具有交往的性质和明显的价值特性。② 彭柏林基于道德需要的层次性分析了道德需要的结构特征，指出道德需要的结构是多方面、多层次和多维度的，主要包括要素结构、主体结构、形式结构、性质结构和层次结构等。③ 有学者指出，道德意志具有主体能动性和社会制约性，④ 自由意志具有自发性、任意性、自律性；⑤ 另有学者根据意志是否自由区分义务的道德和追求的道德，指出义务的道德是社会生活中最基本的行为准则，追求的道德是引导人们争取至善生活的规范；义务的道德是追求的道德的基础。⑥

学者们还论证了道德需要、道德意向、道德动机的功能，主要可以归纳为激励功能、导向功能、主导功能、动力功能、调节功能等。

第一，从道德需要与道德主体的关系来看，道德需要对于道德主体而言意义重大，具有激励功能和导向功能。首先，道德需要意义重大。道德需要对于个体的存在与发展意义重大，道德需要是人的精神规定和存在方式，为人的自我实现、自我完善提供了依据和担保。⑦ 道德需要对于建构主体性道德人格具有基石性作用，道德需要的功利性和超功利性分别为其提供了原初生发点和升华点。⑧ 道德需要对个体道德发展有着深刻影响，有学者指出："儿童与青少年品德结构的任何一种特征都来自道德需要这种内部动力，儿童与青少年道德范畴的任何一种成分也都来自道德需要的影响，儿童与青少年品德发展水平也直接同道德需要的层次发展有关。"⑨ 此外，道德需要还是衡量道德素质高低的重要标尺，⑩ 是道德品质形成的

① 参见黄明理《个体道德需要的含义及其特征——道德研究的新视角》，《淮阴师专学报》1995 年第 2 期。
② 参见唐凯麟编著《伦理学》，高等教育出版社，2001，第 31~34 页。
③ 参见彭柏林《论道德需要的结构和功能》，《云梦学刊》2006 年第 4 期。
④ 参见沈永福、聂全高《唯物史观视野中的道德意志》，《内蒙古师范大学学报》（哲学社会科学版）2008 年第 4 期。
⑤ 参见谭洁《基督教原罪论·自由意志·道德》，《广西社会科学》2001 年第 3 期。
⑥ 参见陈小明《道德需要、道德层次与新时期道德建设》，《道德与文明》1997 年第 5 期。
⑦ 参见王珺《道德需要：对道德教育有效性的一种解读》，《理论月刊》2003 年第 11 期。
⑧ 参见柳潇《道德需要：主体性道德人格建构的基石》，《理论与改革》2004 年第 6 期。
⑨ 林崇德：《品德发展心理学》，上海教育出版社，1989，第 110 页。
⑩ 参见彭柏林《论道德需要的结构和功能》，《云梦学刊》2006 年第 4 期。

内在依据。① 其次，道德需要具有激励功能。就道德需要与人的道德积极性的关系来看，道德需要是主体产生道德积极性的内在源泉。② 最后，道德需要具有导向功能，可以为行为主体提供价值导向。③

第二，从道德意向、道德需要与道德活动的关系来看，道德意向、道德需要具有主导作用和动力功能。李光辉认为，个体道德活动一般分为心理活动和行为活动，个体道德意向在心理活动中起主导作用，同时也是主观道德心理活动见之客观道德行为的心理中介。他还提出"道德需要—道德动机"意向系统是个体道德行为发生、发展的心理基础，"道德情感—道德意志"意向系统是推动和决定个体道德行动成功的心理动力。④ 还有学者指出，道德需要决定道德动机产生与否，⑤ 具有启动与推动人的道德活动的作用，⑥ 是道德活动发生的主体动力。⑦

第三，从道德动机与道德判断的关系来看，道德动机具有调节功能。李曦指出，道德判断与道德动机的关系是元伦理学领域长久不息的争论话题，随着实验哲学的兴起，应当重视新的科学证据给道德动机研究带来的启发，虽然它们尚不能一劳永逸地解决道德动机争论问题。⑧ 井红波等以学业不良或有打架斗殴行为的大学生为调查对象，研究大学生道德动机在道德判断与反社会行为之间的调节效应；调查研究结果表明，在道德判断对大学生反社会行为的影响中，道德动机起着部分调节作用。⑨ 另外，道德需要的调控功能还体现在对人的其他需要的调节与控制方面，⑩ 道德需要可以实现个体需要与社会需要统一、物质需要与精神需要统一、自然性

---

① 参见萧楸《学生品德形成对自身道德需要的依存性》，《现代中小学教育》1991 年第 1 期。
② 参见彭柏林《论道德需要的结构和功能》，《云梦学刊》2006 年第 4 期。
③ 参见曾钊新等《心灵的碰撞——伦理社会学的虚与实》，湖南出版社，1993，第 20～23 页。
④ 参见李光辉《论道德意向在个体道德活动中的主导作用》，《重庆师范大学学报》（哲学社会科学版）1991 年第 2 期。
⑤ 参见陈雪梅《道德需要与德育教育》，《广西师范大学学报》（哲学社会科学版）1999 年第 S2 期。
⑥ 参见彭柏林《论道德需要的结构和功能》，《云梦学刊》2006 年第 4 期。
⑦ 参见姚新中《道德活动论》，中国人民大学出版社，1990，第 95 页。
⑧ 参见李曦《论道德动机探究的科学证据》，《自然辩证法通讯》2013 年第 5 期。
⑨ 参见井红波、陈抗《大学生道德动机对道德判断与反社会行为的调节效应研究》，《重庆大学学报》（社会科学版）2015 年第 5 期。
⑩ 参见彭柏林《论道德需要的结构和功能》，《云梦学刊》2006 年第 4 期。

需要向社会性需要的转化及统一。①

第四，从道德需要与道德规范的关系来看，道德需要是道德规范发挥作用的依据。王海明指出，个人道德需要是道德被遵守从而得到实现的途径和手段。② 只有当人们对道德怀有一种很深的认同感，即对道德的需要真正出于人的内心且具有最终的意义，道德的作用才会真正得以发挥。③道德需要具有规范功能，主要通过社会舆论的影响、良心的审视、习惯的约束等来规范人们的行为。④ 也有学者指出，道德需要是实现道德内化的动力，⑤ 是道德由外在的他律转化为其内在的自律的根据；⑥ 自由意志是人道德转化的必要而非充分条件。⑦ 另外，道德意志还是道德评价、道德责任的依据。行为道德与否都是意志理性慎重反思的结果，道德评价必须追溯行为主体的意志是否自由、行为是否出于自愿，行为意愿还是非意愿是行为主体承担道德责任的依据。⑧

《道德"规范"与"意向"》一文指出，意向是考察和判断人类行为的一种重要指标，"道德所关心的不仅仅是'做什么'，或者'怎样做'，更关心做的意向以及做事中所带有的意向"⑨。作者在塞尔"意向性"理论的基础上，推演了从人类心灵到伦理规范的发展路线：借助人类心灵和意识的意向性特征，从个体意向达到集体意向，再通过语言的象征化特征赋予一些东西以地位、功能，从而创造出包含道德规范在内的制度性实在。作者还详细考察了道德规范与意向的关系，认为道德规范虽是制度性实在，但因其规范性权威必须由人类意向所赋予而具有主观性特征，本质上

① 参见白先同、郭志峰《主体性德育模式试构》，《广西师范大学学报》（哲学社会科学版）1998 年第 2 期。

② 参见王海明《道德的起源和目的：从个人道德需要看》，《华侨大学学报》（哲学社会科学版）2004 年第 3 期。

③ 参见谢昌蓉《浅论道德需要的文化心理基础》，《唐都学刊》1993 年第 4 期。

④ 参见朱美芬《论道德需要与道德建设》，《学海》1999 年第 4 期。

⑤ 参见谢香云《论道德需要与道德内化》，《教育导刊》1999 年第 Z2 期。

⑥ 参见黄明理《个体道德需要的含义及其特征——道德研究的新视角》，《淮阴师专学报》1995 年第 2 期。

⑦ 参见方旭东《为善何以"可而不能"：荀子论说中的意志自由问题》，《学术月刊》2007 年第 12 期。

⑧ 参见伍志燕《自由与意愿：道德行为的前提》，《河北青年管理干部学院学报》2012 年第 4 期。

⑨ 李晔、苗青：《道德"规范"与"意向"》，《河南师范大学学报》（哲学社会科学版）2010 年第 4 期。

是一种指向人际间关系与交互主体性的集体性意向；二者的根本性关系主要体现在三个方面：一是规范的实质与意向的关系，二是规范如何通过意向发挥其作用和功能，三是道德规范对意向的规范性要求。①

3. 关于道德意愿相近概念的生成及影响因素的研究

第一，道德需要为何必要。黄明理和周志军对道德需要之根据问题做了详细的理论探讨，指出古今中外伦理思想家们的思考可以归纳为"道德目的论"和"道德工具论"两大类型。在道德目的论者看来，道德是人之为人的本质规定，道德需要是确证和丰富人性的根本要素；而道德工具论者则认为，道德是人追求幸福生活的手段，道德因其工具性价值而为人类所欲求。②但在一些学者看来，道德需要是人性的客观要求，人的社会属性使道德需要成为必要，而人的精神属性使道德需要成为可能；③作为人所独有的高级的精神需要，道德需要是经过后天培养将社会道德内化的结果。④陈小明认为，个人之所以需要道德，是因为道德是个人社会生存的必要条件和取得自身心理平衡的方式，也是个人自我发展、自我完善的需要。⑤《公民公益行为的理论分析》一文归纳了学界关于公益行为动因的四种观点：一是公民理论提出的"责任或义务论"，即公益行为是公民的社会责任；二是经济学解释的"利己论"，即公益行为有其内在目的，为谋取利益或是获得精神慰藉；三是利他主义的"利他论"，即公益行为源自人内心的慈善愿望或利他情结；四是"多元动机论"，即公益行为隐藏着复杂的动机。⑥

第二，关于道德需要的生成条件。当前关于道德意愿生成条件的研究，主要从个体条件和社会条件两种视角进行，多数学者更倾向于将这两种视角结合，从主体与客体的互动关系或从个体与社会的互动关系出发加以分析。单从个体条件来看，道德需要的生成机制包括："作为前提条件

---

① 参见李晔、苗青《道德"规范"与"意向"》，《河南师范大学学报》（哲学社会科学版）2010 年第 4 期。
② 参见黄明理、周志军《关于道德需要之根据问题的历史探微》，《淮阴师专学报》1996 年第 3 期。
③ 参见黄明理《从人性看人的道德需要》，《南京师大学报》（社会科学版）1997 年第 1 期。
④ 参见黄明理、张秀芳《简论个体道德需要培养的客观条件》，《盐城师专学报》（人文社会科学版）1997 年第 3 期。
⑤ 参见陈小明《道德需要、道德层次与新时期道德建设》，《道德与文明》1997 年第 5 期。
⑥ 参见唐娟《公民公益行为的理论分析》，《河南大学学报》（社会科学版）2004 年第 5 期。

的道德认知、作为内驱力的情感体验、作为强化力的道德评价、作为价值指向的人格追求。"① 从社会条件来看，道德需要发生的自然前提、观念前提、社会前提分别是：人类祖先的动物合群性本能、原始类化意象、人类生产劳动。② 在实践中，交往关系是道德动力的基础，社会要求是其产生的诱因，从而促使主体产生道德活动的愿望和动机；③ 客观条件的成熟度决定着道德需要培养的难易度，基本的生活资料是必要的物质基础，合理的社会体制是重要的制度保证，良好的社会道德风气是必备的道德场，严明的道德赏罚是必需的催化剂。④ 此外，经济活动的自主性为唤醒人的自由意志提供了必要的思想契机，社会生活的丰富性为发挥人的自由意志提供了有力的物质支持，价值取向的多元性也为展示人的自由意志创造了宽松的社会环境。⑤ 从主体与客体的互动关系来看，道德需要的产生依赖于主体、客体，以及主客体之间的关系，道德需要的形成一方面依赖"客体道德观念的强大的导向作用和社会舆论的影响"，而另一方面依赖"主体向善、求得和谐生活空间，求得高尚审美境界的需要"。⑥ 道德需要形成的条件包括客观条件和主观条件：客观条件主要有"生产力的发展"、"社会体制的合理化"和"良好道德场环境创建"；"个体自我的修身养性"是培养道德需要的主观条件。⑦ 个体道德需要的生成既需要一定的外部环境，如经济环境、政治环境和道德环境，也需要一定的内部环境，如个体的智慧发展水平、心理素质和自我意识。⑧ 此外，个体低级需要的满足、社会价值评判等也是道德需要出现的重要条件。⑨ 从个体与社会的互动关系来看，道德需要产生的必然性蕴涵于个体和社会互动的过程之中，道德内化

---

① 王洁：《论道德需要的生成机制》，《学校党建与思想教育》2013 年第 9 期。

② 参见张志伟《试论道德需要的发生》，《江汉论坛》1990 年第 11 期。

③ 参见宋明《大学生道德动力建构探析》，《思想教育研究》2005 年第 2 期。

④ 参见黄明理、张秀芳《简论个体道德需要培养的客观条件》，《盐城师专学报》（人文社会科学版）1997 年第 3 期。

⑤ 参见谭洁《基督教原罪论·自由意志·道德》，《广西社会科学》2001 年第 3 期。

⑥ 参见白先同、郭志峰《主体性德育模式试构》，《广西师范大学学报》（哲学社会科学版）1998 年第 2 期。

⑦ 参见彭柏林《论道德需要培养的条件》，《湖南医科大学学报》（社会科学版）2000 年第 4 期。

⑧ 参见彭柏林《论个体道德需要生成的环境》，《文史博览》2005 年第 Z1 期。

⑨ 参见陈小明《道德需要、道德层次与新时期道德建设》，《道德与文明》1997 年第 5 期。

是道德需要产生的机制所在。① 道德需要产生的客观前提是"道德所蕴涵的价值",主观前提是"人的自觉意识";② 生理前提是"人类祖先的动物合群性本能",而"生产劳动"则是道德需要产生的社会基础和决定因素;③ 人类道德需要得以产生的心理动因是"原始初民在与自然抗争过程中所产生的恐惧感,并在此基础上所产生的对社会共同体的归属感和敬畏感"④。

第三,关于道德需要的发展过程。道德需要按照发展水平可以分为:承担道德义务的需要、实现道德良心的需要和追求道德完善的需要,⑤ 或者是他律道德需要、自律道德需要、自由道德需要。⑥ 个体道德需要的形成过程十分复杂,大致经历了"外在要求—理性内化—情感意志需要"三个阶段,同时形成了与此相适应的三个层次:"客观道德需要""主观道德需要或功利道德需要""绝对道德需要或纯粹道德需要"。⑦ 就道德向性发展的轨迹而言,个体道德需要的提升过程为"无我—为我—我为";就道德知觉而言,道德需要的发展过程为"朦胧—填补—追求";就道德的社会功能而言,道德需要的发展轨迹为"协调—进取—奉献"。⑧

第四,关于影响因素的研究。道德意愿影响因素主要指向个体因素、社会因素、教育因素,以及情境因素,多数学者倾向于个体因素和社会因素共同影响。

其一,个体因素和社会因素。程秀波教授认为,"主体情感的贫乏、主体意志的薄弱","颠倒的道德评价、不良的道德环境","社会赏罚机制的不健全"是人们选择善行的障碍,而"善行与个人利益的背离"是最直接的障碍。⑨ 有学者认为,道德需要受社会制度、历史、时代、民族、阶

---

① 参见彭柏林《论个体道德需要发生的必然性和机制》,《云梦学刊》2003 年第 4 期。

② 参见彭柏林《道德需要范畴刍议》,《道德与文明》2003 年第 5 期。

③ 参见彭柏林《人类道德需要发生论》,《求索》2001 年第 3 期。

④ 彭柏林:《论人类道德需要发生的心理动因》,《湖南师范大学社会科学学报》2007 年第 2 期。

⑤ 参见王枬《论道德需要与道德教育》,《教育科学》1998 年第 2 期。

⑥ 参见夏湘远《义务·良心·自由:道德需要三层次》,《求索》2000 年第 3 期。

⑦ 参见贺平《道德需要:现代道德教育体系的理论基石》,《教育研究》1992 年第 3 期。

⑧ 参见曾钊新等《心灵的碰撞——伦理社会学的虚与实》,湖南出版社,1993,第 36～47 页。

⑨ 参见程秀波《善行的障碍剖析》,《河南师范大学学报》(哲学社会科学版)1991 年第 4 期。

级、习俗以及个人所属的群体所制约，因人的文化素养、兴趣、理想、信念以及世界观的不同而表现出不同的水平。① 潘汉杰指出，激发道德需要的个体因素主要有"需要的驱动、道德情感的参与、道德信念的维持、道德实践的强化"等，社会因素主要有"德育目标要求的适度性、道德规范和制度的作用力、校园环境的影响"等。② 另有学者认为，竞争激烈且充满诱惑的社会生活环境、道德付出与道德回报的不对等、道德信仰和道德榜样的匮乏，以及对社会主流道德价值观认同度不高等是当代青年道德需要不足的社会历史背景及主要原因。③ 有学者进一步指出，道德动力缺失的主要原因在于外在道德动力不足，即社会没有给人的内在道德动力的外化提供"得其所得"的公正保障，德行得不到公正的对待。因而，道德动力的诉求实质上是对社会公正的诉求。④ 而关于"青年劳工群体的公益意愿与公益行为"的调查显示，青年劳工群体公益意愿较强，公益行为较少；教育程度、家庭负担、工作稳定性和保障、城市生活经历、社会关系性质均会不同程度地影响青年劳工公益意愿和公益行为。⑤

其二，教育因素。有学者认为，信息化、多元化、网络化、实效化会影响大学生的道德动力，当前大学生内在道德动力不足的原因是教育缺失与认知偏差、重设计轻实践、成人与成才割裂，外在道德动力不足的原因是道德动力供给错位或供给不足。⑥《当代青少年公益行为影响因素之定量研究》一文指出，宏观层面，如学校组织公益活动的情况（社会公益文化氛围）、身边人参加公益活动的情况等，对青少年公益行为的影响最大；中观层面，家庭公益教育，尤其是父母的公益行为，对青少年公益行为的影响非常重要；参加公益活动的动机对青少年参加公益活动频率的影响较为复杂，出于自身而非外部的动力会增加青少年参加公益活动的频率；文

---

① 参见萧楸《学生品德形成对自身道德需要的依存性》，《现代中小学教育》1991 年第 1 期。

② 参见潘汉杰《中学德育道德需要激发的探讨》，硕士学位论文，广西师范大学，2005。

③ 参见蓝维《道德需要与道德行为》，《当代青年研究》2006 年第 5 期。

④ 参见任者春《道德动力的公正诉求》，《山东师范大学学报》（人文社会科学版）2005 年第 3 期。

⑤ 参见陆文荣、段瑶《青年劳工群体的公益意愿与公益行为——基于长三角地区七个城市的调查数据》，《青年探索》2014 年第 3 期。

⑥ 参见李丽军《当代大学生思想道德动力分析及实践研究》，硕士学位论文，山东大学，2007。

化程度、职业、年龄对青少年公益行为也有一定影响。[1]

其三，情境因素。首先，公益成本、决策场合对公益意愿具有调节作用。《善行的边界：社会与市场规范冲突中的公益选择——基于上海交通大学学生的研究》一文通过设计社会与市场规范冲突的测试情境，研究公益成本、决策场合对公益意愿的调节作用。实验结果表明，"控制利他成本是提高公益意愿的最有效方式，而在市场规范下要求高成本的公益行为，'礼崩乐坏'便可能发生"。公益成本、决策场合对道德意愿的调节作用具体表现为："在低成本、高社会化场合条件下，公益意愿最高；在低成本、低社会化场合条件下，公益意愿次高；在高成本、社会规范条件下，公益意愿次低；在高成本、市场规范条件下，公益意愿最低。"[2] 左玮娜同样指出："如果人们的善行要以不少时间和精力为成本，善行难免会因此而大打折扣。"[3] 其次，时间距离会影响道德判断和道德行为意向。在《时间距离对道德判断和道德行为意向的影响》一文中，舒首立通过三个实验研究验证了解释水平理论在道德领域的应用，及其理论框架在中国文化中的适用性。实验结论显示，解释水平理论框架在道德领域的应用适用于中国文化环境；时间距离影响人们的道德判断和道德行为，相较于近的时间距离视角，远的时间距离视角下人们的助人行为意向更强。[4] 再次，共情反应和受害者可识别性会影响公益意愿或行为。孙炳海等人指出，共情反应是捐款意愿或行为的直接预测变量。[5] 在此基础上，邢淑芬等人进一步分析共情倾向和受害者可识别性对大学生捐款意愿的交互效应及内在机制，其实验结果表明，对于具有高共情倾向的大学生，受害者可识别条件下的捐款意愿显著强于不可识别条件下的意愿；在受害者可识别的条件

---

[1] 参见其其格《当代青少年公益行为影响因素之定量研究》，硕士学位论文，中国青年政治学院，2011。

[2] 葛岩、秦裕林：《善行的边界：社会与市场规范冲突中的公益选择——基于上海交通大学学生的研究》，《中国社会科学》2012年第8期。

[3] 左玮娜：《善行 应当在举手投足间完成》，《中国社会报》2006年8月21日，第1版。

[4] 参见舒首立《时间距离对道德判断和道德行为意向的影响》，硕士学位论文，西南大学，2011。

[5] 参见孙炳海等《大学生的观点采择与助人行为：群体关系与共情反应的不同作用》，《心理发展与教育》2011年第5期。

下，大学生的共情倾向通过同情影响大学生的捐款意愿。① 最后，情绪和
价值观会影响利他行为的产生。钟毅平等学者发现，为促使道德判断转化
为道德行为，情绪作用机制往往在道德判断之前就会被激活;② 吴永钦研
究了情绪对道德判断的影响，研究结果发现，个体消极情绪下的道德判断
能力强于积极情绪下的道德判断能力，而悲伤情绪下的道德判断能力最
强。③ 寇彧、唐玲玲的研究表明，积极心境会促进亲社会行为。④ 刘明威探
讨了不同框架效应及情绪下大学生保护性价值观对利他行为意向的影响，
实验结果表明，保护性价值观对个体行为有指导作用，具有高保护性价值
观的个体更易倾向道德行为;情绪对具有高保护性价值观的个体影响不
大，但对具有低保护性价值观的个体的利他行为意向影响较大，消极情绪
下，具有低保护性价值观的个体更倾向选择利他行为。⑤

4. 关于如何培育的研究

当前学者们关于道德需要、道德意志、道德动机如何培育的研究，主
要从自身道德修养、学校道德教育和社会道德建设三大视角展开。多数学
者主张，要努力形成培育的内外合力以提升培育效果。

第一，从自身道德修养角度来看，培育的主要途径是通过道德实践活
动磨炼道德意志。有学者提出，社会实践基础上的道德意志磨炼与修养方
法有:树立正确的目标和人格理想、加强自我反省以提高道德意志的自觉
性、投身实践并在克服困难中磨炼道德意志、积善成德以培育良好的行为
习惯。⑥ 该学者还专门研究了传统儒家道德意志的修养方法:志立善道的
价值导引、正心诚意的心性修养、躬行践履的实践锻炼、抗危乐道的困境
磨砺、持之以恒的习惯养成。⑦ 另有学者提出，学生道德需要的培育方式

---

① 参见邢淑芬等《共情倾向与受害者可识别性对大学生捐款意愿的影响:共情反应的中介
作用》，《心理科学》2015 年第 4 期。
② 参见钟毅平、黄俊伟《情绪在品德心理中的作用》，《宁波大学学报》2009 年第 6 期。
③ 参见吴永钦《不同情绪状态对在校学生道德判断能力的影响》，硕士学位论文，华东师范
大学，2011。
④ 参见寇彧、唐玲玲《心境对亲社会行为的影响》，《北京师范大学学报》（社会科学版）
2004 年第 5 期。
⑤ 参见刘明威《不同框架效应及情绪下大学生保护性价值观对利他行为意向的影响》，硕士
学位论文，沈阳师范大学，2013。
⑥ 参见沈永福、聂全高《唯物史观视野中的道德意志》，《内蒙古师范大学学报》（哲学社
会科学版）2008 年第 4 期。
⑦ 参见沈永福《论传统儒家道德意志的修养方法》，《道德与文明》2011 年第 6 期。

主要有：观察学习、道德移情、认知学习、道德评价推动、角色扮演等；①解决大学生道德动力不足问题，最关键的是促进大学生内、外在道德动力上的互动契合。②

第二，从学校道德教育角度来看，培育的主要途径是重构以学生道德需要为核心的道德教育体系。多数学者认为，道德需要是德育过程的起点和内在驱动力，③也是德育实现变革的主要突破口，④培养受教育者的道德需要理性自觉是德育的本质担当，同时也是德育增强实效性的关键所在。⑤有学者的调查研究发现，高校德育忽视学生道德需要主要表现为：教学方式以灌输教育为主，教学内容与现实脱节；⑥大学生道德需要与教育目标偏离，道德期望与教育要求背离，道德认知与道德行为不一。⑦而德育视域中道德需要缺失的主要原因在于："无人"之道德及道德教育观、"规范式"德育范式、品德心理结构的不完善、"知性化"的道德教育及学习方式。⑧

为提升学校道德教育实效，学者们纷纷提出了相关对策。如，王葆华指出，道德教育观念要关注学生的道德需要，道德教育目标要切合学生的道德需要，道德教育途径要注重满足学生的道德需要。⑨关注学生道德需要应做到：发挥学生主体性作用，激发学生道德需要，根据实际情况改变学生的结构和条件；⑩注重大学生道德认识与道德情感的一致，将单向灌

① 参见范景《论当代大学生道德需要的培养》，硕士学位论文，北京交通大学，2010。
② 参见李丽军《当代大学生思想道德动力分析及实践研究》，硕士学位论文，山东大学，2007。
③ 参见邵巧艳《基于道德需要理论视角构建大学生德育新模式》，《学校党建与思想教育》2010 年第 23 期。
④ 参见杨竞红《道德需要：传统德育转型的突破口》，《浙江师大学报》（社会科学版）2001 年第 3 期。
⑤ 参见魏传光、曹琨《道德需要：德育的前提性承诺》，《现代教育科学》2004 年第 1 期。
⑥ 参见梁茵《关注学生道德需要，增强高校德育实效》，《长春理工大学学报》（社会科学版）2003 年第 2 期。
⑦ 参见张旭新《当代大学生道德需要调查与启示》，《海南师范大学学报》（社会科学版）2010 年第 6 期。
⑧ 参见王洁、郑葵阳《论道德需要的缺失及其教育价值指归》，《学校党建与思想教育》2013 年第 5 期。
⑨ 参见王葆华《试论德育与道德需要——关于当前中学德育实效性的思考》，《思想·理论·教育》2001 年第 9 期。
⑩ 参见李玉堂《高校以道德需要为核心的德育论略》，《现代大学教育》2001 年第 3 期。

输转变为参与式道德实践，尊重大学生的主体性和道德选择，注重大学生的道德内化。① 也有学者从马斯洛人的需要理论视角出发，探讨道德需要与个体各个层次需要的密切关系，指出关爱、利他、真诚等美德与个体各个层次的需要关系密切，道德教育工作要努力让人们认识这种密切联系，唤醒人们的道德需要自觉。② 还有学者提出了以道德需要为起点的中学德育操作指向，指出道德教育要贴近需要、激活需要、尊重需要、端正需要、融合需要，即贴近学生的生活实际需要，唤醒学生的道德需要，尊重学生道德需要的差异，把握学生道德需要的适度性，融合学生各层次的道德需要、融合社会道德需要与学生个体道德。③ 在具体教育途径上，学校要坚持以人为本原则、情感辅助原则、价值渗透原则和生活实践原则，采用教师的主导培养和学生的自主培养相结合、知性德育和生活德育相结合、他律性激发和自律性激发相结合等教育方法，具体途径有：优化道德环境、提供制度支持、完善道德教育，④ 倡导道德信仰、树立道德榜样、坚持社会主流道德价值引导等。⑤ 另有学者将大学生道德需要教育描述为：价值引导下的自主建构过程、大学生与道德文化的互动过程、师生相互理解的交往实现过程。⑥

第三，从社会道德建设角度来看，培育的主要途径是从道德规范、道德评价机制、道德环境等方面着手改善。有学者提出，当前我国道德建设面临的突出问题是公民的道德动力不足，原因可能在于：道德信仰缺失、道德价值观混乱、道德责任感弱化、道德教育与道德实践脱节，以及做好人有风险的道德氛围。⑦ 关于道德需要与道德建设的关系，有学者提出，"道德需要"突出人在道德建设中的主体地位和能动作用，强调大多数群

① 参见戴莹、马超《道德需要：高校德育创新的基点》，《高教探索》2004年第4期。
② 参见曹鸿飞、吕锡琛《从马斯洛的需要理论看个体的道德需要》，《现代大学德育》2004年第2期。
③ 参见赵金兰《以道德需要为起点的中学德育操作指向》，《天津教育》2005年第11期。
④ 参见赵凯《激发大学生道德需要的理论与实践研究》，硕士学位论文，闽南师范大学，2013。
⑤ 参见蓝维《道德需要与道德行为》，《当代青年研究》2006年第5期。
⑥ 参见王洁《道德需要教育——基于大学生德育的视角》，《教育文化论坛》2013年第5期。
⑦ 参见张宜海《公民道德动力不足的原因和对策》，《学校党建与思想教育》2015年第11期。

众的现实道德状况和道德需要，着眼于人的全面而自由发展。① 有学者指出，道德需要是"以德治国"的理论依据之一，实施"以德治国"方略，必须建立适合社会发展与客观实际的道德规范、构建合理的道德评价机制、形成浓厚的道德舆论氛围。② 也有学者提出，要建立一种良性激励的扬善机制以解决道德义务与道德权利相脱节的问题；③ 在道德失灵的当下，社会有责任对道德行为进行激励，但道德激励的方式需要现代化。④ 有学者指出，克服善行障碍，社会应坚持正确的舆论导向，建立和健全与扬善抑恶相一致的广义的社会赏罚机制，在深化改革中理顺各种利益关系。⑤ 还有学者专门提出了政府的伦理责任，即重视现实道德构筑、正视现实利益协调、完善报偿机制、加快制度伦理建设，引导社会公众实现本能性情感向社会道德情感的转变，竭力维护社会信仰系统。⑥ 在具体改善措施上，有学者主张应该把"如何做"作为道德实践的关键节点，从而激活道德的内在驱动力机制，⑦ 以科学道德观引导生活，以制度力量引导人们向善，以道德训练培养"道德人"，解决知行矛盾以及创建德、利、福相统一的道德环境等。⑧ 另有学者针对慈善活动中道德意愿弱化问题提出了改进对策，提倡要完善当前慈善机制，让善行在举手投足间完成，⑨ 要完善相关法律，通过慈善法来限制和惩戒慈善活动中的不良行为，激励人们做出更多的善行。⑩

---

① 参见吕安兴《道德需要与公民道德建设》，《南通师范学院学报》（哲学社会科学版）2002 年第 2 期。
② 参见王全权《从道德需要的本质看"德治"》，《南京林业大学学报》（人文社会科学版）2002 年第 3 期。
③ 参见邓清华《论增强道德需要》，《涪陵师范学院学报》2002 年第 4 期。
④ 参见祝东力、王振耀《今天，道德需要怎样的激励?》，《人民日报》2010 年 9 月 2 日，第 8 版。
⑤ 参见程秀波《善行的障碍剖析》，《河南师范大学学报》（哲学社会科学版）1991 年第 4 期。
⑥ 参见叶青春《道德动机与政府的伦理责任》，《社会主义研究》2004 年第 3 期。
⑦ 参见许建良《道德需要驱动力机制》，《伦理学研究》2010 年第 2 期。
⑧ 参见张宜海《公民道德动力不足的原因和对策》，《学校党建与思想教育》2015 年第 11 期。
⑨ 参见左玮娜《善行 应当在举手投足间完成》，《中国社会报》2006 年 8 月 21 日，第 1 版。
⑩ 参见张国华《善行还需良法》，《甘肃日报》2016 年 3 月 23 日，第 10 版。

5. 关于道德意愿的其他相关理论研究

第一，对宋明理学"道德意愿"有关思想的研究。学者方旭东认为，宋明理学对道德领域的"知而不行"问题给予了充分关注，程朱甚至将思维伸向道德实践的深层机制，关注到人的意愿、性格等非理性因素。程朱运用"可""能""肯"三个概念描绘道德行动结构图："可"是道德行动的前提，确保道德行动的意义性；"能"是道德行动的完成；"可"（可能性）向"能"（现实性）的转化很大程度上取决于"肯"（主体意愿）。①

第二，对亚里士多德"道德意愿"有关思想的研究。有学者指出，亚氏的"想望"实际上标示了人类的欲望和理性取得一致的可能性。陈玮认为，亚氏的"想望"实际上是"一种特殊的欲望形态和灵魂的追求能力"或"一种潜在的具有理性的、内在的驱动状态"，不应简单将其理解为"欲望中最容易被理性'规训'的部分"或"添加了理性因素的欲望"。②

第三，对奥古斯丁"道德意愿"有关思想的研究。学者吴天岳的专著《意愿与自由：奥古斯丁意愿概念的道德心理学解读》研究了奥古斯丁"意愿"概念的心理维度及其伦理后果，重点剖析了意愿作为心理能力的特征和功能，论证了意愿如何成为决定行为自由、行为责任的道德能力。吴天岳认为，奥古斯丁的"意愿"是"独立于欲望和理智之外的第三种心灵能力"，是我们外在行为自愿性的决定性因素。吴天岳还围绕奥古斯丁"意愿"思想撰写了系列论文，如《试论奥古斯丁著作中的意愿（voluntas）概念——以〈论自由选择〉和〈忏悔录〉为例》《奥古斯丁论信仰的发端（Initium Fidei）——行动的恩典与意愿的自由决断并存的哲学可能》《奥古斯丁〈论自由决断〉第三卷中的神圣预知与自由意愿》等，这些是目前国内关于奥古斯丁"道德意愿"思想最系统的研究。

6. 简要评论

综合国内关于道德意愿研究的整体状况来看，"道德意愿"始终是伦理学研究的核心概念之一，在中国传统伦理学思想史中有着大量富有参考价值的思想资源；当代学者也围绕道德意愿相关问题展开了多角度、多学科的广泛研究，形成了较为丰富的研究成果。这些理论成果既有理论层面

---

① 参见方旭东《道德实践中的认知、意愿与性格——论程朱对"知而不行"的解释》，《哲学研究》2011 年第 11 期。

② 参见陈玮《亚里士多德论想望与道德生活的可能性》，《伦理学研究》2014 年第 5 期。

的学理探讨，也是对实践层面的现实观照，为进一步深化道德意愿研究和解决现实道德意愿及其培育问题提供了重要的理论参考。但是，已有研究对道德意愿的考量依旧处于边缘，一些核心问题尚未形成系统研究，这也是本研究需要重点探讨的问题。

中国伦理思想史上有关道德意愿的研究大致有心学、玄学两条线索，心学强调道德"心本"论，以积极态度正面维护传统伦理道德；玄学强调意志自由，以消极态度反面剖析传统伦理危机。以心学为线索，孟子心学强调"心"先天具有主宰道德行为的潜能；荀子心学赋予"心"以欲望、理智和自由意志的心灵官能，强调其"肯为"特质，已涉及道德意愿问题；陆王心学强调"本心""良知"辨别善恶的道德评价功能；刘宗周强调"意"为心之所向、心之主宰、至善意志，正式提出道德意愿问题，伦理研究也由先前对封建伦理制度的关注转向对人的主观意志的关注。以玄学为线索，魏晋玄学掀起的"名教"与"自然"关系讨论，实际上是关于"意志自由"与"客观必然性"关系的探讨，最先开启对自由意志问题的关注。此外，道家老子最先提出道德意愿的遮蔽问题，严厉批判因功名利禄而道德的伪善现象，其后伦理思想家也多次提及道德动机功利化问题，如王充、王符等人反对将道德与权势、富贵挂钩。法家管仲最先提及物质生产水平之于道德的基础作用，引发后人对道德与经济关系的思考。儒家理学强调理欲统一、心迹统一，启发后人进一步思考私欲与公理的关系、动机与功效的关系。总之，上述伦理思想为道德意愿研究奠定了学理基础，但由于时代背景所限，传统伦理思想史上对道德意愿的探讨尚有不足之处。第一，有关道德意愿研究多以先验人性论为前提，缺乏对道德意愿生成过程等的思考。第二，后期道德意愿研究开始关注人的主体性，但却逐渐走向了唯意志论。第三，受传统宗法制度的影响，道德意愿研究往往局限于私德领域，直到梁启超的《新民说》才开启对公德领域道德意愿问题的思考。第四，出于维护传统伦理道德目的，关于道德意愿培育方法的研究多指向个体道德修养，较少从社会道德建设视角谈起。

当代学者关于道德意愿相近概念的研究成果相对丰富，对道德意愿相近概念的基础理论和现实问题都进行了较为深入的探讨，同时也提出了改进道德教育、加强道德建设的相关对策。在伦理学领域，已有研究主要是围绕道德意愿相近概念的内涵、特点、功能，以及道德意愿相近概念生成的条件、影响因素等展开了深入研究，同时也针对现实中道德意愿培育问题提出了改善对策；在心理学领域，已有研究主要集中于探讨激发道德动机、唤醒道德需要的个体因素或情境因素，且多以心理学实验方法为主，研究结论相对客观、科学；在社会学领域，主要针对志愿者行为、亲社会行为、公益行为的行为意向及其影响因素进行了实证分析；在教育学领域，已有研究针对道德教育实践中道德意愿缺失问题进行了反思，并提出了重构以受教育者道德意愿为中心的教育体系的任务。可以说，各学科围绕道德意愿相近概念的研究各有侧重、各有所长，共同构成了道德意愿相关问题研究的庞大体系。但是，仔细分析上述研究成果却发现，多数研究属于微观层面的泛泛而谈，并未真正触及道德意愿研究的核心问题。这些研究的不足之处在于：第一，对道德意愿的概念研究缺乏实质性界定。已有研究除了指出广义的道德意向活动外，主要界定了道德需要、道德动机、道德意志等概念，这些对于研究道德意愿具有重要启示意义，但也给道德意愿概念的界定带来了一定困扰。第二，现有研究处于严重的割裂状态。现有研究的割裂状态主要体现为理论研究与实证研究的割裂，如心灵哲学、伦理学领域的研究以宏观视野、理论分析见长，但研究结论缺乏针对性；心理学和社会学领域的研究以微观视野、实证分析见长，但研究结论过于细微具体。此外，已有研究成果的割裂状态还体现在分散性、重复性研究问题上。以道德需要研究为例，当前关于道德需要研究的论文浩如烟海，但较为系统的专门著作只有一本；此外，从 20 世纪 90 年代至今，关于道德需要的研究一直在陆续开展，但是研究质量却不尽如人意，甚至存在重复研究现象。第三，关于道德教育和道德建设中的现实问题的剖析过于表面化，不够深入。除了基础理论研究外，已有部分研究成果往往会涉及教育和社会中的道德意愿问题，并在分析基础上提出有关改进的建议对策。但是这些研究对问题的剖析往往过于简单、浅显，不免出现将道德教育和道德建设中的大众化问题直接全部归属于道德意愿培育问题的情况，从而导致部分研究所提出的对策建议缺乏针对性、合理性。

（二）国外研究状况

当代西方学界关于"道德意愿"问题的研究则主要集中在心理学、心灵哲学、行动哲学和现象学等领域，其中心理学领域的研究主要围绕利他行为意向和道德动机等问题展开，心灵哲学和行动哲学主要围绕意向与行为的关系来探讨，现象学同样以自己独特的现象学方法来审视意向问题。不过，除心理学的相关研究外，英美分析哲学和欧陆现象学关于"意向"问题的讨论过于抽象、晦涩，对现实层面的关注相对较少。

国外关于道德意愿的研究主要集中于心理学、欧陆现象学和英美分析哲学三个领域，其中心理学领域的研究最为成熟。在心理学领域，布伦塔诺的《从经验立场出发的心理学》（1974）最先关注"意向性"问题，并因此创立了意动心理学流派，这不仅开启了心理学对"行为意向"等问题的关注，而且为欧陆现象学和英美分析哲学研究"意向"问题奠定了理论基础。当前国外心理学对"道德意愿"的关注主要集中于"行为意向""道德动机"两个问题，针对行为理论和利他行为提出了诸多理论范式。现象学对意向的关注主要从胡塞尔开始，作为布伦塔诺的学生，胡塞尔将意动心理学相关理论运用到自己的理论研究中，从而开创了现象学，随后的舍勒、维特根斯坦、汉斯·莱纳、耿宁等学者不断完善和发展了胡塞尔的理论。英美分析哲学中最先关注意向问题的是维特根斯坦（胡塞尔的学生）的学生安斯库姆，戴维森、塞尔、麦克道威尔、丹尼尔·丹尼特等也是研究意向问题的代表性学者。

1. 心理学领域的道德意愿问题研究现状

第一，关于"意向性"的研究。意动心理学关于"意向性"的研究是开启心理学领域"行为意向"研究的理论基础。狭义的意动心理学是指布伦塔诺的意动心理学；而广义意动心理学是指以布伦塔诺为代表，包括斯顿夫、胡塞尔、厄棱费尔、迈农、威塔塞克、贝努西、屈尔佩和麦塞尔等人的一种共同的心理学研究取向，如布伦塔诺的意动心理学、斯顿夫的机能心理学、胡塞尔的描述心理学、厄棱费尔和迈农等人的形质心理学、屈尔佩和麦塞尔的二重心理学等。

德国早期哲学家、心理学家弗朗茨·布伦塔诺创立了"意动心理学"，提出"意向性"概念。布伦塔诺认为，心理学的研究对象是感受、判断、情感等活动（而非内容），即具有意向性的心理过程，强调意向的内存性是心理现象独具的特性。"意向性"（intentionatität）原是中世纪经院哲学家的用语，由拉丁文动词 intendere 衍生而来。Intendere 有指向、导向的意思，"意向性"即是由此词构成的一个哲学术语。在后人研究意动心理学的过程中，出现了将"意向性"曲解为"意图"的现象。布伦塔诺专门就此申明：意向性和意图不是一回事，意图是一种心理现象，因而具有意向性，即与对象有关涉、有所指向，但是并非所有心理现象的意向性都带有意图或故意的性质。根据意动涉及内容或指向对象的不同方式，布伦塔诺把心理现象分为三类：表象（如我见、我听、我想象）、判断（如我承认、我否认、我知觉、我回忆）、情绪（如我感受、我愿望、我决定、我意欲、我请求）。迈农将意向性分为三部分，即意动、内容和对象，并在布伦塔诺的基础上提出了五种主要的意动：表象、判断、假设、情绪和欲求。在《逻辑研究》中，胡塞尔从意向性中区分出意动、对象和充盈。

第二，关于"行为意向"的研究。"理性行为理论"[1] 的提出者 Fishbien 和 Ajzen 是国外最早研究"行为意向"的学者，他们主张预测个体行动的最好办法是了解其意向（采取行动的打算）。二人最后提出"计划行为理论模型"，认为个体行为意向由其行为态度、主观规范、知觉行为控制共同决定，个体行为意向越强则越可能执行某项特定行为。关于行为意向的含义，国外其他学者也相继提出了不同观点。如，Warshaw 和 Davis 认为，行为意向是指"个体有意识地计划去从事或不从事未来某种特定行为的程度"；[2] Folkes 将行为意向定义为"一个人主观判断其未来可能采取行动的倾向"；[3] Sheppard、Hartwick 和 Warshaw 认为，行为意向是"对在未来实施一项行为的一种预估"；[4] Eagly 和 Chaiken 指出，意愿代表了一种动机，是个体为实施一项行为而有意识地付出努力；[5] Harrison 认为，行为意

---

① M. Fishbein , I. Ajzen, *Belief, Attitude, Intentionand Behavior: An Introduction to Theory and Research Reading*, MA: Addison Wesley, 1975.

② P. R. Warshaw , F. D. Davis, "Disentangling Behavioral Intention and Behavioral Expectation," *Journal of experimental social psychology* 21 (1985): 213 – 218.

③ L. Folkes , "Amusement Park Visitor Behaviour Scottish Attitudes," *Tourism Management* 4 (1988): 291 – 300.

④ B. H. Sheppard , J. Hartwick , P. R. Warshaw, "The Theory of Reasoned Action: A Meta – analysis of Past Research with Recommendations for Modifications and Future Research," *Journal of Consumer Research* 15 (1988): 325 – 343.

⑤ A. H. Eagly , S. Chaiken, *The Psychology of Attitude*, New York: Harcourt Brace Jovanovich College Publishers, 1993.

向指"从事某种特定活动时的自发性计划强度";① 在 Engel、Blackwell 和 Miniard 看来,行为意向是关于个体未来会做什么的主观判断;② Shim 等认为,意向是从事某种行为最接近的前因;③ 而 Kang 等人则认为,行为意向意味着人们想要实现某种行为的程度。④

西方心理学对"行为意向"的实证研究主要建立在对利他行为或亲社会行为的理论分析之上。关于利他行为的研究,主要形成了"决策理论"、"社会学习理论"、"进化理论"、"社会交换理论"和"社会规范理论"五种理论范式。"决策理论"强调行为者对个人责任的考虑和对利弊得失的衡量,个人责任越大,助人行为越多;成本低、收益高,助人行为越有可能发生。"社会学习理论"认为,模仿、强化与惩罚是产生利他行为的有效途径。"进化理论"认为,利他行为是人的一种本能,是由人的遗传因素决定的。"社会交换理论"强调施予者和接受者在助人行为上同样受益,对于接受者而言,得到了帮助;对于施予者,得到的是内在的或外在的报偿。"社会规范理论"认为,由于利他行为通常对社会有益,就演变成了社会习俗或规范的一部分。

西方学者还从外部因素(情境、榜样示范、环境)、被助者的特点(依赖性、亲密关系)、助人者的因素(心境、人格、性别、年龄、先前的利他经验)等方面分析了利他行为的影响因素。首先,关于价值观对行为意向的影响。针对价值观与行为意向的关系,国外学者提出了多种理论模型,如"目标层次理论"(Goal Hierarchy Model Theory)、"建构水平理论"(Construal Level Theory)、"自我价值定向理论"(Self-worth Orientation Theory)、"新社会分析模型"(Neo-socioanalytic Model)等,分别从不同视角研究价值观对个体行为决策的影响。Rokeach 认为,价值观具有动机功能,不仅是评价性的,而且是规范性的和禁止性的,是行动和态度的指导。⑤

---

① L. G. Harrison, "Satisfaction, Tension & Interpersonal Relations: A Cross – cultural Comparison of Managers in Singapore and Australia," *Journal of Managerial Psycholog* 8 (1995): 13.

② J. F. Engel, R. D. Blackwell, P. W. Miniard, *Consumer Behavior*, New York, 1995.

③ S. Shim et al., "An Online Prepurchase Intentions Modelahe Role of Intention to Search," *Journal of Retailing* 77 (2001): 397 – 416.

④ Hyunmo Kang et al., "Effects of Perceived Behavioral Control on the Consumer Usage Intention of Ecoupons," *Psychology & Marketing* 10 (2006): 841 – 864.

⑤ M. Roikeach, *The Nature of Human Values*, NY: Free Press, 1973.

Staub. E. 也指出，亲社会行为的主要驱动来自个体的亲社会价值取向。[1]
其次，关于共情对利他行为意向的影响。共情（包括共情倾向和共情反
应）是影响个体助人意愿或行为的重要因素；[2] 共情反应具有动机和信息
的功能，促使个体构建自己同他人情感体验的联系，是助人行为的源泉和
基本机制；[3] 外界刺激是通过个体变量引发个体的共情反应，进而增加其
捐款意愿或行为；[4] 此外，个体对可识别的受害者会产生更为强烈的共情
反应，能够诱发他人较强情绪反应的求助者有更大的机会获得帮助。[5] 再
次，关于规范冲突对利他行为意向的影响。对于人类的利他倾向，Heyman
和 Ariely 观察到两种现象：在社会规范下人们有乐于奉献的倾向，但当社
会规范和市场规范发生冲突时，"对抗的角力会倒向金钱——市场一边"。[6]
最后，关于社会制度对利他行为意向的影响。心理学、人类学和行为经济
学等研究表明，惩恶扬善的社会制度对于人类和一些高等动物的合作或利
他决策有着至关重要的影响。倘若"善有善报，恶有恶报"信念动摇，大
多数人的自利动机便会抑制甚至消除利他意愿。[7]

第三，关于"道德动机"的研究。在西方道德心理学研究中，"道德
动机"一般被定义为"个体遵守他们认为有效的道德规则的意愿"[8]。托马
斯·斯坎伦在《我们彼此负有什么义务》中提出了两种道德动机：一种是
"寻找某种好处包括相关的各方的利益，包括道德价值之外的其他价值"；

[1] E. Staub, *Development and Maintenance of Prosocial Behavior: International Perspectives on Positive Morality*, New York: Pennum Pr., 1984.
[2] L. A. Penner et al., "Prosocial Behavior: Multilevel Perspectives," *Annual Review of Psychology* 56 (2005): 365–392.
[3] T. Kogut, I. Ritov, "The 'Identified Victim' Effect: An Identified Group, or Just a Single Individual?" *Journal of Behavioral Decision Making* 18 (2005): 157–167.
[4] N. Eisenberg et al., "Prosocial Development in Early Adulthood: A Longitudinal Study," *Journal of Personality and Social Psychology* 82 (2002): 993–1006.
[5] D. A. Small, D. Loewenstein, "Helping a Victim or Helping the Victim: Altruism and Identifiability," *Journal of Risk and Uncertainty* 26 (2003): 5–16.
[6] J. Heyman, D. Ariely, "Effort for Payment: A Tale of Two Markets," *Psychological Science* 15 (2004): 787–793.
[7] Sarah F. Brosnan, Frans B. M. de Waal, "Monkeys Reject Unequal Pay," *Nature* 18 (2003): 297–299; E. Fehr, S. Gachter, "Fairness and Retaliation: The Economics of Reciprocity," *Journal of Economic Perspectives* 14 (2000): 159–181; G. Bolton, R. Zwick, "Anonymity Versus Punishment in Ultimatum Bargaining," *Games and Economic Behavior* 10 (1995): 95–121.
[8] G. Nunner Winkler, "Development of Moral Motivation from Childhood to Early Adulthood," *Journal of Moral Education* 4 (2007): 399–414.

另一种是"寻找其他人无法有理由拒绝的原则"。① 斯坎伦将他的道德动机论称为"制裁模式",即做一个道德上的好人就要避免做一些不正当的行为。

　　关于道德动机来源的研究则呈现多样化,主要有"道德推理说"、"社会直觉说"、"道德移情说"、"道德同一性理论"、"双系统道德模型"和"道德动机模型"等理论形态。"道德推理说"把道德行为归于认知的范式,以科尔伯格为代表人物的道德认知发展理论认为,道德动机起源于主体对道德原则的理解,道德发展水平越高,主体越趋向于做出与道德判断相一致的道德行为。"社会直觉说"即"社会直觉模型",Haidt 提出了道德判断的社会直觉模型,② Leffel 进一步提出了道德动机的"社会直觉模型",认为道德动机的发展过程大致是,调整道德直觉—放大道德情绪—扩展道德美德—整合道德价值观—加强道德推理—增强道德决心,其中道德直觉、道德情绪和道德美德起着关键作用。③ "道德移情说"认为道德行为的产生在于道德情感,道德移情作为亲社会行为的重要动机源,主要通过激活主体内心的道德准则并影响其道德判断,进而引发道德行为。④ "道德同一性理论"是一种整合的道德动机理论,认为"道德判断与行为之间连接的桥梁是道德自我,核心是道德同一性"⑤。也有学者指出,道德认知与行为的不一致可能是因为道德意志调节和道德整合的失败,道德行为还依赖于道德主体的道德信仰以及对道德的自我理解能力。⑥ 在"情感/认知双系统模型""自动/控制双系统模型"等的基础上,Cushman 提出了"行为/结果双系统模型"⑦,解决了以往类似理论存在的两个维度相互独立造

① 〔美〕托马斯·斯坎伦:《我们彼此负有什么义务》,陈代东等译,人民出版社,2008。

② J. Haidt, "The Emotional Dog and its Rational Tail: A Social Intuitionist Approachto Moral Judg-ment," *Psychological Review* 4 (2001), 814–834.

③ G. M. Leffel, "Who Cares? Generativity and the Moral Emotions, Part 2: A 'Social Intuitionist Model' of Moral Motivation," *Journal of Psychology and Theology* 3 (2008): 182–201.

④ N. Eisenberg, "Emotion, Regulation, and Moral Development," *Annual Review of Psychology* 51 (1999): 665–697.

⑤ S. A. Hardy, G. Carlo, "Identity as a Source of Moral Motivation," *Human Development* 48 (2005): 232–256.

⑥ A. Colby, "Moral Understanding, Motivation, and Identity," *Human Development* 45 (2002): 130–135.

⑦ F. Cushman, "Action, Outcome, and Value: A Dualsystem Framework for Morality," *Personality and Social Psychology Review* 3 (2013): 273–292.

成的解释性较低的问题。Janoff – Bulman 等人进一步提出了"2 行×3 列"的"道德动机模型"（Model of Moral Motive，MMM），"2 行"代表禁止性和规范性道德调节方式，"3 列"代表个人、他人和群体的道德背景，其优势在于强调利他，聚焦于自我的道德动机、群体道德与意识形态之间的联系等。[①]

西方道德心理学常用的道德动机测评方法主要有："对偶故事法"、"两难故事法"、"确定问题测验"、"社会道德反应测验"、"适合的好我评估"、"亲社会倾向测量"、"人际反应指标测量" 以及 "MoMo Rating Scale" 等。道德动机发展性研究结果表明，随着年龄的增长，儿童的道德动机归因由笼统向分化、由简单向复杂、由具体向抽象、由外在归因倾向向内在归因倾向发展；道德动机的发展呈现逐步内化、稳定化、社会化的趋势。

2. 欧陆现象学关于道德意愿问题的研究

胡塞尔是布伦塔诺的学生，他成功将意动心理学关于意向问题的研究方法应用到自己的研究中，从而开创了现象学这门学科。胡塞尔现象学还将这一理论扩展到了对实践行为的研究，他从 "客体化行为" 分析上行到 "非客体化行为" 分析，进而回答了伦理学领域实践行为的意向问题。现象学的另一位泰斗，舍勒则采用了与胡塞尔相反的理性逻辑，从 "价值先天" 下行到 "感受行为"，来分析道德行为意向问题。舍勒认为，价值内容具有先天性，心灵的基本活动就是感受价值，情感经验中便弥漫着价值内容的秩序。胡塞尔的学生，维特根斯坦也强调行动意向对于行动者及其行动评价的重要性，他在《哲学研究》中曾提到："我感到羞愧的不是我当时所做的，而是我当时所怀的意图。"[②]

德国哲学家汉斯·莱纳说："如果存在道德和道德学说的话，那么二者就必须在意愿的领域而并非在空想的应当领域中被探求。"[③] 作为胡塞尔的学生，莱纳将现象学的方法运用到自己的伦理学研究中，将彻底怀疑 "道德基础" 之后的剩余之物称为 "意愿"，并以此来解释道德应当以及道

① R. Janoff – Bulman, N. C. Carnes, "Surveying the Moral Landscape: Moral Motives and Group Based Moralities," Personality and Social Psychology Review 3 (2013): 219 – 236.

② 《维特根斯坦读本》，陈嘉映编译，新世界出版社，2010，第 155 页。

③ 转引自陈水长《意愿、价值与应当——对汉斯·莱纳早期伦理学的探讨》，载倪梁康等编著《中国现象学与哲学评论》（第十六辑），上海译文出版社，2015，第 298 页。

德义务的根据。汉斯·莱纳认为，每个行动都具有意愿的双重意向性，即"对实事状况的意向（意愿表态）"和"对实现这种事实状态的特有动作的意向（打算）"，且二者相互奠基；意愿表态通常具有客观性和可比性。汉斯·莱纳以意愿理论（意愿表态的不同性质、可比性和客观性）分别界定了价值和道德价值，指出意愿表态分别赋予价值、道德价值以"应当—存在"，而"被指望的应当"对"指望者"的约束力便是道德义务的根据。①

瑞士著名现象学家耿宁毕生致力于意识哲学或心学研究，他的突出贡献在于将欧陆现象学与中国儒家心学进行结合研究，曾出版专著《人生第一等事：王阳明及其后学论"致良知"》，系统阐述王阳明的"致良知"学说。耿宁提出，王阳明的"致良知"学说包含了三个不同的"良知"概念：一是"向善的秉性"；二是"对本己意向中的伦理价值的直接意识"；三是"始终完善的良知本体"。② 耿宁还探讨了王阳明对"良心的遮蔽及澄明"问题的思考，指出良心会因人的"自私意向"而被遮蔽，但其直接原因是"人没有按照良心来行动"；澄明良心有三条路径："依照良心的行为"、"'独自所知'的审慎与畏惧"以及"对良知本体的明见"。③ 此外，耿宁还分别研究了王阳明后学关于"致良知"的讨论，如，邹守益将王阳明的"慎独"进一步发展为对"独知"的"戒慎恐惧"，王畿通过"先天""后天"口诀统一了"致良知"的两种方式，欧阳德和聂豹就"养育"良知展开论战，罗洪先提出"收敛翕聚"的"致良知"功夫口诀，刘宗周将"良知"等同于"意"，视"慎独"为"诚意"的根本方法。④

3. 英美分析哲学关于道德意愿问题的研究

英美分析哲学关于意向与行动关系问题的研究已较为成熟，主要集中在心灵哲学、哲学心理学、行动哲学等学术领域，代表性著作有安斯康姆

---

① 转引自陈水长《意愿、价值与应当——对汉斯·莱纳早期伦理学的探讨》，载倪梁康等编著《中国现象学与哲学评论》（第十六辑），上海译文出版社，2015，第310页。
② 参见〔瑞士〕耿宁《人生第一等事：王阳明及其后学论"致良知"》（上册），倪梁康译，商务印书馆，2014，第184~343页。
③ 参见〔瑞士〕耿宁《人生第一等事：王阳明及其后学论"致良知"》（上册），倪梁康译，商务印书馆，2014，第234~247页。
④ 参见〔瑞士〕耿宁《人生第一等事：王阳明及其后学论"致良知"》（下册），倪梁康译，商务印书馆，2014，第502~503、632~633、753~777、905、1108~1109页。

（安斯库姆）的《意向》、戴维森的《行动与事件论文集》（*Essays on Actions and Events*，1980）、塞尔的《意向性：论心灵哲学》、布拉特曼的《意向、计划与实践理性》（*Intention*，*Plans*，*and Practical Reason*，1987）和《意向面面观：意向与行为主体论文选集》（*Faces of Intention*：*Selected Essays on Intention and Agency*，1999）、谭普森的《生命与行动》（*Life and Action*，2008）、桑第斯的《行动解释新论》（*New Essays on the Explanation of Action*，2009）等。英美分析哲学对意向问题的研究主要分为心灵哲学和行动哲学两大流派。依照塞尔的观点与思路，关于语言、心灵以及行动的哲学研究是一个连续的体系，其中最核心的问题是心灵与行动的互动。意向性展示的是一种指向关系，而意图则是专门用来刻画心灵与行动之间联系的意向状态，行动者的任何一个行动的计划与实施都伴随着相应的心理机制。作为理性的生物，人类同时具备思想者与行动者这两个方面的特质。心灵哲学关注的是前者，即行动者的主动性或意志；而行动哲学关注的是后者，即人的行动。

英美分析哲学认为，意向是人类心灵的一种特征，通过这种特征，心灵指向、关涉、论及或者针对世界中的事态，它可以表现为信念、愿望、希望、恐惧等不同的倾向，心灵与世界的关联就是通过这些不同的意向倾向来实现的。意向性行动当中，行动者所做的事情和他认为自己所做的事情之间有一种优先关系。自安斯库姆的《意向》面世以来，哲学家们一一尝试对意向做出明确的界定。大致说来，"意向"本身并不是一种意识状态，而是一种指向人类的活动和行为的心理倾向。每一次的行为都是遵循某种意向而做出的，在意向和行动之间没有中介，没有鸿沟需要填补。根据安斯库姆对意向的经典三分法，即未来意向、用以行动的意向，以及有意识的行动，哲学家们围绕意向与行动究竟是什么关系提出了各种观点，广泛讨论了作为行动的意向、行动中的意向、作为计划的意向，以及意向与心理状态、意向与欲望、意向与信念之间的关系，形成了一系列研究成果。如，约翰·塞尔的《心灵的再发现》、约翰·麦克道威尔的《心灵与世界》、斯蒂芬·斯蒂克和特德·沃菲尔德主编的《心灵哲学》、大卫·查默斯的《有意识的心灵：一种基础理论研究》和《意识的特征》、丹尼尔·丹尼特的《意向立场》、C. 麦金的《意识问题》、托马斯·内格尔的《人的问题》和《利他主义的可能性》、塞缪尔·鲍尔斯和赫伯特·金迪斯的《合作的物种——人类的互惠性及其演化》等。

4. 简要评论

在西方伦理思想史上，诸多理论流派都曾就道德意愿问题做出过相应的思考，为后面学者的研究奠定了深厚的理论基础。当代西方学者对道德意愿问题的关注主要缘起自布伦塔诺的意动心理学，主要形成了心理学、现象学和心灵哲学三大分支。心理学领域，除了布伦塔诺关于意向问题的奠基外，其他有关研究主要聚焦于"行为意向""道德动机"两大问题。关于行为意向，西方学者最先提出了"理性行为理论"，还提出了解释利他行为的"决策理论"、"社会学习理论"、"进化理论"、"社会交换理论"和"社会规范理论"等。关于道德动机，西方学者间主要存在"道德推理说"、"社会直觉说"、"道德移情说"、"道德同一性"、"双系统道德模型"以及"道德动机模型"等不同理论观点。此外，心理学领域十分重视实验研究方法，主要形成了"对偶故事法"、"两难故事法"、"确定问题测验"、"社会道德反应测验"、"适合的好我评估"、"亲社会倾向测量"、"人际反应指标测量"以及"MoMo Rating Scale"等常用的道德动机测评方法。与心理学实证研究不同，现象学和心灵哲学，包括随后的行动哲学，都十分重视对行为意向进行哲学分析，分别形成了各自领域中关于行为意向研究的理论传统。可以看出，当代西方学者关于道德意愿问题的思考主要分为哲学分析和实验研究两大形式，为道德意愿研究分别提供了深刻的理论思考和科学的实证结论。但是，上述研究也存在一定局限性，主要是心灵哲学和现象学的研究过于哲学化，似乎将行为意愿问题带到了纯粹的哲学分析真空中，使得研究变得玄而又玄。另外，对于本书而言，西方学者的相关研究可以提供相应的理论启示，但是由于西方学者的研究并非基于中国道德实践展开，甚至完全是脱离现实考量的纯哲学分析，其参考价值和意义可能不大。

三　研究思路与研究方法

本书的主要思路是从基础理论研究和现实问题分析两方面着手，回答道德意愿相关问题和道德意愿培育中的突出问题，并尝试在理论研究和问题分析的基础上提出有针对性的对策建议。本研究所涉及的研究方法主要有文献研究法、归纳推理法和演绎推理法、跨学科研究和系统整合法、哲学思辨法和逻辑论证法等。

（一）研究思路

本研究共分为五章，前两章为基础理论研究，主要回答道德意愿是什么、有何特征、有何作用，以及道德意愿的生成条件、生成过程及规律、影响因素等问题；后三章为现实问题分析，主要回答道德意愿培育的现实问题，尝试提出道德意愿培育的原则与方法，解答如何提升道德意愿培育效果等问题。

第一章为"道德意愿的内涵、特征与作用"，主要探讨道德意愿的概念、特征及作用。关于道德意愿的概念界定，重点结合当前伦理学、心理学、心灵哲学和现象学等学科的有关研究，尝试对道德意愿概念做出清晰界定，同时详细阐释道德意愿与道德意识、道德需要、道德动机、道德意志的关系，以明晰本研究中道德意愿概念的内涵与外延。通过深入的理论研究，尝试对道德意愿的特征做出归纳。结合道德主体性、道德自觉、道德行为、道德规范、道德责任，论证道德意愿之于个体德性发展的特殊作用。

第二章为"道德意愿的生成及影响因素"研究。首先，反思并剖析当前道德生成问题的研究，尝试从道德的个体生成与历史生成两个视角对道德的生成问题作出回应，从而为研究道德意愿的生成过程及规律等问题奠定理论基础。其次，探讨道德意愿的生成条件，如道德共识、道德交往、道德实践、道德冲突等客观条件，以及道德认知能力、道德共情能力、道德感知能力、道德自控能力等主观条件。再次，探讨道德意愿的发展过程及规律，重点分析了道德意愿生成的各个阶段，总结了道德意愿生成过程中所遵循的特殊规律。最后，分别从宏观和微观视角分析影响道德意愿的因素，包括风俗习惯的影响和社会舆论的催化，以及道德榜样的激励和道德情境的制约。

第三章为"道德意愿培育的现实问题"，重点从理论层面审视当前道德意愿培育的突出问题。对道德意愿培育中的突出问题进行了重点分析，如道德意愿培育中的自觉性的参与力量不足、科学化的内容考究不足、全局性的整体关注不足、持续性的理性驱动不足等；并尝试对上述问题进行深入的原因剖析。

第四章为"道德意愿培育的原则与方法"，基于道德教育视角探讨道德意愿培育的有关原则与方法。首先，尝试提出了道德意愿培育的原则，如在教育目标上坚持"知行转化"原则，在教育内容上坚持"知识与能力并重"原则，在教育方式上坚持"言传与身教同步"原则，在教育途径上坚持"教育与自我教育并举"原则。其次，从自我修养和教育引导两方面提出了道德意愿培育的方法。在自我修养层面，个体要努力树立崇德向善的理想追求、强化正心诚意的道德自省、重视少私寡欲的意志磨炼、养成与人为善的行为习惯、躬行慈爱扬善的公益实践；在教育引导层面，教育者要坚持培养主体性道德人格、激发内隐性道德需要、培育基础性道德情感、建构远距离道德想象、增强道德失范免疫力等。

第五章为"提升道德意愿培育效果的着力点"，结合深化社会主义核心价值观建设，强化道德榜样、大众媒体的责任意识，发挥环境育人、制度育人功能等，从凝聚道德共识、引领道德追求、夯实道德力量和营造道德风尚等方面尝试提出培育和激发道德意愿的有关对策。

（二）研究方法

文献研究法。为了更全面、深入地对道德意愿进行研究，本研究将最大范围地收集和整理国内外相关研究的各种文献资料。通过阅读分析和思考研究，在借鉴、吸收已有理论研究成果的基础上，对道德意愿研究的相关理论进行全面、系统的梳理和整合，并尽力深度挖掘现有研究尚未涉及的核心内容和发现当前研究的薄弱环节。当前，有关道德意愿的研究成果分散于哲学、伦理学、教育学、心理学等多学科，本研究将在这些学科已有的丰富研究资源之基础上，努力呈现出有理论深度和实践针对性的研究结论。

跨学科研究和系统整合法。目前学界关于道德意愿的研究分散于伦理学、心理学、教育学、社会学、现象学、心灵哲学等多学科领域，但是各学科的研究又具有一定局限性，研究成果之间存在割裂状态。本研究将立足于马克思主义理论学科，采用跨学科研究方法，对各学科已有研究成果展开有针对性的分析，对各学科的优势进行系统整合。本研究拟将伦理学的理论思辨、心灵哲学的哲学分析，以及现象学的先验研究和体验研究、心理学和社会学的实证研究有效融合，以伦理学和心灵哲学的理论积淀引导教育学、心理学的实践剖析，以科学、客观的实证研究检验理论思辨。在借鉴多学科研究方法和研究成果的基础上，尝试构建完善的道德意愿理论体系。

哲学思辨法和逻辑论证法。除上述研究方法外，本研究用到的研究方法还有哲学思辨法和逻辑论证法等。为了深度剖析道德意愿研究的基础问题，需要以中西方的哲学思想等为思想借鉴和理论支撑，在哲学思辨和逻辑论证的基础上，逐层深入地探究道德意愿的基础理论、当前道德教育和道德建设中的道德意愿培育问题，尝试对道德意愿的生成问题作出全面分析，并针对当前道德意愿培育的现实问题提出有针对性的建议和对策。本研究将尝试通过归纳推理界定道德意愿的概念，归纳总结道德意愿的本质特征、主要作用等，辨析"道德意愿"与其相关范畴的区别与联系，试图通过归纳推理分析道德意愿的生成机制等。同时尝试通过演绎推理研究道德意愿的培育机理，探讨如何在当前教育背景和社会环境下激发和培育个体的道德意愿，尝试构建以道德意愿为核心的道德教育和道德建设的实践机制。

四　研究的重难点与创新点

本研究的重难点在于既要回答道德意愿理论研究的基础性问题，又要回应当前道德意愿培育中的现实问题，并根据研究结论提出有针对性的提升策略。当前道德意愿理论研究尚处于起步阶段，研究成果有限，且分散于多学科，致使本研究的开展具有一定难度。本研究力争在吸收现有研究成果的基础上，努力开展创新性的研究，力争在研究视角上拓展思想政治教育理论研究的视野，在研究内容上填补道德意愿理论研究的空缺，在研究方法上提升研究的科学性和学理性。

（一）研究的重点、难点

回答道德意愿理论研究的基础性问题、回应当前道德意愿培育中的现实问题是本研究的两大重点。在基础理论研究部分，本研究的重点是对道德意愿本身进行全面的辨析，尤其是对道德意愿的生成过程及规律进行深入探究，以便为道德意愿培育问题研究提供理论基础。这部分的难点则是在古今中外已有相关研究的基础上，对尚未被定义的"道德意愿"进行科学、合理的概念界定，这种探索研究难度系数较大。在现实问题分析部分，本研究将重点关注当前道德意愿问题的现实状况以及道德意愿培育中的突出问题，并尝试对这些问题进行原因剖析，进而提出道德意愿培育的原则与方法，探寻提升道德意愿培育效果的着力点。这部分的难点在于对上述问题及其原因的准确把握。由于目前国内外研究关于道德意愿的理论成果相对缺乏，上述基础理论研究及现实问题分析具有一定难度。此外，由于道德意愿相关研究成果分散于伦理学、心理学、教育学、心灵哲学和现象学等领域，加之笔者非道德哲学专业出身，逻辑思辨能力相对薄弱，开启本研究可以说是一项巨大的挑战。

（二）研究的创新点

本研究从道德意愿概念着手，回应了当前道德意愿研究的有关问题，审视了当前道德意愿培育的现实问题，为道德理论与实践研究提供了新的研究视角。本研究所提出了道德意愿培育原则与方法，以及提升道德意愿培育效果的着力点等，在一定程度上也能为解决当前道德教育和道德建设中的实际问题提供有益参考。

1. 研究选题相对新颖，拓展了思想政治教育理论研究的视野

本研究通过深入探究道德意愿的基础理论，尝试构建了道德意愿理论研究体系；通过全方位审视当前道德意愿培育的现实问题，尝试提出了提升道德意愿培育效果的基本策略；这些理论研究和实践分析拓展了思想政治教育理论及道德教育理论研究的视野。一方面，道德意愿是个体追求崇高道德理想的内在动力，道德意愿的生成是道德认知、道德情感、道德意志和道德行为等多因素共同作用的结果；从道德意愿视角探讨个体道德发展问题，突破了现有研究主要基于道德的"知、情、意、行"等某一方面来分析道德发展问题的局限性。另一方面，道德意愿既关涉个体德性，也指向社会道德规范；从道德意愿培育的视角考察道德教育和道德建设的现实问题，避免了道德伦理研究仅从德性出发或规范伦理研究仅从应当出发思考问题的片面性。

2. 研究内容较为全面，弥补了道德意愿研究的不足之处

本研究围绕"道德意愿"这一核心概念，分别进行了道德意愿的理论研究和现实考察，补充了当前道德意愿研究的不足。在基础理论研究部分，本研究界定了道德意愿的概念，阐释了道德意愿与相近范畴的区别和联系，解决了现有研究的概念混淆问题；对道德意愿的特征、作用，以及生成条件、过程与规律、影响因素等进行了分析。在实践问题考察部分，提出了道德意愿培育的原则与方法、提升策略等；从道德意愿视角回应了当前道德教育与道德建设中的突出问题，一定程度上改变了道德意愿理论研究与实践分析之间的分离状态。

3. 运用跨学科研究方法，提升了研究的科学性和学理性

本研究立足马克思主义学科，合理借鉴并系统整合了哲学、教育学、心理学等多学科的研究方法与研究成果，进而对道德意愿问题进行了深入探讨。跨学科研究和系统整合法既避免了理论研究的片面性，也在一定程度上改变了当前各学科已有研究成果之间的封闭或割裂状态，对深化道德意愿研究具有重要意义。

第一章　道德意愿的内涵、特征与作用

在深入探究道德意愿相关问题之前，有必要明晰道德意愿的内涵、特征与作用。关于道德意愿问题的现有研究表明，目前学界分析和探讨了许多道德意愿相关话题，但道德意愿这一概念尚未被界定，研究内容也没有完全聚焦于道德意愿问题本身。解读道德意愿的内涵，需要在前人研究成果的基础上对道德意愿的概念做出明确界定，阐释道德意愿与其他相近范畴的区别与联系。总结道德意愿的主要特征，分析道德意愿之于个体道德发展的作用，同样是进一步深化道德意愿研究的前提要求。

第一节　道德意愿的内涵

在中西方伦理思想发展史上，关于"道德意愿"问题的研究从未间断过，即便在当前的中西方道德教育研究领域，"道德意愿"问题也依然是解答道德教育难题的关键。然而，综观已有研究却发现，学界至今没有对"道德意愿"做出过明确的概念界定。为明晰"道德意愿"的内涵，应基于中西方传统伦理思想史中有关"道德意愿"问题的研究成果，结合当前"道德意愿"一词的提出背景，以及相关领域的研究进展及研究成果，对现代意义上的"道德意愿"做出明确的概念界定。

一　道德意愿的概念界定

"道德意愿"作为一个复合概念，欲了解其含义，首先须明晰"道德"与"意愿"这两个上位概念的含义。较之"道德意识"、"道德意志"、"道德需要"和"道德动机"等相关范畴，当代中西方学者提出的"抱负的道德"、"愿望的道德"以及"德性意愿",与现代意义上的"道德意愿"概念更为接近。

(一)何谓道德

中国古籍中很早就出现了"道"与"德"二字,最早系统论述"道"与"德"的著作当属中国首部完整的哲学经典《道德经》。《道德经》共81章,前37章为"道经",后44章为"德经",提及"道""德"的频次分别高达76次、43次。但是,"道德"作为词语形式出现,最早见于《荀子》一书。荀况在《荀子》中曾数次使用这个概念,如,《荀子·劝学》中的"……故学至乎《礼》而止矣。夫是之谓道德之极"①;《荀子·王霸》中的"是故百姓贵之如帝,亲之如父母,为之出死断亡而不愉者,无它故焉,道德诚明,利泽诚厚也"②;《荀子·乐论》中的"金石丝竹,所以道德也"③;等等。自此,"道德"概念一直沿用至今。那么,"道德"究竟为何意呢?许慎在《说文解字》中提到,"道,所行道也"④。这里的"道"即今天人们所称的"道路",后来逐渐衍生出哲学意义,意指事物存在、变化的规律与原则,此后又进一步引申出伦理学意义,专指做人的原则和道理。"德者,得也,得其道于心而不失之谓也。"⑤"德"的古文是"悳",许慎在《说文解字》中将"悳"解释为"外得于人,内得于己也"⑥,即一方面指"以善德施之他人,使众人各得其益";另一方面指"以善念存诸心中,使身心互得其益"。⑦"德"的含义同样经历了多个阶段的变化,即从氏族共同体所共有的天性("同姓同德")到贵族所独享的行为规范("以德配天"),再到民众所普遍拥有的行为要求("通于天地者,德也。")⑧。"道德"一词的含义则相对稳定,今人对其界定与古代大体相同,诚如《辞海》中的解释——"以善恶评价的方式调节人际关系的

---

① 《荀子》,孙安邦、马银华译注,山西古籍出版社,2003,第8页。
② 《荀子》,孙安邦、马银华译注,山西古籍出版社,2003,第136页。
③ 《荀子》,孙安邦、马银华译注,山西古籍出版社,2003,第207页。
④ (汉)许慎撰《说文解字注》,(清)段玉裁注,中州古籍出版社,2006,第75页。
⑤ (宋)朱熹集注《论语集注》,郭万金编校,商务印书馆,2015,第146页。
⑥ (汉)许慎撰《说文解字注》,(清)段玉裁注,中州古籍出版社,2006,第502页。
⑦ 参见罗国杰主编《伦理学》(修订本),人民出版社,2014,第3页。
⑧ 参见高兆明《"道德"探幽》,《伦理学研究》2002年第2期。

行为规范和人类自我完善的一种社会价值形态"①。在西方，道德一词"morality"，来源于拉丁文"mores"，即"mos"（风俗、习惯、性格、品性等）的复数形式。后来，西塞罗在"mores"的基础上创造了"moralis"，指国家生活的风尚习俗和人们的道德品性。

目前，我国伦理学界关于道德的定义有几十种，尽管这些定义在严格意义上缺乏统一性、标准性，但这并不妨碍人们在对道德的一般理解上达成共识。从当前伦理学界较为认可的几种道德定义中可以看出，学者们对"道德"的界定主要集中于行为规范、道德意识和道德实践等方面。比如，王育殊先生等人提出了道德的三种含义，即"调节人的相互关系的行为准则和规范"，"个人的思想品质、修养境界、善恶评价"，"风尚习俗和道德教育活动"，其中便包含"行为规范"和"道德意识"两层含义。② 罗国杰先生从三个不同视角阐明了道德的含义，区别在于，除了"规范调节方式"和"实践精神"含义之外，他还将道德定义为"一种特殊的社会意识形式"。③ 唐凯麟学者后来将"道德"的两层含义进一步阐释为规范性与主体性，指出"道德作为社会的一种特殊的调控力量和个人精神完善的重要方式，是有机统一的，这种统一也就是道德的主体性和规范性的统一"④。高兆明教授视"道德"为"人的应然存在方式"，且从集合体和单个人两个维度，将这一存在方式区分为"伦理规范"等集合体的存在方式和"品质美德"等单个人的存在方式。⑤ 朱贻庭教授认为，"道德"一般包括客观方面的社会伦理关系或道德规范等，以及主观方面的个体道德意识和道德实践等。⑥ 西方学者对道德的界定同样聚焦于上述主客观方面，如生命哲学家亨利·柏格森将道德区分为"义务的道德"和"抱负的道德"；法理学家朗·L.富勒认为，道德包括"义务的道德"和"愿望的道德"；麦金太尔从理性和感性关系出发，将道德分为"规则的道德"和"德性的道德"等。可见，几乎任何一种道德学说都习惯将道德视为道德规范和道德主体的合成物，前者指向社会对其成员的道德行为所做出

---

① 夏征农、陈至立主编《辞海》，上海辞书出版社，2009，第408页。
② 参见王育殊、王小锡编著《伦理学》，江苏教育出版社，1986，第2~3页。
③ 参见罗国杰主编《伦理学》，人民出版社，1989，第10页。
④ 唐凯麟编著《伦理学》，高等教育出版社，2001，第58页。
⑤ 参见高兆明《"道德"探幽》，《伦理学研究》2002年第2期。
⑥ 参见朱贻庭主编《伦理学小辞典》，上海辞书出版社，2004，第5页。

的外在性规定，而后者指向个体提升自身德性和德行的内在性愿望。

（二）何谓意愿

人们对"意愿"这个词语并不陌生，但是，倘若要给出一个没有争议的定义，貌似十分困难。在中国古籍中，"意"与"愿"通常是分开使用的，其含义与今天人们所理解的"意愿"一词相去甚远。许慎的《说文解字》说，"意，志也。从心察言而知意也"①，即是说，用心考察他人的言语就知道他人的意愿；段玉裁进一步解释道，"意，志也。志即识。心所识也"②。在《辞海》中，"意"有多种解释，如意思或意味、心愿或意向、猜想或意料等；另外，作为哲学名词，"意"的含义在中国哲学话语体系中不断演绎。先秦儒家对"意"的理解有多重视角，如《论语·子罕》有言，"子绝四：毋意、毋必、毋故、毋我"③，这里把"意"解释为主观意见；《礼记·大学》主张，"欲诚其意者，先致其知"④，此处的"意"被视作意念；《孟子·万章上》记载，"故说诗者不以文害辞，不以辞害志。以意逆志，是为得之……"⑤，"意"在这里指"自己的想法"。后期墨家的"意"指主观臆测，如"意未可知，说在可用，过仵"⑥。"意"在这里被当作认识论术语使用。魏晋时期，"意"被视作本意，王弼、欧阳建等人就"言不尽意"和"言尽意"问题展开讨论；宋明理学注重探讨"意"与"心"的关系，如朱熹提出"意者，心之所发也"⑦。杨简的《绝四记》则将"意"与"心"对立，认为"一则为心，二则为意。直则为心，支则为意。通则为心，阻则为意"⑧。许慎在《说文解字》中对"愿"的解释十分简洁，即"愿，谨也"⑨，意思是谨慎老实。不过，"愿"在《辞海》中的含义还是相当丰富的，如与现代意义上的"意愿"含义较为接近的愿望、愿意、希望等，作为佛教术语的"愿心"，以及倾慕、思

① （汉）许慎撰《说文解字注》，（清）段玉裁注，中州古籍出版社，2006，第502页。
② （汉）许慎撰《说文解字注》，（清）段玉裁注，中州古籍出版社，2006，第502页。
③ 《论语》，程昌明译注，山西古籍出版社，1999，第88页。
④ 《礼记》（下），钱玄等注译，岳麓书社，2001，第796页。
⑤ 《孟子》，万丽华、蓝旭译注，中华书局，2006，第203页。
⑥ 参见谭家健、孙中原注译《墨子今注今译》，商务印书馆，2009，第326页。
⑦ （宋）朱熹撰《四书章句集注》，中华书局，2011，第5页。
⑧ 转引自冯友兰《中国哲学史》（下），商务印书馆，2011，第399页。
⑨ （汉）许慎撰《说文解字注》，（清）段玉裁注，中州古籍出版社，2006，第503页。

念等其他含义。与"意愿"相对应的英文词语表达通常有"wish""desire""intention""aspiration"等,分别是指"希望,愿望"、"意欲,强烈追求"、"意向,意图"和"强烈的愿望,志向,渴望达到的目的"等。

(三)何谓"道德意愿"

中西方伦理学研究领域从未中断过对"道德意愿"的相关研究,不过,研究主题往往较为宽泛,包含了"道德意识""道德需要""道德动机""道德意志"等诸多相近概念,而且"道德意愿"与这些相近概念并没有被严格区分。即便是专门就"道德意愿"展开的讨论也多以"抱负的道德""愿望的道德""德性意愿"等表述呈现,在道德研究领域尚未正式出现过"道德意愿"概念。

现当代西方学者也未曾提及过"道德意愿"一词,不过,柏格森提出的"抱负的道德"和富勒提出的"愿望的道德"等概念,与本书所探讨的"道德意愿"含义较为接近。柏格森在其代表作《道德与宗教的两个来源》中区分了两种道德,即来源于社会压力的"义务的道德"和来源于道德英雄感召力所启发的"抱负的道德"。在性质上,两种道德形成了鲜明反差,"抱负的道德"属于动态的、非强制性的道德;在生成方式上,"抱负的道德"需要用"忠诚""自我牺牲""隐忍""仁爱"等德性去感召,而非一系列的"绝对命令"去强制;在发展趋势方面,柏格森指出,当"义务的道德"变得愈无人格、愈接近习惯或是本能等自然力时,它便愈是完满;当"抱负的道德"愈是胜过自然、愈是明显地由具体人物在我们内心所激起时,它便愈是有力。[①] 富勒在《法律的道德性》一书中区分了"义务的道德"和"愿望的道德",两种道德分属于社会的基本要求和主体的至善品质。富勒指出,"愿望的道德"早在古希腊哲学中就曾出现过,被表述为"善的生活的道德"、"卓越的道德"和"充分实现人之力量的道德"[②]。与"义务的道德"不同,"愿望的道德"不具有强制性,即是说,"愿望的道德"通常是从人类愿望所企及的最高境界出发,而非社会生活的最低要求。其实,杜威在其早期论文《批判的伦理学理论纲要》中,曾同时提

---

① 参见〔法〕亨利·柏格森《道德与宗教的两个来源》,王作虹、成穷译,贵州人民出版社,2000,第30~90页。

② 〔美〕朗·L. 富勒:《法律的道德性》,郑戈译,商务印书馆,2009,第7页。

到了柏格森和富勒的观点，即"道德是有抱负的生活，是有信仰的生活"①。这里的"有抱负的生活"正是柏格森所说的"抱负的道德"，而"有信仰的生活"则暗示了富勒的"愿望的道德"。

在我国当前的道德研究领域，江畅教授提出的"德性意愿"是唯一与"道德意愿"较为接近的概念。在《德性论》一书中，江畅教授专门探讨了"德性与意愿"，指出德性的形成都不是自发的，个体的德性意愿（修养德性的意愿）是德性养成的精神力量。江畅教授在此将"意愿"界定为"意志的'有意于'结构"，认为这种倾向性结构是德性养成、维护和完善的前提和动力。"一个人有了对德性完善的意愿，他就有可能产生修养、完善德性的动机和行为，就有可能追求成为德性完善的人。"② 除了养成、维护和完善德性的功能之外，强烈且持久的德性意愿还有助于保持原有德性、防止原有德性丧失、扩展和提升已有德性。江畅教授还把德性意愿区分为"生存意愿层次"、"发展意愿层次"和"享受意愿层次"三个不同层次；指出作为高层次的心理性欲望或精神性愿望，德性意愿源于理性对人生的反思和构建，正是这种反思和构建的精神过程，即德性愿望在情感的作用下相继转化为德性兴趣、德性动机，对德性的养成产生了强大、持久、深远的影响力。关于德性意愿的调控机制，江畅教授认为至少包括"意志的调控机制"和"德性的心理定势"这两种方式，前者是自主的、有意识的，可以调控意愿的产生、意愿的强度和意愿的价值取向等；后者是自发的、无意识的，通常会自然而然地促使德性意愿的产生而抑制不道德意愿的产生、强化德性意愿而弱化或泯灭不道德意愿。江畅教授强调，意志调控机制的取向有时会与德性取向发生冲突，且意志调控机制的作用力通常大于德性作用力；所以，要将意志的调控机制和德性的心理定势相结合，以确保德性意愿的生成与强化、维护与完善符合应有的道德价值取向。

在当前的道德研究领域，学者们尚未对"道德意愿"概念做出过任何明确的界定，"道德意愿"一词更常见于日常语言中。2013 年 11 月，习近平在孔子故里发表重要讲话，首次正式提及"道德意愿"一词。他特别强

---

① 〔美〕约翰·杜威：《杜威全集》（第 3 卷），吴新文等译，华东师范大学出版社，2010，第 317 页。

② 江畅：《德性论》，人民出版社，2011，第 457 页。

调："必须加强全社会的思想道德建设，激发人们形成善良的道德意愿、道德情感，培育正确的道德判断和道德责任，提高道德实践能力尤其是自觉践行能力，引导人们向往和追求讲道德、尊道德、守道德的生活，形成向上的力量、向善的力量。只要中华民族一代接着一代追求美好崇高的道德境界，我们的民族就永远充满希望。"[①] 2014 年 1 月，刘云山在培育和践行社会主义核心价值观座谈会上发言，再次提及"道德意愿"。他指出："每个人心底蕴藏的善良道德意愿、道德情感，就是我们培育社会主义核心价值观最深厚的土壤。要把增强全社会的价值判断力和道德责任感作为宣传教育的重要着力点，引导人们辨别什么是真善美、什么是假恶丑，自觉做到常修善德、常怀善念、常做善举。"[②] 刘云山将"道德意愿"视为培育社会主义核心价值观的基础，强调善良道德意愿对于引导社会价值取向和公民价值判断的重要作用。

道德意愿究竟该如何定义呢？前文提到，道德的含义分别指向外在的行为规范和内在的道德意识或实践，而意愿作为主体内心想法的充分表达，是一种意向性、自愿性的心理活动。因此，作为道德和意愿的下位概念，道德意愿主要是指发生在主体的道德意识或实践过程中的一种心理活动，且这种活动具有明显的意向性和自愿性，即主体自愿成为道德的人或践行道德的事的意向。简言之，道德意愿就是人的"善念"，包括修善之念和行善之念。关于"善念"，"古今第一善书"——《太上感应篇》曾这样记载："一念未起，则方寸湛然，有同太虚。何者为善？何者为恶？及一念才起，趣向不同，善恶既殊，祸福即异，此太上所以言'祸福无门，唯人自召'也。大抵一念起处，即祸福之门。"[③]《太上感应篇》特别强调"心起于善"，认为善恶开始于刹那间的心念活动，即便没有做出相应的善恶行为，善恶之念实际上早已产生。《太上感应篇》要求人们注重培养和保持"善念"，这里的善念是指通过内心道德修养而形成的具有一定趋向性的稳定的道德意念，对个体的道德行为产生起着至关重要的作用。

---

① 《认真贯彻党的十八届三中全会精神 汇聚起全面深化改革的强大正能量》，《光明日报》2013 年 11 月 29 日，第 1 版。
② 刘云山：《着力培育和践行社会主义核心价值观》，《求是》2014 年第 2 期。
③ 转引自《道教大辞典》，华夏出版社，1994，第 896 页。

将"道德意愿"界定为"善念",是一种广义的内涵解读。狭义的"道德意愿"要从"向善"的意愿和"行善"的意愿两个视角解读,这主要是基于道德意愿在不同阶段的不同状态而言。处于最初阶段的道德意愿是一种"道德愿望",表达了个体对德性的理想追求;处于过渡阶段的道德意愿是一种"道德意向",体现了个体对德行的实践意向;处于最后阶段的道德意愿才是真正意义上的"道德意愿",象征了个体在追求德性和践行德行方面的意愿达成。当然,这种视角区分还有其他依据:一是王阳明的"心之所发便是意"观点(类似"道德意向")和刘宗周的"意者心之所存"(类似"道德愿望");二是汉斯·莱纳所界定的意愿的双重意向性,即"意愿表态"(类似"道德愿望")和"打算"(类似"道德冲动")。

二 道德意愿与相关范畴的区别和联系

"道德意愿"与"道德意识""道德意志""道德需要""道德动机"等相关范畴的关系十分微妙,从概念界定来看,"道德意愿"与它们既有区别又有联系;而在个体道德活动之中,"道德意愿"与它们既各司其职又相互促进,共同推动个体德性的发展和个体德行的产生。因而,阐明"道德意愿"与其他相关范畴的区别与联系,是进一步深入开展"道德意愿"理论研究的必要前提。

(一) 道德意愿与道德意识

与"道德意愿"和"道德意志""道德需要""道德动机"的区分度相比,"道德意愿"与"道德意识"的区分度最为显著。不过,无论是在有关学术研究中,还是在道德教育的实践过程中,将二者视为同一概念的现象较为普遍。这就造成了道德研究领域对"道德意愿"的忽略,道德实践领域也因此出现了严重的知行分离现象。

1. 何谓道德意识

目前学界关于"道德意识"的界定大多倾向于"统合论",即"道德意识"在概念上既包括知、情、意等内容,还与自我意识相关联;同时涉及伦理学、现象学、心理学等多学科的研究主题。"统合论"所界定的

"道德意识"是指"在一定社会条件下的人们在各种形式的道德活动中所形成的道德思想、道德观念、道德理想、道德信念、道德情感和道德意志等等的总和"①。不过，也有学者就此提出批评，认为"统合论"的概念界定造成了道德意识研究的艰巨性、复杂性，主张将"道德意识"视为"以自我道德的多重意识为核心"②的伦理学概念。所以，其他学者对"道德意识"所做的不同界定也值得关注，其中最简洁的概括就是"有关善恶的道德评判"③；有学者将"道德意识"定义为一种主体性精神现象，视个体道德意识为"个体内化外在道德关系而产生的主观活动"④；有学者提出了"公民道德意识"概念，认为"道德意识"体现着"人们对客观存在的道德关系、道德现象的一系列观念、看法、态度"⑤。

"知""情""意"是道德意识的核心要素，其中，"知"即"道德理性"，是个体对外在道德规范、道德关系的内化；"情"即"道德情感"，是个体对道德现象、道德活动的高级情感体验；"意"即"道德意志"，是个体在履行道德义务中表现出来的顽强毅力和坚持精神。"道德理性"、"道德情感"和"道德意志"既被视为道德意识的结构组成，也被看作道德意识的心理机制，同时还被作为道德意识类型划分的依据。首先，关于道德意识的结构，秦树理学者认同将"道德理性"、"道德情感"和"道德意志"视为道德意识体系结构的重要组成部分；谢少波学者提出的"道德意识三棱镜结构"还具体区分了感性的道德理智（"感知"）和理性的道德理智（"智慧"）、感性的道德情感（"同情"）和理性的道德情感（"尊重"）、感性的道德意志（"动机"）和理性的道德意志（"决定"）。⑥其次，关于道德意识的心理机制，宣云凤学者认为，道德认知、道德情感、道德意志在人的道德意识活动中分别扮演着指示灯、内驱力、调节器的角色，彼此关联、相互渗透的"知—情—意"统一结构即是道德意识的心理机制，且"知、情、意"之间的渗透作用分为正向作用和逆向作用，

---

① 苏英博、张韧、韦经照主编《高校思想政治教育辞典》，广东高等教育出版社，1993，第560页。
② 林航：《道德意识》，《世界哲学》2004年第6期。
③ 王庆节：《道德感动与伦理意识的起点》，《哲学研究》2010年第10期。
④ 宣云凤：《论个体道德意识》，《道德与文明》1992年第4期。
⑤ 秦树理：《公民道德导论》，郑州大学出版社，2008，第19页。
⑥ 谢少波：《道德意识的结构和类型》，《学术研究》1996年第5期。

双向的渗透作用导致了道德意识的发展与演进。[①] 最后，关于道德意识的类型，谢少波学者以函数图像的形式描述了道德意识的类型划分方式，他依据"道德理智"、"道德情感"和"道德意志"的变化划分出了 13 种最基本的道德意识类型。[②]

2. 道德意愿与道德意识的区别和联系

"道德意愿"与"道德意识"是道德生成的两个重要前提条件，缺少二者中的任何一方，个体的道德行为都不可能发生。不过，二者不仅存在着本质区别，在促生道德行为方面所发挥的作用也各有侧重。"道德意识"是一种静态的主观认识或判断，虽是个体对外在客观的道德关系、规范、原则等的内化，但从其存在方式来看，道德意识依然是一种静态的存在物。"道德意愿"则是一种动态的主观意向或愿望，是个体将内化的道德关系、规范、原则等再一次外化，道德意愿的动态存在主要源自本身所蕴含的意向性和自愿性。可以说，"道德意识"是基于对外在的道德法则的反思而形成的主观意识，"道德意愿"则是反思之反思，即基于对内心的道德法则的反思而形成的主观意愿。"道德意识"之于个体道德行为的发生主要起着基础作用，任何道德行为都要受到主体道德意识的支配。作为道德行为的先导，如若道德意识发生了偏差，个体不可能养成良好的道德行为习惯。"道德意愿"之于个体道德行为的发生则主要起着动力作用，个体道德意愿是道德行为生成的直接决定因素。虽然，并非所有的道德意愿最终都会呈现为相应的道德行为，但任何道德行为的发生一定是道德意愿使然。

当然，"道德意愿"和"道德意识"在推动道德行为生成的过程中并非独立作为，二者相伴相生、彼此促进，共同推动知行转化的实现。一方面，道德意识是道德意愿生成的前提条件，只有当个体达到一定的道德意识水平时，才会生成应有的道德意愿。不过，个体道德意愿生成的可能性与道德意识水平之间并不存在固定的正比关系，即是说，并非道德意识水平越高，个体道德意愿生成的可能性就越大。另一方面，道德意愿是道德意识转化为道德行为的关键。在道德知行转化的过程中，个体内在的道德

---

① 参见宣云凤《论个体道德意识的心理机制》，《苏州大学学报》（哲学社会科学版）2005 年第 2 期。

② 参见谢少波《道德意识的结构和类型》，《学术研究》1996 年第 5 期。

情感、道德意志，以及外在的道德环境、道德情境等因素都会产生正向或负向的影响，而较之道德意愿的动力作用，这些影响都是次要的、微弱的。社会生活中常存在着这样一种悖论现象，即拥有道德意识甚至是高水平的道德意识的行为主体未做出相应的道德行为，甚至是做出不道德的行为，原因就在于行为主体缺乏应有的道德意愿。

（二）道德意愿与道德意志

从某种意义上来讲，"道德意志"与"道德意愿"是一组同义词。这主要表现在两个方面：一是在道德意志的概念界定上，部分学者将其定义为"内在趋善的强烈意愿"，即是将道德意志等同于道德意愿；二是关于道德意志的发展阶段，部分学者提出了"采取道德决定"和"执行道德决定"的划分方式，而"采取道德决定"可视为道德意向的形成。不过，有学者明确提出，这种将"道德意志"等同于"道德意愿"的界定是过于理想化的判断。所以，有必要进一步阐释"道德意志"与"道德意愿"的区别和联系，这样才有利于深化对道德意愿及其相关问题的研究。

1. 何谓道德意志

"道德意志"是伦理学的基础性概念，对"道德意志"的关注和研究是伦理学的课题之一。在西方，自康德提出"善良意志"概念起，众多学者就道德意志问题给出了独到的见解，黑格尔的"绝对精神"、叔本华的"生命意志"、尼采的"强力意志"、萨特的"存在主义"等，将意志自由问题一路推向了高潮。在中国，《论语·子罕》提到"三军可夺帅也，匹夫不可夺志也"[①]、《孟子·公孙丑上》的"持其志，无暴其气"[②]、《荀子·修身》篇的"志意修则骄富贵"[③]、张载在《正蒙·至当》篇中提到的"志久则气久、德性久"[④] 等，无不在肯定道德意志的地位与作用。然而，中西方关于"道德意志"问题的研究传统中出现了一个共同的倾向，即将道德意志与道德意愿相混淆，这种倾向集中体现在西方的"意志自由"问题和中国儒家的"为仁由己"思想上。在康德那里，本然的、自足

---

① 《论语》，程昌明译注，山西古籍出版社，1999，第96页。
② 《孟子》，万丽华、蓝旭译注，中华书局，2006，第56~57页。
③ 《荀子》，孙安邦、马银华译注，山西古籍出版社，2003，第17页。
④ 《张载集》，章锡琛点校，中华书局，1978，第35页。

的"善良意志"实质上是指善良的行为意愿，是对道德法则的绝对的、无条件的服从。康德的"善良意志"带来了两大问题：问题一，意志与意愿的统一导致后面学者将道德意志与道德意愿相混淆；问题二，特殊意志与普遍意志的统一引发了意志自由的讨论，进一步加深了道德意志与道德意愿的混淆。无独有偶，儒家强调"为仁由己"，以此来解释意志自由问题，实际上"为仁由己"所强调的是道德主体的行为意愿，其含义更接近道德意愿，而非道德意志。

上述研究传统无疑影响了当代学者对道德意志的理解，所以，综观当前我国学界对道德意志的有关研究发现，"内在趋善的强烈意愿"和"克服困难的强大动力"是目前关于道德意志概念界定的两个核心要素，前者主要受中西方研究传统的影响，后者主要依据心理学对意志做出的定义。比如，唐凯麟学者认为，道德意志是"求善的意志活动"，"总是指向高尚的目标"[1]，这里的"求善""指向"均含有道德意愿的意蕴；王海明学者区分了道德意志的两个发展阶段，"采取道德决定"和"执行道德决定"[2]，事实上，前者与道德意愿的生成阶段相吻合，后者才是一般意义上的道德意志的生成阶段。另外，罗国杰主编的《中国伦理学百科全书：伦理学原理卷》[3]、冯契主编的《哲学大辞典》[4]、朱贻庭主编的《伦理学小辞典》[5] 一致将"道德意志"界定为个体在道德行为过程中自觉自愿地做出抉择、克服困难的顽强力量和坚持精神，"自觉自愿地做出抉择"正是道德意愿的鲜明特征。易小明、祝青学者依照该思路给"道德意志"下了一个定义，即"基于主体向善意愿而产生的一种较强的行为动力"[6]，这样的界定既彰显了道德意志的向善性，也清晰地区分了道德意志与道德意愿。

2. 道德意愿与道德意志的区别和联系

虽然，当前关于道德意志概念的界定习惯于将道德意愿内含于其中，

---

① 唐凯麟编著《伦理学》，高等教育出版社，2001，第 252 ~ 253 页。

② 王海明：《新伦理学》，商务印书馆，2001，第 624 页。

③ 参见罗国杰主编《中国伦理学百科全书：伦理学原理卷》，吉林人民出版社，1993，第 93 页。

④ 参见冯契主编《哲学大辞典》，上海辞书出版社，2001，第 235 页。

⑤ 参见朱贻庭主编《伦理学小辞典》，上海辞书出版社，2004，第 89 页。

⑥ 易小明、祝青：《道德意志概念论析》，《哲学研究》2010 年第 10 期。

但随着学者们对概念的辨析和对相关研究的反思，二者之间的区别与联系也逐渐明晰起来。从基本属性、存在形态和作用发挥三个方面来看，"道德意愿"与"道德意志"之间有着本质区别。其一，就基本属性而言，道德意愿是一种向善、行善的愿望，是主体意识的表达；而道德意志是一种为了实现向善、行善愿望而坚守的意志活动，是对主体意识的回应；道德意愿有着明确的目的性，而道德意志的目的就是达成道德意愿的目的。其二，就存在形态而言，道德意愿是个体在道德的动机与不道德的动机之间的一种抉择，而道德意志则是个体在达成道德动机与放弃道德动机之间的一种坚守；道德意愿的生成有一个临界点，而道德意志的生成没有明确的标志，融于主体为达成道德动机而坚守的过程之中。其三，就作用发挥而言，道德意愿可视作一系列道德活动的起点，是道德事件发生的诱因或前提性条件；道德意志可视为贯穿于一系列道德活动之中的主线，是道德事件发生的保障或根本性条件。即是说，道德意愿之于道德行为的意义是"有或没有的区分"，道德意志之于道德行为的意义是"能与不能的区别"。

"道德意愿"与"道德意志"密切相关，二者互为必要条件，共同生成于个体的道德意识活动和行为过程之中。道德意愿为道德意志指引方向，道德意志为道德意愿提供保障；没有明确的道德意愿，道德意志问题也就无从谈起；没有顽强的道德意志，道德意愿的存在也就变得没有意义。一方面，道德意愿与道德意志面临同样的阻力，二者达成了抗惑与排难的契合。康德曾提出，善良意志与爱好、需求、利益等无关，是绝对的、无条件的善。黑格尔提出反对意见，认为个体在遵循道德法则的同时，必然也实现着自己的欲望；马克思指责康德将善良意志的实现与个体需要或欲望之间的协调都推到了彼岸世界。事实上，道德意愿的生成面临着诸多阻力，需要个体抗拒欲望和诱惑，以道德的动机战胜不道德的动机，最终确立行善的决定。但是，无论处于道德意识阶段，个体要抗拒诱惑、战胜不道德动机，或是处于道德行为阶段，个体要排除障碍、克服困难，都需要顽强的道德意志作斗争，去保障行善决定的实现。从这点来看，道德意愿与道德意志达成了抗惑与排难的契合。另一方面，道德意愿与道德意志在克服阻力方面同样需要强大动力，二者达成了信念与毅力的互补。道德意愿生成的强大动力来自个体向善的信念，这种稳定的、永不动摇的道德信念不但可以驱使道德主体做出向善的抉择，还会持续激励道德主体在克服困难中实施道德行为。道德意志的强弱问题，除了与信念动力有关外，还离不开毅力因素，主体顽强的、持久的毅力是道德意愿向道德行为转化的关键。

（三）道德意愿与道德需要

在大部分学者的研究中，"道德意愿"是等同于"道德需要"的，二者都表达着道德主体对完善自我道德人格的意愿和追求。"道德意愿"与"道德需要"的确表征了部分同样的含义，不过，无论是基于字面意义的粗浅比较，还是基于概念内涵的深刻辨析，"道德意愿"与"道德需要"之间的区别犹如彼此之间的联系一样显而易见。

1. 何谓道德需要

目前，关于"道德需要"的概念界定中，认可度较高的主要有心理学、伦理学和教育学等领域的界定。心理学领域对"道德需要"的定义主要受到马斯洛"需要理论"的启发，将"道德需要"视为一种奉己利他的精神性需要，在人的各个层次需要中属于高层次的需要。有学者还进一步探讨了道德需要与人的不同层次需要的密切关系，他们认为，对个体的道德需要而言，生理需要与安全需要是基础，归属与尊重的需要是动力，自我实现与超越性需要是引力。[①] 伦理学领域对"道德需要"的界定重在强调道德需要的利他性，如罗国杰教授认为，道德需要是"把为社会服务、为他人献身、为人类牺牲当做自己的一种更高级的需要"[②]；曾钊新教授认为，"道德需要"是付出，是将自身献给社会，为集体效力，为人民造福。[③] 不过，随着对道德需要的深入研究，彭柏林学者在前人成果的基础上，提出了道德需要是利己与利他相统一的观点；在他看来，道德需要就是"遵守道德原则与规范、做一个道德人的心理倾向"[④]。在教育学领域，"道德需要"被视为道德教育的核心因素，是"德育呈现价值、意义之所

---

① 参见曹鸿飞、吕锡琛《从马斯洛的需要理论看个体的道德需要》，《现代大学教育》2004年第 2 期。
② 罗国杰：《论道德需要》，《湖北社会科学》1992 年第 9 期。
③ 参见曾钊新《论道德需要发展的社会轨迹》，《中州学刊》1992 年第 4 期。
④ 彭柏林：《道德需要的含义及其二重性》，《海南大学学报》（人文社会科学版）2000 年第 2 期。

在"①。道德需要就是对道德的强烈依赖性和显著倾向性，是引导个体将道德规范内化为自我需要的心理机制，这种依赖和倾向共存的心理机制构成了道德教育可能性的基础。

由于所选取的研究视角不同，道德需要的各种界定和相关研究中呈现出诸多矛盾。关于道德需要性质的判断，存在着"给予"和"占有"的矛盾。就本身的含义来讲，需要应是一种获得、索取或占有。但是，道德需要是一种特殊的、高层次的需要，多数研究都将需要的属性视为给予、奉献或牺牲等，这在伦理学视域中尤为突出。不过，还是有学者基于"需要"本身的性质来规定道德需要，指出道德需要是"个体对社会关系的占有"②。关于道德需要属性的论断，存在着"功利性"与"超越性"的冲突。道德需要的"超越性"，或"利他性"、"非功利性"是不证自明的，这是由道德需要的本质所规定的。正如康德所说，"德行之所以具有这么多的价值，仍然只是由于它付出了这么多，而不是由于它带来了什么"③。至于道德需要的"功利性"，学者们分别从人性欲求或是心理动因视角给予了证明，比如，彭柏林学者认为，人的理性去自觉欲求一种对自己无益的外在道德要求是不可思议的，这既不符合生活经验，也有悖于理论逻辑；④ 孙少平学者认为，道德需要的心理动因包括自利、互惠、回报和道德人格的自我完善。⑤ 不过，道德需要的"功利性"与"超越性"的关系是统一的，不是完全对立的。因为，道德需要的功利性所体现的是一种精神占有，与一般的物质占有存在本质区别。

不过，道德需要所扮演的心理机制角色及其动力、调控功能得到了多方研究的一致肯定，这也是诸多学科领域对道德需要研究所达成的为数不多的共识之一。在教育学相关研究中，道德需要被视作主体接受道德教育的内驱力。林崇德学者就提出，"儿童与青少年品德结构的任何一种特征、

---

① 魏传光、曹琨：《道德需要：德育的前提性承诺》，《现代教育科学》2004 年第 1 期。
② 白先同主编《德育新观念：中国学校德育改革读本》，广西师范大学出版社，2000，第15 页。
③ 〔德〕康德：《实践理性批判》，邓晓芒译，人民出版社，2003，第212 页。
④ 参见彭柏林《道德需要的含义及其二重性》，《海南大学学报》（人文社会科学版）2000年第 2 期。
⑤ 参见孙少平《论道德需要及其培养》，《教育发展研究》2006 年第 18 期。

道德范畴的任何一种成分都来自其道德需要"①。在心理学相关研究中，道德需要不仅与其他不同层次的需要密切相关，而且道德需要还能统一其他各个层次的需要并赋予其价值意义。就伦理学相关研究而言，道德需要的调控功能尤为突出，可以帮助人们自我审视其需要是否合乎理性、合乎道德，从而自觉选择合理的、正当的需要，保证人们的道德活动沿着正确轨迹进行。

2. 道德意愿与道德需要的区别和联系

区分"道德意愿"与"道德需要"是一件比较困难的事情，在很多情形下或是语境下，二者都是可以相互替代的。倘若要明晰二者之间的区别与联系，只能尝试从微观层面进行抽丝剥茧式分析。

从道德之于个体的价值意义而言，道德需要与道德意愿都表达了主体对道德的向往和追求；其中，道德需要是一种依赖性的向往和追求，而道德意愿则是一种意向性的向往与追求。即是说，主体因为其自身对外在道德规范、道德原则或道德关系的依赖而产生了相应的道德需要，外在道德规范、道德原则或道德关系的存在既满足了主体的需要，同时又赋予主体以相应的价值和意义；而道德意愿的产生完全出于主体的自觉自愿，主体道德意愿的达成彰显了外在道德规范、道德原则或道德关系的存在价值，是主体赋予道德以相应的价值和意义。

从道德发展阶段来看，道德需要和道德意愿处于道德发展的不同阶段。以主体参与道德的程度为划分依据，道德需要和道德意愿都属于道德发展的"有我"阶段，是对"无我"阶段的超越和升华；其中，道德需要属于道德发展的"为我"阶段，而道德意愿则属于道德发展的"我为"阶段。虽然二者均属于"有我"的道德发展阶段，其生成过程都伴随着主体与道德的双向互动，但是"为我"与"我为"的区别鲜明地标识了二者在发展程度上的差距。在道德发展的"为我"阶段，道德需要是以主体为中心而产生的关于道德体系的心理欲求，"我"是目的，道德是手段；到了道德发展的"我为"阶段，道德意愿是以主体及其所意向的对象为中心而产生的关于道德体系的心理意向，"我的意愿及其对象"是目的，道德是结果。以主体作用于道德的程度为划分依据，道德需要和道德意愿都是主

①　林崇德：《品德发展心理学》，陕西师范大学出版社，2014，第90页。

体作用于外在道德规范或原则的产物；道德需要是在道德意识的基础上，将内化的道德规范或原则进一步深化为自己的需要，处于内化向外化过渡的阶段；而道德意愿则试图将主体的这种需要外化为相应的道德行为，处于外化的萌芽阶段。

（四）道德意愿与道德动机

在这四组相关范畴中，"道德动机"与"道德意愿"的区别度最小，几乎很难对二者做出明确区分。不过，出于研究需要，还是要从现有研究中深挖问题，尝试对二者的区别与联系做出适当说明。

1. 何谓道德动机

"道德动机"衍生于心理学的"动机"概念，简单来说，"道德动机"就是使道德行为得以发生的直接动因，为人们的道德活动提供了诸多理由。道德动机具有"原发性""潜伏性""实践性"三大特征，[1]"原发性"是指道德动机作为道德行为的原发动力，是人们开展一系列道德活动的起点；"潜伏性"是指道德动机作为道德意识的组成部分，潜伏于人的道德心理活动之中，具有隐蔽性、内在性；"实践性"是指道德动机作为道德行为的直接动因，不会停留于意识中的静态意向，通常会导致相应的道德行为的产生。道德动机的种类划分较为复杂，罗国杰认为，道德动机在生成方式上有原始性动机与衍生性动机之分，在价值属性上有道德的动机和不道德的动机之分，在作用发挥上有主导动机和辅助动机之分，在目标指向上有短暂动机和长远动机之分。[2]

动机论是道德评价的依据之一，与效果论相对。动机与效果是构成道德行为的两大重要因素，也是伦理学中关于道德评价的一对重要范畴。动机作为道德意识的重要内容之一，反映了道德行为活动的主观方面；效果是由道德动机引起的实践结果，反映了道德行为活动的客观方面。作为道德评价的依据，动机论认为，任何个体的道德行为都由动机引起、受动机支配，评价行为善恶只能以行为动机为依据，无需考虑行为效果。孟子是

---

① 参见罗国杰主编《中国伦理学百科全书：伦理学原理卷》，吉林人民出版社，1993，第96页。

② 参见罗国杰主编《中国伦理学百科全书：伦理学原理卷》，吉林人民出版社，1993，第96页。

中国古代最早的动机论代表，强调以"心"来判断行为善恶；董仲舒的"原心说"同样持动机论观点，他曾在《春秋繁露·对胶西王》中提出了"仁人者，正其道不谋其利，修其理不急其功……"① 的著名论断。康德是西方伦理思想史上最著名的动机论代表之一，强调善恶评价的依据只能是出于责任的善良意志。站在动机论的反面立场，效果论认为，崇高的动机不一定总是引起相应的道德行为，评价善恶行为必须以行为的实际效果为依据。中国古代的效果论观点主要体现在"志功之辩"中，如王充、叶适都主张"功用论"，叶适曾提出，"既无功利，则道义者乃无用之虚语尔……"② 边沁和穆勒是西方伦理思想史上效果论的主要代表，他们认为，判定行为善恶的根本依据是行为能否给人带来快乐与幸福。马克思主义伦理学指出了动机论与效果论的片面性，主张将动机与效果相统一。

2. 道德意愿与道德动机的区别和联系

广义上的"道德意愿"与"道德动机"实则是同一概念，二者在很多语境下是可以通用的。不过，从狭义视角解读的话，"道德意愿"与"道德动机"有其各自所要言说的重点，对二者应该适当加以区分。

道德意愿与道德动机都被视为引发主体道德行为的动力，而道德动机相当于是具体化的道德意愿。道德动机的表现形式通常是相对具体的，主体道德行为的发生总是被某一具体的道德动机所引发。道德意愿的表现形式则根据其所处发展阶段而呈现差异，也就是说，道德意愿通常以相对抽象的表现形式存在着，主体的一切道德活动与其崇德向善的道德意愿分不开；在道德行为即将发生的阶段，抽象的道德意愿一般会具体化为明确的道德意向，为主体提供行动理由。所以，道德动机是道德意愿的具体表现形式，相当于道德意向概念，只是道德动机旨在说明道德行为的原因，而道德意向旨在说明道德行为的意向。

道德意愿与道德动机的生成都需要特定道德情境的激发，而道德动机的产生完全依赖于特定的道德情境。道德动机总是在特定的道德情境下被激发，道德动机的实现是主体在应对道德情境的过程中将其转化为相应道德行为，道德动机总是因境而生、应境而成，没有情境便没有动机。道德

---

① 《春秋繁露新注》，曾振宇、傅永聚注，商务印书馆，2010，第192页。
② （宋）叶适：《习学记言序目》，中华书局，1977，第324页。

意愿的生成方式相对多样化，除了在特定的道德情境下生成明确的道德意向再转化为相应的道德行为外，道德意愿的生成方式也可以是在内化道德认知、道德情感和道德行为的过程中形成相应的道德愿望，而道德意愿的实现又是主体在日常道德生活中对道德愿望的追求和坚守。

道德意愿与道德动机都为个体的道德活动提供了充足的行动理由，不过，道德动机相对脆弱、不够持久。由于特殊情境而产生的道德动机总是相对短暂、脆弱的，在具体道德情境下，主体很容易因为情境的限制而放弃道德动机。与此不同，道德意愿的生成过程较为复杂，在特殊情境下生发道德意向只是其发展过程的某一阶段，虽然该阶段道德意向的产生也存在很多不确定因素，但是，一旦主体形成了相对稳定的道德意愿，其道德生活或道德行为就有了强大的力量支撑，这种对善的执着追求对道德主体的影响力是相对持久且坚定的。

第二节　道德意愿的特征

从阐释道德意愿与其相近范畴的区别与联系中发现，道德意愿有其自身的显著特征。从道德意愿的概念界定可以看出，自愿性与意向性是道德意愿最为突出的两大特征。除此之外，就存在形态而言，道德意愿呈现出内存性与交往性并存的特征；以道德主体划分为依据，道德意愿具有普遍性与特殊性的特征；就利益诉求而言，道德意愿具有利己性与利他性并存的特征；从时空场域来看，道德意愿以理想性与现实性相区分；就发展程度而言，道德意愿具有坚韧性与脆弱性的特征。

一　内存性与交往性

《说文解字》对"德"字的解释是"外得于人，内得于己也"，段玉裁注的《说文解字注》进一步解释道，"内得于己，谓身心所自得也；外得于人，谓惠泽使人得之也"[①]。道德意愿的内存性与交往性体现了其相互交织的两种存在形态：一方面，道德意愿作为主体对善的追求和向往，是

① （汉）许慎撰《说文解字注》，（清）段玉裁注，中州古籍出版社，2006，第502页。

一种"内得于己"的存在形态；另一方面，道德意愿总是指向一定的行为对象，表达了道德主体对他人的关心和关注，是一种"外得于人"的存在形态。所以，道德意愿的实现，不仅达成了道德主体的内心诉求，也在具体行为上切实帮助、惠泽了道德行为对象。

　　道德意愿具有"内存性"特征，是一种自在的善。康德曾说："善良意志，并不因它所促成的事物而善，并不因它期望的事物而善，也不因它善于达到预定的目标而善，而仅是由于意愿而善，它是自在的善。"[1] 此外，道德意愿的"内存性"特征还可以分别从其生成、实现及存在形态等多个方面来理解。从道德意愿的生成来看，主体的内心诉求是其根本动力。道德意愿不是外界强加于主体的道德命令，而是主体基于对道德的认知和理解而产生的对善的追求和向往，这是一种发自内心的愿望与诉求。道德是一种发自内心的善，《论语·颜渊》主张"为仁由己"[2]，《孟子·尽心上》主张"仁义礼智根于心"[3]，所以有"我欲仁，斯仁至矣"[4] 的说法。道德意愿的产生，究其根源动力还是内存于主体内心的善念。从道德意愿的实现来看，道德意愿首先满足的是主体的道德诉求和道德愿望。在中国传统伦理文化中，追求崇高道德理想和道德境界一直被看作是主体需要中最高层次的需要，道德意愿的达成即是对主体自我实现需要的满足。孔子在《论语·里仁》中便提过"朝闻道，夕死可矣"[5]，道德意愿的达成对于主体的自我需要满足而言意义尤为重大。从道德意愿的存在形态来看，道德意愿是主体内心的道德律令，对主体的道德生活实践起着规范与约束作用。在康德看来，善良意志就是一种自在的善，是内存于主体意识的最高道德律令，主体的一切道德行为都起步于此。

　　道德意愿具有"交往性"特征，道德意愿充分体现了主体的道德交往需要，交往关系又赋予道德意愿以存在意义。道德意愿总是指向具体的道德行为对象，内含着主体对他人和社会的关心之情，所以，道德意愿在一

---

① 〔德〕康德：《道德形而上学原理》，苗力田译，上海人民出版社，2005，第9页。
② 《论语》，程昌明译注，山西古籍出版社，1999，第125页。
③ 《孟子》，万丽华、蓝旭译注，中华书局，2006，第298页。
④ 《论语》，程昌明译注，山西古籍出版社，1999，第75页。
⑤ 《论语》，程昌明译注，山西古籍出版社，1999，第34页。

定层面上也可以理解为主体的道德交往需要。另外，交往关系赋予道德意愿以存在的意义和价值。人的本质构成是"社会关系"，交往关系贯穿了整个人类生活。唐凯麟认为，道德生活同样离不开交往关系，因为"道德生活本质上是一种有意义和价值的生活，而无论是意义和价值都是在人与他人、群体和类的关系中才得以存在和发展起来的"①。道德意愿正是在基于交往关系的道德生活中得以产生的，没有人与他人、群体和类的关系的存在，道德意愿的存在也就没有意义和价值可言。夏伟东甚至指出，人类意识的产生使人能够区分各种交往关系，由此，道德交往关系才被人类所认识，才成为一种对人类有意义的存在；正是在这一前提下，"人类才会自觉地需要道德辅佐自己的生活"②。因为人类对交往关系，尤其是道德关系的认知，才激发了主体对道德的追求和向往。

二　普遍性与特殊性

道德意愿的普遍性和特殊性，主要基于道德主体身份来区分，普遍性是指普通人和圣人同样拥有道德意愿，特殊性是指在道德意愿的感知、境界、培养等方面，普通人与圣人有所差异。"圣人"，作为人性至善的典范，被孟子誉为"百世之师也"（《孟子·尽心上》）、"人伦之至也"（《孟子·离娄上》）；圣人在道德修养和道德实践方面的至善至美，充分彰显了道德意愿的特殊性。

一方面，道德意愿具有普遍性，人皆有之，人皆可学，不必刻意为之。其一，道德意愿并非圣人所独有，人皆有之。孟子依据人类共同特征论述了"人同此心，心同此理"的道理，指出"善心"并非圣人所独有，人皆有之。道德意愿同样遵循"人同此心，心同此理"的规律，普遍存在于每个道德主体心中。新品格教育倡导者托马斯·里克纳提到，"品格的最高形式包括真心向善。……当人们崇尚善，他们为善时便会体会到快乐。他们有一个欲望上的道德，而不仅是义务上的道德。在为社会服务的过程中实现这一道德的能力，并不仅限于圣人，它也是普通人甚至孩子的

---

① 唐凯麟主编《中华民族道德生活史研究》，金城出版社，2008，第29页。
② 夏伟东：《道德本质论》，中国人民大学出版社，1991，第54页。

道德潜力的一部分"①。里克纳这里所说的"崇尚善"实际上就是指人的道德意愿，而"欲望上的道德"则进一步指向完全出于自愿的道德意愿。所以，用克里纳的话说就是，道德意愿具有普遍性，圣人与普通人甚至是孩子都拥有道德意愿。其二，圣人的道德意愿近乎完美，但圣人可学而至。虽然圣人在道德修养和道德实践方面明显比普通人更为出色，但是其拥有的道德意愿与普通人的在本质上并无差别。郭店简楚提到，"圣人之性与中人之性，其生而未有非志"②。《孟子·告子上》也提出，"圣人与我同类者"③；朱熹认为，"圣贤禀性与常人一同"④；王阳明也主张，"良知良能，愚夫愚妇与圣人同"⑤。此外，圣人并非遥不可及，普通人也可以通过学习、实践等途径成为道德圣贤。孟子与荀子虽在人性论上存在性善与性恶的对立，但二人都对成圣成贤的可能性予以肯定，分别提出"人皆可以为尧舜"（《孟子·告子下》）、"涂之人可以为禹"（《荀子·性恶》）。周敦颐提出了"圣可学"（《通书·圣学》）观点，并指明了具体的成圣途径，即"无思而无不通，为圣人"（《通书·思》）、"诚者，圣人之本"（《通书·诚上》）。在周敦颐"圣可学"观点的基础上，二程进一步发展出"学以至圣人之道""圣人可学而至"⑥等创造性理论学说。普通人成圣可能性的存在，从侧面再一次证实了道德意愿的普遍性。其三，道德意愿是人性自然流露，不必刻意为之。"人性之善也，犹水之就下也。人无有不善，水无有不下。"⑦在孟子看来，人性向善就像水往下流一样，是自然而然的事情。梁漱溟也曾强调，"吾以为天下之人其意无不善，今之为恶者非其本意，诚得吾曹者出而共天下人相与为善，则天下之人无不善"⑧。道德意愿是向善人性的自然流露，人人内心都会自然拥有，不需要去刻意追寻。

---

① 〔美〕托马斯·里克纳：《美式课堂：品质教育学校方略》，刘冰、董晓航、邓海平译，海南出版社，2001，第 56 页。
② 李零：《郭店楚简校读记》，北京大学出版社，2002，第 122 页。
③ 《孟子》，万丽华、蓝旭译注，中华书局，2006，第 247 页。
④ （宋）朱熹：《朱子语类》，（宋）黎靖德编，王星贤点校，中华书局，1986，第 133 页。
⑤ （明）王守仁：《传习录全集》，王先华译注，天津人民出版社，2014，第 175 页。
⑥ （宋）程颢、程颐：《二程集》，中华书局，第 1981 页。
⑦ 《孟子》，万丽华、蓝旭译注，中华书局，2006，第 240 页。
⑧ 中国文化书院学术委员会编《梁漱溟全集》（第 4 卷），山东人民出版社，2005，第 539 页。

另一方面，道德意愿具有特殊性，在道德意愿的感知、境界和培育方面，普通人与圣人存在一定距离。其一，在对道德良知的感知方面，圣人往往先于普通人。孟子曾分析过圣人与普通人的道德意愿差异，认为"圣人先得我心之所同然耳"①，即圣人对良知的感知能力强于普通人，往往比普通人更早地觉察到内心的道德意愿。其二，关于道德意愿的境界，圣人的境界往往高于普通人的境界。学者王海明区分了善的三重境界，即"至善""基本的善""最低的善"，分别对应"无私利他""为己利他""单纯利己"三种道德价值。道德境界的层次性问题一直受到学者们的关注，圣人与普通人同样有着追求理想道德境界的道德意愿，但其追求的道德境界往往不在同一层次。《中庸》曾论述过圣人与普通人在道德良知方面的差异问题，认为圣人与普通人一样具有善良本性，只是圣人的道德境界层次相对更高而已。牟宗三用了一个非常形象的比喻来解释圣人与洒扫童子在道德境界上的差异，他说，"无论一钱金子或一两金子毕竟同属金子"②，意思是圣人的良知与洒扫童子的良知并没有本质上的差异，而圣人与普通人，甚至是圣人中尧舜与孔子之所以不同，其实是良知分量抑或说良知境界的不同而已。其三，在道德意愿培育方面，圣人比普通人更积极主动。圣人在培养自身道德意愿方面的积极性或主动性体现在多个方面，比如，孟子的"存心"说——"君子所以异于人者，以其存心也"和"养心"说——"非独贤者有是心也，人皆有之，贤者能勿丧耳"，即圣人比普通人更注重发挥主观能动性去防止本心的迷失；荀子的"化性起伪"说——"能化性、能起伪，伪起而生礼义"（《荀子·性恶》）和"后天积习"说——"圣人者，人之所积而致也"（《荀子·性恶》），意思是圣人能够主动改变自己的本性，注重后天的道德实践积累等；王阳明在阐述"致良知"观点的过程中，表达了他在"圣人观"方面与朱熹的不同。朱熹所言圣人在知识和道德两方面皆属完人，但在王阳明看来，圣人和普通人一样，他们并非全知全能、完美无缺。"但惟圣人能致其良知，而愚夫愚妇不能致"③，即圣人更善于发现自己的良知，勤于去除私念并保存善念。

---

① 《孟子》，万丽华、蓝旭译注，中华书局，2006，第247~248页。
② 牟宗三：《心体与性体》，上海古籍出版社，1999，第146页。
③ 陈荣捷：《王阳明〈传习录〉详注集评》，华东师范大学出版社，2009，第58页。

三　利己性与利他性

"利己与利他"是道德哲学领域存在很大争议的话题，既有"利己主义"与"利他主义"不同理论流派之间的原则争议，也有休谟、斯密等人各自思想体系内部的观点争议。但不可否认的一点是，这些理论流派或思想人物在强调利己与利他相对立的同时，也默认了利己与利他的统一。

首先，从人性视角来看，道德意愿是利己人性与利他人性相妥协的产物。马克思说："如果我们想把这一原则运用到人身上来，想根据效用原则来评价人的一切行为、运动和关系等等，就首先要研究人的一般本性，然后要研究在每个时代历史地发生了变化的人的本性。"[①] 道德是人类特有的社会行为，道德意愿的产生离不开其主体——人，更离不开为其提供精神土壤的人性。休谟、斯密等人认为自私与仁爱同时存在于人性之中，人的道德行为动机是利己与利他的统一。休谟说，"在人性中，除了狼的凶残，蛇的歹毒，总还有些鸽子的善良"[②]。从《人性论》到《道德原则研究》，休谟所言人性由"自私与有限的慷慨"的结合变为"自爱与仁爱"的结合，但终究是利己与利他的结合。斯密仅有的两本传世之作《国富论》和《道德情操论》留下了"斯密难题"，即"经济人"与"道德人"的矛盾。在斯密看来，人性中的利己与利他是统一的，"无论人们会认为某人怎样自私，这个人的天赋中总是明显地存在着这样一些本性，这些本性使他关心别人的命运，把别人的幸福看成是自己的事情"[③]。正是人性中利己倾向与利他倾向的统一，才使得既符合道德主体意愿又关切道德行为对象的道德意愿成为可能。

其次，从适度原则来看，道德意愿是利己性与利他性之间的中庸或适度。亚里士多德主张德性即"适度"，"过"和"不及"均被视为恶，提出适度原则是成为德性之人的基础。事实上，不同理论流派探讨"利己与利他"关系的基础正是适度意义上的利己与利他。正如"利己主义"从利己性出发，视人的利益或幸福欲求为行为善的动机，但是，欲求利益或幸

---

① 《马克思恩格斯全集》（第44卷），人民出版社，2001，第704页。
② 〔英〕大卫·休谟：《道德原则研究》，曾晓平译，商务印书馆，2001。
③ 〔英〕亚当·斯密：《道德情操论》，蒋自强等译，胡企林校，商务印书馆，1997，第5页。

福的主体是多数人而非单个人。"利他主义"坚持从利他性出发，以维护他人利益和善待他人为最高原则，但是，人道主义还是强调互助、友爱精神的"博爱的人道主义"，甚至是把人的自我实现视为最高价值的"自我实现的人道主义"。可见，即便在各执一词的不同理论流派的原则争议中，极端的利己或利他也几乎是不存在的。道德意愿作为个体追求德性的愿望，其动力来源既有道德主体自身的德性欲求，也有对道德行为对象的关切，是一种介于利己与利他之间的适度。

最后，道德意愿符合主体利益诉求，是自利与利人的统一。有学者提出，"自愿去做某种在任何意义上对自己都不利的事情是无法想象的"①；同理，在道德生活中，"人必须受益于自己的道德行为"②。道德意愿的自愿性决定了道德行为必须符合人的利益，而且必须是社会共同利益与个人利益的对立统一。马克思和恩格斯在《德意志意识形态》中将这种利益关系界定为"一种统一的利益的分裂形式"③；麦金太尔也肯定了利益的二重性，认为"内在利益诚然也是竞争优胜的结果，但它们的特征却是，它们的获得有益于参与实践的整个共同体"④；富勒进一步将其阐释为互惠关系，指出"任何一种互惠关系都会令人扮演双重角色，即作为自己的目的，又作为实现他人目的的手段"⑤；王海明对善的定义，即"增加社会和每个人的利益的总量"⑥ 的伦理行为，也突出了这层含义；宋希仁教授更是提出，"人生就是自利与利人的统一"⑦。不过，需要特别指出的是，这里的主体利益诉求绝不仅局限于物质利益。卢梭就曾在《爱弥儿》中对"人们出于自己的利益而促进公共利益"现象提出质疑，认为单从物质利益角度根本无法解释一些人为了公共利益而牺牲自我的壮举。所以，道德意愿所符合的应是主体的精神利益或道德利益诉求。福柯曾提出"自我的技术"概念，即在西方文化中获得主体性的手段，认为"自我发展"在促

① 赵汀阳：《论可能生活：一种关于幸福和公正的理论》，中国人民大学出版社，2004，第31页。
② 〔美〕安·兰德：《自私的德性》，焦晓菊译，华夏出版社，2007，第4页。
③ 罗国杰主编《伦理学》，人民出版社，2014，第176页。
④ 〔美〕麦金太尔：《追寻美德：道德理论研究》，宋继杰译，译林出版社，2011，第242页。
⑤ 〔美〕富勒：《法律的道德性》，郑戈译，商务印书馆，2005，第31页。
⑥ 王海明：《伦理学原理》，北京大学出版社，2001，第167页。
⑦ 宋希仁：《不朽的寿律——人生的真善美》，中国人民大学出版社，1989，第223页。

使个人获得完整、充实生活的同时也为社会谋取了利益，所以应该被视为道德的而非自私的。从主体自身出发，道德意愿可以看作是道德主体追求崇高道德境界的自我发展诉求，在达成自我利益诉求的同时，也促进了社会的发展和他人的利益实现，是自利与利人的统一。

四 理想性与现实性

道德意愿的理想性与现实性是基于时空原则所作的区分，其含义与通常意义上的道德的理想性与现实性不同。对于道德的理想性与现实性，一般可以从道德规范与道德生活两个视角来阐释。一是道德规范的主观理想性和客观现实性，即道德规范既反映人们的主观愿望要求，又反映社会的客观现实要求。二是道德生活的理想性与现实性，理想性道德生活是应然的价值目标，是人们所憧憬的尚未到来的美好道德生活状况，而现实性道德生活是实然的现实存在，是社会现实中所呈现的人们的实际道德生活状况。也有学者认为，基于道德源于实践又高于实践的特性，道德还可以划分为"底层性道德与高层性道德""生存性道德与发展性道德""适应性道德与超越性道德"等,① 其实这些划分方式均衍生于道德的理想性与现实性区分。

道德意愿的理想性与现实性不存在主客观的对立统一、实然与应然的对立统一，而是基于道德意愿指向的时空场域所作的区分。理想性道德意愿指向未来时空场域，是人们追求道德理想的向善意愿，没有具体的道德意愿对象，亦没有具体的道德意愿生成环境。现实性道德意愿指向当下时空场域，是人们在具体道德情境中产生的行善意愿，通常有确定的道德意愿对象，而且这种行善意愿的生成有赖于特定的道德情境。

首先，道德意愿的理想性与现实性相统一，理想性道德意愿是抽象的、一般的道德意愿，现实性道德意愿是具体的、特殊的道德意愿。这种一般与特殊的关系首先体现为意愿行为对象的区分，理想性道德意愿不指向具体的行为对象，是一般意义上的道德意愿，现实性道德意愿有具体的行为对象，每一次的意愿萌发都有着特殊意义。从意愿生成的时空场域来

---

① 吴灿新：《善的追索》，广东人民出版社，2014，第78页。

看，二者同样存在着抽象与具体的关系，理想性道德意愿的生成没有确切的时间和具体的环境，而现实性道德意愿往往是当下具体道德情境的产物，是人们的理想性道德意愿的具体表现形式。其次，道德意愿的理想性与现实性相统一，理想性道德意愿为现实性道德意愿提供精神引领。理想性道德意愿，亦称为向善意愿，代表了道德主体在道德理想人格方面对自己的某种期望，可视为行为主体为自我确立的道德生活目标。理想性道德意愿在主体的道德意识系统中扮演者精神引领者的角色，因为理想性道德意愿确立后，道德主体在道德情境中，总会受理想性道德意愿的激励而产生具体情境下的行善意愿，甚至做出相应的道德行为。最后，道德意愿的理想性与现实性相统一，现实性道德意愿为理想性道德意愿发展提供动力支持。现实性道德意愿，亦称为行善意愿，是理想性道德意愿在道德生活中的生动体现。道德主体在每一次具体道德情境中萌发的行善意愿，尤其是因意愿而产生的道德行为，都有利于巩固和进一步升华道德主体的理想性道德意愿。对于理想性道德意愿的发展而言，现实性道德意愿是最好的动力支持。

五　坚韧性与脆弱性

道德意愿具有坚韧性与脆弱性特征，这是基于道德意愿的不同发展程度所区分的。当个体的道德意愿仅停留在抽象的道德愿望或是具体的道德意向阶段时，它是十分脆弱的，极易受到道德环境或道德情境的影响而发生动摇；当个体的道德意愿升华为稳固的道德理想或坚定的道德信念时，它是相对坚韧的，一般不会受道德环境或道德情境的左右，能够顺利转化为相应的道德行为。

总体来看，道德意愿的脆弱性或坚韧性主要体现在两种情形之中，一种是在周围道德环境的影响下，个体道德意愿能否保持原初形态；另一种是在道德冲突情境下，个体道德意愿能否转为相应的道德行为。道德意愿的脆弱性是指个体在遭遇特殊的道德情境时，面对道德冲突往往容易放弃对道德意向的践行；或由于受到外在道德环境的影响，内心所固有的道德愿望逐渐弱化。而道德意愿的坚韧性则是指个体能够以顽强的道德意志，努力克服道德活动中所遭遇的各种困难，即便在道德冲突情境下，依然能够抵制来自外部环境或自身欲望的压力，将道德意愿付诸实践。

　　人类社会一般比较崇尚乐观的生活状态，因而伦理学也总是倾向于推崇人类道德的坚韧性而贬低其脆弱性。当代道德哲学对道德脆弱性的思考是极少的，至少在《善的脆弱性》一书出版之前没有过系统的讨论。道德意愿的脆弱性是显而易见的，在道德意愿形成的初级阶段，假使个体基于道德内化的方式形成了相应的道德愿望，但由于周围不良道德环境的影响或是身边群体的不良示范，个体的道德认知发生偏差，道德愿望很容易随之弱化；即便个体基于一定道德情境的激发而生成了明确的道德意向，但依然有可能因为意志力薄弱而放弃对道德意愿的践行。前者源于理性的脆弱性，康德和休谟都曾有所分析，休谟认为，道德理性的自主能力是有限的、无力的，而康德则指出，"人性的高尚虽足以把一个令人肃然起敬的理念当做自己的规范，然而它却太软弱了，所以无力恪守它"①。后者源于意志的脆弱性，虽然苏格拉底、康德主义、功利主义分别以"意志对于理性的必然服从""意志对于理性的自觉服从""意志对于理性和情感的双重服从"②来排除意志脆弱性的可能，但却都无法否认人类趋利避害的本性导致意志软弱问题。所以，道德意愿的脆弱性问题不应该也不可能被回避，而道德意愿脆弱性的积极意义也应当受到重视，正因如此，才使得人类有了对完美德性的追求。

　　乐观主义伦理学一直都十分推崇道德意愿的坚韧性，从亚里士多德的幸福德性论到康德的义务德性论，尤其是尼采的超人哲学，都在强调人类道德意愿的坚韧性而蔑视其脆弱性，即便提出了道德意愿脆弱性问题也是为了进一步拔高道德坚韧性的地位。人类道德意愿的坚韧性是一种潜在的存在，是对道德意愿脆弱性的超越，当个体的道德意愿升华为坚定的道德信念，这种坚韧性就会充分显现，促使个体克服一切困难将其道德意愿付诸实践。道德意愿的坚韧性具有克服其脆弱性的可能，但坚韧性作为一种潜在的存在，只有在特定的道德情境下，尤其是道德冲突情境下才得以显现。道德意愿的脆弱性是一种普遍存在，几乎在每一个道德个体身上都留有其痕迹；而道德意愿的坚韧性则不同，一般与个体的道德境界或意志能

---

① 〔德〕康德：《道德形而上学原理》，苗力田译，上海人民出版社，2005，第24页。
② 参见李义天《美德伦理学与道德多样性》，中央编译出版社，2012，第96页。

力相关联，多存在于那些道德境界较高、意志能力较强的道德主体身上；这正是普通人与道德模范或道德英雄在道德行为选择上的差异所在。

第三节 道德意愿的作用

习近平总书记认为："道德之于个人、之于社会，都具有基础性意义，做人做事第一位的是崇德修身。"[①] 道德意愿之于个体德性发展而言，具有重要的推动和促进作用。具体来看，道德意愿的自由决断充当着道德主体性的根基，确认了道德主体的关系性存在、创造性存在和超越性存在。为仁由己，道德意愿是生成道德自觉的基本前提，在观念层面促进了"道德意识的自觉"，在实践层面促进了"道德行为的自控"。道德意愿是道德行为产生的心理动力，只有出于自我道德意愿的道德行为才是自由的行为、有德的行为。道德意愿是人们遵循道德规范的内生根源，道德规范的作用发挥同样源于人们对德性完善的向往意愿。道德意愿是行为主体履行道德责任的动力之源和能力之本，也是判断和评价行为主体是否需要对其行为负道德责任的重要依据。

一 确认道德主体存在的根据

何谓"道德主体"？万俊人学者将其理解为道德价值存在的"代理者"、道德活动的发动者和承担者，它还表征着人作为道德存在者的生存实践和自律、自觉、自为等特殊内涵。[②] 高兆明学者在区分两种不同意义的道德主体时也专门提出，真正意义上的道德主体揭示了外在道德规范或要求与道德行为者自身意愿、情感或态度的关系，对道德行为者而言，道德规范及道德生活不是强加的身外之物、异己之物。[③] 由此可见，道德主体的确立离不开道德行为者自身的意愿、态度或情感，更离不开道德行为者的自律、自觉、自为。道德主体的确认意味着对人的道德存在的追问，只有在这种不断追问的过程中，才能发现道德主体内心对道德生活的渴求

---

① 《习近平谈治国理政》，外文出版社，2014，第173页。
② 参见万俊人《伦理学新论》，中国青年出版社，1994，第330页。
③ 参见高兆明《存在与自由：伦理学引论》，南京师范大学出版社，2004，第197～198页。

和冲动，才能从将道德规范或要求视为强加于道德主体的身外之物、异己之物的错误认知中走出来。

追问人的道德存在问题，首先要梳理人的存在与道德的关系，其次还要梳理人的存在与人的道德存在的关系。道德与人的存在有着千丝万缕的关系，一方面，人以道德为自身存在方式，道德为人的存在提供担保。如康德所说，"道德就是一个有理性东西能够作为自在目的而存在的唯一条件"①。另一方面，道德以人的存在为前提，人的存在的保持是一切道德的基础。这也是斯宾诺莎在《伦理学》中设置的命题："我们不能设想任何先于保持自我存在的努力的德行。"② 关于人的存在与人的道德存在的关系，张康之教授提出了将"二位一体"完善为"三位一体"的建议，即人的存在方式除了物质存在与精神存在之外，还有一种长期被忽视和淹没的真实的、确切的存在——道德存在。人的道德存在是对其物质存在与精神存在的升华，是"人的最深层的和最本质的存在"③。但是，人为什么能够作为一种道德存在？人作为道德主体的身份又是如何确立的呢？人类道德生活的出现无法确认道德主体的存在，道德规范或原则的形成同样无法确认道德主体的存在，只有道德意愿的呈现才可以确认人作为道德行为的主体而存在。意愿概念创始者奥古斯丁提到，意愿的自由决断充当着道德主体性的根基。④

其一，道德意愿确认了道德主体的关系性存在。人的本质是"一切社会关系的总和"⑤，道德的本质属性决定了道德最基本的功能在于调节社会关系；就其本质而言，人的道德存在理应是一种关系性存在。不过，道德主体的关系性存在所呈现出的不是一种简单的物质交换关系，亦不是主客体之间的认识与被认识、改造与被改造的关系，而是一种特殊的交互性或意向性关系。也就是说，人作为一种关系性道德存在，意味着在很多情形下，人与人的道德交往可能由一种对等的权利与义务的交换关系转换成一种复杂的、不对等的交换关系；或者更进一步说，人与人之间的道德交往

① 〔德〕康德《道德形而上学原理》，苗力田译，上海人民出版社，2005，第55页。
② 〔荷兰〕斯宾诺莎《伦理学》，贺麟译，商务印书馆，1983，第186页。
③ 张康之：《论伦理精神》，江苏人民出版社，2012，第204页。
④ 参见吴天岳《意愿与自由：奥古斯丁意愿概念的道德心理学解读》，北京大学出版社，2010，第9页。
⑤ 《马克思恩格斯文集》（第1卷），人民出版社，2009，第505页。

意味着必要的自我牺牲。处在这样的交往关系中，道德主体除了需要具备最起码的自律理性外，还要有主动关怀他人的意向。道德意愿即是在道德自律的基础上所生成的关心他人、帮助他人的行为意向，道德意愿是确认人作为一种关系性道德存在的依据。一方面，自律理性确保了人与人之间的道德关系得以维持。但这种自律理性类似康德所说的"无条件服从绝对命令"，是交往双方所达成的无声的契约，多出于对自身利益的维护，其交往关系仍停留在对等的权利与义务的交换。另一方面，道德意愿使不对等的道德交往关系成为可能。道德意愿的意向性是对他人的主动投射，出于对他人的关怀和对他人幸福的渴求，道德主体呈现出主动维护和发展道德关系的意愿，这种意愿是其跨越不对等关系而做出自我牺牲的前提。

其二，道德意愿确认了道德主体的创造性存在。萨特认为，人的本质是其意志自由选择的结果，"人只是在企图成为什么时才取得存在"①。卡西尔同样指出，"人只有在创造文化的活动中才能成为真正意义上的人"②。人的本质、人的存在，都是不断创造出来的，人的道德存在亦是一种创造性的存在。人的关系性道德存在也从侧面印证了人的道德存在不是与生俱来的，而是在道德主体的努力下不断生成的。人作为一种道德存在，其存在状态可视为道德主体对自身完善的不断追求，既有"内圣"成己的追求趋向，又有"外王"成人的追求趋向。在牟宗三看来，道德主体要尽善尽美地实现"成人成己"的追求，"其动原全在这内在的道德创造性"③。牟氏所言"内在的道德创造性"，一层含义是指孟子所提倡的"仁义内在，即心说性"，另一层含义是指王阳明所提倡的"创生性实体"——良知。④孟子一直认为，人有自发性和许多内在的源泉，这是"人之所以可能成为道德的存在的依据"⑤。王阳明认为，"良知"作为高层次的"创生性实体"，具有促生善行的内驱力。这样看来，牟宗三所指的"道德创造性"实质上就是人的道德意愿。正是这种自发的、自觉的向善意愿，抑或说

---

① 〔法〕让·保罗·萨特：《存在主义是一种人道主义》，周煦良、汤永宽译，上海译文出版社，1988，第8页。
② 〔德〕恩斯特·卡西尔：《人论：人类文化哲学导引》，甘阳译，上海译文出版社，2013，第7页。
③ 牟宗三：《心体与性体》，上海古籍出版社，1999，第426页。
④ 参见牟宗三《中国哲学的特质》，罗义俊编，上海古籍出版社，2007，第21~22页。
⑤ 杜维明：《现代精神与儒家传统》，生活·读书·新知三联书店，1997，第225页。

"以善的追求为内容的精神趋向"①，驱使着道德主体不断将成人成己的道德理想转化为生动的道德实践。

其三，道德意愿确认了道德主体的超越性存在。尼采曾说，生命自身向他吐露了一个秘密——"我就是那必须永远超越自我的东西"②。鲁洁教授站在教育反思的立场提出，超越性是人的本性，是人所特有的存在方式，超越性存在也是教育之所期待。③ 人作为一种道德存在，其个体德性实际上是一种超越自我的东西，因为它不仅体现着个体的自由意志，同时也表达了社会的普遍意志。道德主体之所以能够超越现存状态，从自我走向他人，从个体意志走向普遍意志，其动力在于主体自觉、自愿关怀他人的道德意愿。人作为一种道德存在，也是一种以主体的道德意愿为追求依据的超越性存在。崇尚道德，向往成为道德的人，是主体指向未来的道德意愿，这是道德主体最富超越性和崇高性的表现，有着强烈的感召力，吸引着道德主体去忠实地追求其人生完善的目标。

二　实现道德自觉的基本前提

马克思认为，"人的类特性恰恰就是自由的自觉的活动"④，人与动物相区分的依据就是人可以进行有意识的生命活动。自由自觉活动之于人类而言意义甚大，人的价值即在于"对人的自由自觉活动的意义性的自我确信和在此基础上的意义性展开和完成"⑤。学者王炳书将人类自由自觉的活动划分为两种类型，一类是"自由自觉地观念掌握世界"，另一类是"自由自觉地实际把握世界"，并指出"实践理性是人自由自觉地观念掌握世界的最高形式"。⑥ 道德活动本身即是人类的一种自由自觉活动，道德自觉不仅体现为主体在观念层面对道德的自我体认，同时也体现为主体在实践层面对道德的自我坚守。然而，无论是观念层面的道德自觉意识，还是实

---

① 杨国荣：《伦理与存在：道德哲学研究》，广西师范大学出版社，2015，第 130 页。
② 转引自熊伟主编《存在主义哲学资料选辑》（上卷），商务印书馆，1997，第 79 页。
③ 参见鲁洁《超越性的存在——兼析病态适应的教育》，《华东师范大学学报》（教育科学版）2007 年第 4 期。
④ 《马克思恩格斯全集》（第 42 卷），人民出版社，1979，第 96 页。
⑤ 焦金波：《"道德人"及其生成的元问题审思》，《道德与文明》2010 年第 6 期。
⑥ 参见王炳书《实践理性论》，武汉大学出版社，2002，第 54 页。

践层面的道德自觉行为，都离不开主体的道德意愿。儒家特别提倡"为仁由己"的伦理主张，这一主张就充分揭示了道德意愿是个体实现道德自觉的基本前提。《论语·颜渊》有言："为仁由己，而由人乎哉？"① 表明践行仁德全凭自己做出决定。《论语·述而》有言："仁远乎哉，我欲仁，斯仁至矣。"② 只要自己愿意行善，自然就会获得善德。

　　就观念层面而言，道德自觉指主体对道德的自觉意识，白臣博士将其归纳为"道德意识的自觉"③，也有学者称之为道德世界的"自明"④。主体对道德的自觉意识是其自身道德需要的反映，道德意愿之于道德自觉意识的意义可以从道德理性、道德情感、道德意志等方面来考察。从道德理性视角来看，道德理性主要担负着理解和把握道德观念的任务，道德自觉则相应地表现为个体对本民族道德文化的自觉体认，以及对所处社会的道德规范体系的自主认同。主体在道德认知上达到自觉状态不是一蹴而就的，需要经历知觉、体认、认同、觉悟等多个发展阶段，在道德认知不断深化并逐步走向自觉状态的每个阶段，道德意愿扮演着不同的角色。在道德知觉阶段，主体意愿并未出场，这个阶段的道德认知尚处于萌芽状态，并无自觉可言；在道德体认阶段，主体意愿开始介入道德认知，主体与道德认知对象的关系不再是二分的对立状态，道德自觉在该阶段初见端倪，主体在体认道德理念的过程中形成自己的道德认识；在道德认同阶段，主体意愿对道德认知产生积极作用，不仅推动主体在自觉、自为的状态下生成道德认同，而且让个体在内心形成一定的归属感和责任感，这是生成道德自觉的关键阶段；在道德觉悟阶段，主体意愿与道德认知融为一体，即主体的道德意愿与其选择和接纳的道德规范相互渗透，使个体的道德认知达到"真知"状态，也就是道德认知发展的自觉阶段。从道德情感视角来看，道德自觉主要表现为个体对自身道德需要、道德动机等道德心理状态的自主感知。道德情感作为主体依据内在道德需要是否得到满足而产生的主观体验和态度，在个体道德自觉的生成中扮演着心理基础和情感动力的角色。道德意愿表征着主体的道德需要，可以说，道德意愿决定了主体的

---

① 《论语》，程昌明译注，山西古籍出版社，1999，第 125 页。
② 《论语》，程昌明译注，山西古籍出版社，1999，第 75 页。
③ 参见白臣《道德自觉论》，博士学位论文，河北师范大学，2014，第 30～31 页。
④ 参见柴文华、孙超、蔡惠芳《中国人伦学说研究》，上海古籍出版社，2004，第 40 页。

道德需要及其满足的可能性，也就决定着个体道德自觉生成与发展的心理基础和动力因素等。从道德意志视角来看，道德自觉着重体现为主体在道德生活或道德实践中自觉选择、自愿坚持克服障碍和困难以执行自己所做出的道德选择。道德意志之所以能够驱使道德主体自觉、自愿地进行自我选择、自我控制和自我实现，只源于道德意志的自由本质，而这一切终将归功于主体拥有自觉、自愿的道德意愿。这份自觉、自愿的能动要素为个体道德自觉的生成提供了道德调控和道德保障机制，促使道德自觉意识向道德自觉行为升华。

就实践层面而言，道德自觉指主体的自我道德约束，白臣博士将其归纳为"道德行为的自控"①，也有学者称之为道德世界的"自持"②。道德自觉行为是道德自觉意识的外化，白臣博士认为，在现实道德生活中常见的道德自觉外化形态主要有三种，即"道德义务自律行为、良心自主行为和价值目标自导行为"③。道德自觉的形成是一个"由表及里、由浅入深、依次更替的道德渐进过程"④，这三种外化形态共同表明，道德自觉行为在不同发展阶段的自觉程度存在差异性，那么，道德意愿在各个发展阶段所发挥的作用也自然有所差异。首先，"道德义务自律行为"是指以自觉履行道德义务为价值取向的主体道德行为，这是初级阶段的道德自觉行为，因为主体对道德义务的自觉履行还处于一种半自觉状态。道德义务的他律性表明，主体在履行道德义务时往往处于被动状态，迫于道德舆论或社会风俗等压力而履行道德义务的行为不能被称为真正意义上的道德自觉行为。只有当道德主体出于对道德责任的自觉意识，源于其发自内心的道德意愿而自觉履行道德义务的行为才是真正意义上的道德自觉行为。其次，"良心自主行为"是指以良心要求为价值取向的主体道德行为，相较于道德义务自律行为而言，该形态充分体现了个体的道德自觉，主体对道德义务的体认也随即从"自觉意识到了的责任"转化为"对责任的自觉意识"，从"异己的存在"转化为"为我的存在"。向善的道德意愿是良心要求的源泉，确保了良心能够在道德自觉行为发展过程中发挥其调控、监管和评

---

① 参见白臣《道德自觉论》，博士学位论文，河北师范大学，2014，第 30～31 页。
② 参见柴文华、孙超、蔡惠芳《中国人伦学说研究》，上海古籍出版社，2004，第 40 页。
③ 白臣：《道德自觉论》，博士学位论文，河北师范大学，2014，第 104 页。
④ 唐凯麟、龙兴海：《个体道德论》，中国青年出版社，1993，第 95 页。

价作用。不过，良心自主行为的主观性、个体性过强，仍然没有达到道德自觉的理想状态。最后，"价值目标自导行为"是指以道德价值目标为取向的主体道德行为，这是成熟阶段的道德自觉行为。这一形态实现了道德义务自律行为与良心自主行为的统一，亦即道德规范性与道德主体性的统一，既体现了主体的理性自觉，又标榜了主体的感性自愿。个体道德意愿正是主体在内化外在道德规范的基础上所生成的高层次的道德追求，与主体的道德价值目标高度契合，从而促使主体的道德自觉行为达至成熟状态。

三 产生道德行为的心理动力

道德意愿是产生道德行为的心理动力，最终对道德行为产生起推动作用的不是道德知识，亦不是道德能力，而是个体的道德意愿。孟子在《孟子·梁惠王上》中所说的"是不为也，非不能也"[①]，以及荀子在《荀子·性恶》中所说的"可以而不可使"[②]，均涉及了道德行为的意愿问题，在他们看来，道德行为不是由道德主体的能力所决定的，而是取决于道德主体的意愿。

道德意愿的生成是个体心理活动斗争的最终结果，道德行为的发生就建立在这一心理活动基础上。个体道德意愿的生成，尤其是特定情境下道德意向的产生，是个体经历了一系列心理活动斗争后做出的倾向性选择。道德行为作为个体的一种实践活动，总是建立在特定的心理活动基础上，该心理活动既是个体内心善恶的斗争过程，也是利益权衡的思虑过程。在经历了复杂的心理斗争后，个体形成了指向特定行为的道德意愿，在强烈道德意愿的激发下自觉践行相应道德行为。

意向是实践某种行为最接近的前因，道德意愿是道德行为发生的最直接的动因。胡塞尔曾在意动心理学的基础上创建了现象学，并将其研究扩展到实践行为的意向问题。维特根斯坦作为胡塞尔的学生，进一步强调了行为意向对于行动评价的意义，他说，"我感到羞愧的不是我当时所做的，

---

① 《孟子》，万丽华、蓝旭译注，中华书局，2006，第 14 页。
② 《荀子全本注译》，周先进编著，中国文史出版社，2013，第 367 页。

而是我当时所怀的意图"①。道德情感发展理论学派的霍夫曼从动机系统出发，也使用了"意向"界定道德行为，不过，霍夫曼所指意向是推动道德行为发生的情感反应。总之，西方学者关于行为意向的研究表明，意向是行为发生的最接近的前因。也就是说，道德行为实际上是个体对道德行为意向的直接履行。道德行为的产生需要特定的主客观因素的支持，理性认知、情感激发、意志保障等，但道德行为发生至关重要的原因是道德意愿。同样，道德行为是道德意愿的具体展现与客观达成，是个体道德意愿发展与实现的最终结果。

道德意愿是产生道德行为的心理动力，出于自我道德意愿的道德行为才是自由的行为、有德的行为。冯契曾指出："真正自由的道德行为就是出于自觉自愿，具有自觉原则和自愿原则的统一、意志和理智统一的特征。"② 在冯契看来，出于本能的道德行为虽然同样具有善的价值，却不是自由行为，不是自觉自愿的道德行为。冯契还以冯友兰的"觉解"境界和荀子的"出令而无所受令"（《荀子·解蔽》）来阐述道德行为的自觉原则和自愿原则。另外，并非所有的道德行为都具有善的价值，只有出于自我道德意愿的行为才是有德的行为。正如黑格尔所指出的，"一个人做了这样或那样一件合乎伦理的事，还不能说他是有德的，只有当这种行为方式成为他性格中的固定要素时，他才可以说是有德的"③。也就是说，只有当道德行为与个体内心道德意愿相一致时，个体的道德行为才具有善的价值，个体才能成为有德之人。所以，"心中泯灭善念，不可能有真正的善的道德行为，即使有，也是伪善"④。

四 遵循道德规范的内生根源

道德规范是指"人们在道德生活中应当遵循的行为准则"⑤，这些行为准则主要用于调整人与人之间的利益关系，反映了人们对道德生活的自觉

① 《维特根斯坦读本》，陈嘉映编译，新世界出版社，2010，第155页。
② 《冯契文集》（第3卷），华东师范大学出版社，1996，第220页。
③ 〔德〕黑格尔：《法哲学原理》，范扬、张企泰译，商务印书馆，1979，第170页。
④ 欧阳永忠：《道德心理和谐及其教育研究》，人民出版社，2014，第49页。
⑤ 余源培等编著《哲学辞典》，上海辞书出版社，2009，第295页。

向往和对伦理关系的自觉体认。荀子曾在《荀子·礼论》中对"礼的产生"作过具体论述："礼起于何也？曰：人生而有欲，欲而不得，则不能无求。求而无度量分界，则不能不争；争则乱，乱则穷。先王恶其乱也，故制礼义以分之，以养人之欲，给人之求。使欲必不穷于物，物必不屈于欲。两者相持而长，是礼之所起也。"① 这充分揭示了道德规范用于调整利益关系、维护社会秩序的功能。但是，道德规范的角色功能除了人们最为熟知的外在规则约束外，道德规范所蕴含的价值关怀同样影响着个体德性的形成与塑造。道德规范引导和陶冶个体心灵的价值发挥，且随着个体自身发展而不断提升。在不成熟的道德个体身上，道德规范的工具性和功利性价值非常突出；只有在相对成熟的道德个体身上，道德规范促进个体德性发展、提升个体德性追求的价值才能充分显现。

道德规范的体系划分，同样可以印证其维护社会秩序和引导个体德性发展的双重功能。道德规范是一个庞大且复杂的规则体系，有着不同类别或不同层级的区分。在《道德规范论：以人为核心的道德规范体系研究》一书中，王征国将道德规范划分为"不准""应该""提倡"三种不同类别的律令性规定。"不准"类道德规范是以"否定式"的道德律令规范人们的道德生活与行为，"应该"类道德规范是以"肯定式"的道德律令调整人们的道德生活与行为，"提倡"类道德规范是以"赞扬式"的道德律令引导人们的道德生活与行为。② 从王征国对道德规范的区分可以看出，道德规范具有"强制性与非强制性相统一"的特征，就其表现形式而言，道德规范可以是强制性的道德义务，也可以是非强制性的道德责任；道德规范还具有"现实性与理想性相统一"的特征，就其作用发挥而言，道德规范既可以用于调整人们在现实生活中的利益关系，又可以用于鼓舞人们在精神世界中的理想追求。

道德规范调节社会关系和引导德性发展的功能是相互关联的，道德规范内化为个体的道德认知，通过约束个体道德行为以维护社会秩序；道德规范的制约和引导功能又主要通过社会舆论等实现，通过道德评价的无形力量引导个体的德性发展。但是，上述道德规范的功能实现都离不开个体

---

① 转引自欧阳祯人《先秦儒家性情思想研究》，武汉大学出版社，2005，第437页。
② 参见王征国《道德规范论：以人为核心的道德规范体系研究》，中山大学出版社，2001，第7~9页。

的道德意愿。杜威曾抛出一系列问题来探讨道德规范的权威性问题，"为什么要听从那些形而上的、超验的理念实在呢，即便我们承认它们是道德标准的制定者？为什么要这样做，假如我想那样做呢？只要我们愿意，任何道德问题都可以化约为这样一个问题"①。杜威认为，道德规范本身的权威性不足以回答"个体要不要遵循道德规范"的问题，在"习俗之外的道德权威"与"习俗之中的道德权威"之间的选择是没有任何意义的；因为，"生活本身就是权威"②，个体之所以会遵循道德规范，源于个体愿意过道德规范所规定的道德生活。也有学者从"实效性"的层面来分析道德规范的有效性，指出"如果一个道德规范得到了社会共同体成员的普遍接受和遵守，那么，这一道德规范就具有实效性"③；只有被接受、被遵守的道德规范才是有效的。道德意愿有利于增强个体对道德生活和德性发展的向往与追求，对于保障道德规范的有效性发挥着重要作用。

一方面，道德规范源于人们对道德生活的向往意愿，道德意愿是人们遵守道德规范的内生根源。从起源来看，道德规范是一种人为创造物，由于人们对道德生活的向往意愿，用于调节人与人之间利益关系的规范才应运而生。人们有着向往道德生活的意愿，但又受自然属性的制约，需要一定的道德规范来支持其意愿的达成。恩格斯曾指出："人来源于动物界这一事实已经决定人永远不能完全摆脱兽性，所以问题永远只能在于摆脱得多些或少些，在于兽性或人性的程度上的差异。"④ 从客观视角来看，道德规范通过调整利益关系，为达成人们的道德生活向往意愿提供了支持。但是，道德规范能否发挥调节作用，关键还是要看每个个体能否切实去遵循道德规范。个体出于对道德生活的向往意愿，便会主动遵循道德规范，自觉接受道德规范对其行为的约束等。这样，道德规范的功能才得以有效发挥。

另一方面，道德规范的作用发挥源于人们对德性完善的向往意愿，道德意愿是人们以道德规范引导自身德性发展的内在动力。从个体层面来

---

① 〔美〕约翰·杜威：《新旧个人主义——杜威文选》，孙有中、蓝克林、裴雯译，上海社会科学院出版社，1997，第 116 页。

② 〔美〕约翰·杜威：《新旧个人主义——杜威文选》，孙有中、蓝克林、裴雯译，上海社会科学院出版社，1997，第 116 页。

③ 宋启林：《论道德实效》，《道德与文明》2003 年第 5 期。

④ 《马克思恩格斯文集》（第 9 卷），人民出版社，2009，第 106 页。

看，道德规范之所以能够有效发挥其作用，离不开个体对德性完善的向往意愿。个体在追求德性发展的过程中，会主动以所处社会的道德规范对照、反思自己的行为，按照道德规范的有关原则要求和约束自己的行为。于此，道德规范引导个体德性发展的作用才能有效发挥。总之，道德规范的引导作用一部分取决于其本身所具有的功能特征，但更多地取决于个体对道德规范的认可和遵循。道德规范的表现形式通常是"你应当"，而个体的德性完善意愿则表现为"我应当"；当个体怀有对德性完善的意愿追求时，便会有动力去遵循道德规范，"你应当"便会转化为"我应当"。

五　承担道德责任的重要依据

关于道德责任的相关研究表明，我国伦理学界对于道德责任的概念界定存在一定偏颇。比如，将道德责任等同于道德义务，见于《中国大百科全书》和《中国伦理学百科全书》的解释，二者的区别仅在于"道德责任是被道德主体在主观上自觉意识到了的道德义务"[①]；或是将道德责任理解为"人们对自己行为的过失及其不良后果在道义上所承担的责任"[②]，这种出于因果关系的定义考量忽视了行为动机、行为境遇等因素的影响。相较于这两种定义，部分学者提倡的第三种思路更符合伦理实践，即将承担道德责任界定为，具有一定自由和能力的道德行为者履行社会赋予的责任和为自我行为后果承担责任。[③] 该定义提出的"自由和能力"规定了道德责任主体的必备条件，"自我行为"区分了承担道德责任的界限。从该定义出发，不难理解道德意愿为何作为承担道德责任的重要依据。

从"履行社会赋予的责任"这层含义来讲，道德意愿是行为主体履行道德责任的动力之源和能力之本。作为道德责任实现的动力之源，道德意愿生动地体现为一种强烈的使命感和责任感。道德意愿是主体对自我理想道德境界的希冀和追求，这种希冀和追求正是主体对社会赋予的责任的自觉意识及内化，将履行社会赋予的责任的使命和职责等客观要求内化为自己的道德追求。也正是由于道德意愿的生成，履行社会赋予的责任不再以

① 参见罗国杰主编《伦理学》，人民出版社，1989，第 186～196 页。
② 参见金炳华主编《马克思主义哲学大辞典》，上海辞书出版社，2003，第 665 页。
③ 参见郭金鸿《道德责任论》，人民出版社，2008，第 52 页。

干瘪的道德义务形式而存在，而是作为一种充满丰盈情感的道德责任而存在。

在责任履行过程中，主体的责任能力特别关键，尤其是主体解决责任冲突的能力，它是确保道德责任实现的必备条件。道德意愿象征着道德主体的意志自由，它赋予主体自由选择和自觉调控的能力以处理道德责任冲突，从而确保道德责任的真正落实。"自由不仅意味着个人拥有选择的机会并承受选择的重负，而且还意味着他必须承担其行动的后果，接受对其行动的赞扬或谴责。自由与责任实不可分。"① 自由与责任的"不可分"关系同样适用于道德实践领域，意志自由往往被视为道德责任实现的先决条件。正如马克思曾说过，"一个人只有在他以完全自由的意志去行动时，他才能对他的这些行动负完全的责任"②。学者徐向东也提到，传统观点认为，行动是否自由是道德责任充分赋予的前提条件，甚至有哲学家将"在道德责任上负责任的行动"等同于"自由行动"。③

作为道德责任实现的能力之本，道德意愿充分彰显了行为主体在履行道德责任过程中的自由选择能力和自觉调控能力。就自由选择能力而言，道德意愿的意义在于衡量和判断道德责任的指向及其合理性成分，推动主体依据某种道德标准做出自觉自愿的行为选择。道德主体的自由选择能力是一种后天习得的能力，即道德主体基于对道德必然性的充分认识，从而进行自由的判断和选择的能力，这是他为自己的道德行为负责的前提条件。在斯宾诺莎和黑格尔看来，自由是对必然性的认识。道德主体的自由选择能力同样建立在对道德必然性的认识基础上，而非绝对意志自由论者所提倡的绝对自由，因为绝对自由终将导致选择的绝对性和不可能性，从而造成主体逃避道德责任。正如恩格斯所强调的，"如果不谈所谓自由意志、人的责任能力、必然和自由的关系等问题，就不能很好地议论道德和法的问题"④。就自觉调控能力而言，道德意愿的意义在于协调个体性利益与整体性利益的关系，促使主体竭力履行"应当的"道德责任。类的发展

① 〔英〕哈耶克：《自由秩序原理》（上册），邓正来译，生活·读书·新知三联书店，1997，第83页。
② 《马克思恩格斯文集》（第4卷），人民出版社，2009，第93页。
③ 参见徐向东编《自由意志与道德责任》，江苏人民出版社，2006，第10~11页。
④ 《马克思恩格斯文集》（第9卷），人民出版社，2009，第119页。

总是或多或少地以个体牺牲为前提，随着社会的进步与发展，矛盾关系在逐渐缓和、牺牲代价在逐渐降低，但依旧无法排除紧急状态和特殊情况下的牺牲。① 假使主体没有强烈的道德意愿，当面临整体利益与个体利益的冲突，尤其是需要主体为维护整体利益而做出个体牺牲时，主体往往会选择逃避责任；强烈的道德意愿意味着主体会主动承担道德责任，将牺牲个体利益以为他人与社会作贡献视为光荣的使命和崇高的职责。

从"为自我行为后果承担责任"这层含义来讲，道德意愿是判断和评价行为主体是否需要对其行为负道德责任的重要依据。在《尼各马可伦理学》中，亚里士多德专门回应和反驳了苏格拉底的"无人有意为恶"观点。亚里士多德认为，道德责任指向道德行为，行为自愿与不自愿问题是判断、评价道德责任的前提依据。结合道德行为的必然性与偶然性等因素来看，道德行为者只需要对自己的自愿行为承担责任，对于非自愿的行为，行为者不需要承担责任。亚里士多德指出，行为者的自愿行为通常出于本性、冲动、习惯、理智、愤怒、期望等原因，"当且仅当行为者是真正的'起始者'，或者他的动机是行为的主导动机，这样的行为才是自愿行为"②；而处于无知状态下的行为，以及迫于外力的行为都是不自愿行为。至于对行为是否自愿的判断，亚里士多德进一步指出，自愿行为以出于理智思考的决断与选择为前提，这也是判断和评价道德责任的最终依据。黑格尔将道德分为"故意和责任""意图和福利""善和良心"三个环节，关于"故意和责任"环节，他指出，"道德意志只承认对出于它的意向或故意的行为负责任，因此道德责任基于意识着的意向或故意"③。上述讨论表明，道德意愿规定了道德主体承担道德责任的范围与程度，即主体只需要对出于自愿的行为负责，超出此范围的行为则无需负责；同时，主体只需要对行为的最初后果负责，而对复杂的外部对象所造成的间接后果则无需负责。

---

① 参见郭金鸿《道德责任论》，人民出版社，2008，第 234 页。
② 沈亚生、颜冬梅：《亚里士多德对道德责任的思考》，《吉林大学社会科学学报》2016 年第 6 期。
③ 〔德〕黑格尔：《法哲学原理》，范扬、张企泰译，商务印书馆，1979，第 117 页。

第二章　道德意愿的生成及影响因素

学界关于道德生成问题的研究非常丰富，但大多集中于探讨道德的历史生成问题，比如，关于道德起源问题的研究，目前一直没有定论；也有部分学者对道德的历史发展进行了梳理，形成了相对单一的结论。然而，关于道德的个体生成问题，除西方学者探究了道德认知、道德情感、道德行为的生成问题之外，关于个体德性的生成问题仍然没有得到解答。不过，这些背景为研究道德意愿的生成问题作了理论铺垫，也留下了经验启示。英国国家课程委员会于 1993 年颁布的《精神和道德发展》对"道德发展"做出了更为详细、完善的界定，其中提到，"将道德行为的意愿作为原则——这种态度是道德发展的根本"①。为此，需要从生成条件、生成过程与规律、影响因素等方面全面剖析道德意愿的生成问题，为进一步探讨道德意愿培育问题提供必要的理论前提。

第一节　关于道德生成问题的反思

学界关于道德生成问题的研究相当丰富，但目前不同流派或学者之间很难达成一致。原因主要在于，现有研究分析道德生成问题的视角有所差异，但基于历史视角的分析和基于个体视角的分析存在交叉、重合；同时，不同流派或学者所选取的视角具有片面性，不足以解答宏大且抽象的道德生成问题。"道德的历史生成"和"道德的个体生成"是研究"道德生成"问题的两种不同路径，二者分属于社会实践领域的事件发生和主体意识领域的观念发生。从对两种路径的研究中会发现，二者实际上是相互

---

① 转引自周洲《20 世纪英国学校道德教育发展》，山东人民出版社，2010，第 170 页。

关联、彼此制约的关系，因而也就导致了现有道德生成研究常常将两种路径混为一谈。所以，将道德的生成区分为历史生成和个体生成，进行专门化、对比式研究是十分必要的，这样才能更好地回答"道德意愿如何生成"这个复杂又晦涩的难题。

一 基于不同视角的道德生成问题研究

目前关于道德生成问题的研究大多是混杂式的，没有对其进行历史生成与个体生成的区分，这在"道德起源"问题的研究中表现得尤为突出。"起源"是指事物产生的根源，而"生成"通常指原本不存在的事物出现；"起源"研究往往含有追本溯源之意，而"生成"研究重点在于对过程的把握；二者分别有着历史回溯与现实观照的意蕴。就"道德起源"而言，需要追溯到原始社会去寻找道德生活的发端；而关于"道德的生成"，需要聚焦于道德的社会或道德的人去探究道德生活或道德意识的演化过程。对"道德起源"问题的把握，是研究"道德生成"问题的起点。然而，目前关于"道德起源"问题的分析并没有抓住问题的关键，往往将道德的起源问题与生成问题相混淆，多数研究尚未触及问题本质。

（一）辞书类著作对"道德起源"的词条界定失之偏颇

在《哲学大辞典》①和《伦理学小辞典》②中，"道德起源"均被解释为"道德在人类历史上发生和形成的过程"，表述中明显包含着"道德生成"的意蕴。该词条归纳的几种道德起源论——"神的启示""天理""善良意志""自然本性"等，几乎都是关于道德观念的来源、道德生成的动力或基础等问题的分析；虽然该词条举证了唯物史观的道德学说，阐述了道德在人类早期社会实践中的衍生过程，但依旧没有说明道德的起源或开端。

（二）教程类著作在"道德起源"问题上呈现出统一口径

自 20 世纪 80 年代以来，学界涌现了一大批伦理学教程，在道德起源

---

① 参见冯契主编《哲学大辞典》，上海辞书出版社，2001，第 231 页。
② 参见朱贻庭主编《伦理学小辞典》，上海辞书出版社，2004，第 38 页。

研究的梳理方面，这些教程一致将有关研究区分为"非马克思主义道德起源论"与"马克思主义道德起源论"，或称为"马克思主义之前的道德起源论"与"科学的道德起源论"。在对"非马克思主义道德起源论"的总结方面，这些教程一致列举了"神启论"（也称"宗教神学或客观唯心主义的道德起源说"①"超自然的道德起源论"② 等）、"天赋论"（又称"先验论"③"主观主义或主观唯心主义的道德起源说"④ 等）、"欲望论"（或称"情感欲望论"⑤"感觉欲望论"⑥ 等）和"本能论"（也叫"庸俗进化论"⑦ 或"动物本能论"⑧ 等）几种成熟的理论观点。关于"马克思主义道德起源论"，这些教程所提到的观点无不关涉实践活动、社会分工、社会关系和自我意识四个方面。不过，在千篇一律的描述中，也有部分教程提出了创新性观点，如个别教程补充了费尔巴哈的"自然起源论"⑨（或叫"物质充裕论"⑩"旧唯物主义的道德起源说"⑪）；有学者将张东荪教授在《道德哲学》一书中的观点概括为"不可知论"⑫；《伦理学概论》一书的作者提倡用考古学、民族学和儿童心理学研究，以及神话传说比拟等方法开展道德起源问题的研究。⑬

（三）专题类研究对"道德起源"问题的探索结论不一

与伦理学教程整齐划一的描述不同，专题类著作或文献在探讨"道德起源"问题时提出了多样化的观点。首先，围绕"道德起源"问题的研究，提出了新论断或开拓了新视角。一是提出了"生命危机论""习惯论"

---

① 参见肖祥编著《伦理学教程》，电子科技大学出版社，2009，第 53 页。
② 参见张应杭《伦理学概论》，浙江大学出版社，2009，第 81 页。
③ 参见萧成勇、崔景明主编《人生哲学教程》，中国科学技术大学出版社，1995，第 211 页。
④ 参见苗相甫主编《伦理学教程》，南京大学出版社，2005，第 95 页。
⑤ 参见安云凤主编《新编现代伦理学》，首都师范大学出版社，2001，第 89 页。
⑥ 参见陈好毅、于秀丽、于秋佳主编《新编伦理学》，哈尔滨工程大学出版社，2004，第 84 页。
⑦ 参见肖祥编著《伦理学教程》，电子科技大学出版社，2009，第 54 页。
⑧ 参见王敬华主编《新编伦理学简明教程》，东南大学出版社，2012，第 68 页。
⑨ 参见张应杭《伦理学概论》，浙江大学出版社，2009，第 82 页。
⑩ 参见余亚平、李建强、施索华主编《伦理学》，上海交通大学出版社，2002，第 25 页。
⑪ 参见肖祥编著《伦理学教程》，电子科技大学出版社，2009，第 54 页。
⑫ 参见张晓平编著《新编伦理学》，四川大学出版社，2011，第 72 页。
⑬ 参见张应杭《伦理学概论》，浙江大学出版社，2009，第 86 页。

"需要论"等新观点。比如，有学者从生命观出发，提出道德起源于人类在生存问题上的危机，古代社会人们常幻想着通过道德修养延长寿命;① 有学者结合英语"道德"一词的希腊词源提出了"习惯说";② 也有学者认为道德起源于人的需要，包括生存繁衍需要、共同发展需要和自我完善需要等。③ 二是开拓了意识、道德目的等新视角。英国心理学家、精神分析学派代表乔治·弗兰克尔曾专门论述了意识与道德的起源关系，结合工具制造和狩猎，图腾、神话和仪式，原始公社和母权制等分析了道德的起源问题;④ 王海明学者认为，道德的起源等同于道德的目的，指出道德的起源及目的只能是他律的，特殊的、直接的起源和目的是增进非人类存在物的利益，终极的起源和目的是增进人类的利益。⑤ 不过，"道德他律论"被其他学者批判为彻底的道德工具主义。⑥ 其次，研究视角更全面，不局限于对单一因素的分析。在《伦理学与社会公正》一书中，作者提出了"道德产生于多种因素的共同作用"的观点，并指出这些因素包括人类生存与发展的需要、人类的社会实践和行为约束的必要性等;⑦ 美国著名伦理学家雅克·蒂洛归纳了三种道德起源说，即"纯主观论"、"纯客观论"和"综合论"，分别指向人的主观意志、自然法则和主客观因素的综合考虑;⑧ 李建华等学者提出，"道德的起源是生物进化与环境共同演化以及人类自觉创化的结果"⑨。

就"道德起源"问题的研究状况而言，不加区分的研究方式造成了上述三种研究怪象的存在，也最终导致了"道德起源"研究说法不一、没有定论的困局。由于对"起源"与"生成"的混淆使用，辞书类著作在界定

① 参见钱志熙《唐前生命观和文学生命主题》，东方出版社，1997，第55～57页。
② 雷昀、雷希：《道德的起源》，云南人民出版社，1999，第1～3页。
③ 参见杜振吉《道德的起源与人的需要》，《理论学刊》2003年第5期。
④ 参见〔英〕乔治·弗兰克尔《道德的基础》，王雪梅译，国际文化出版公司，2007，第101～139页。
⑤ 参见王海明《关于道德的起源和目的四种理论》，《吉首大学学报》（社会科学版）2009年第2期。
⑥ 参见文学平《论集体意向性与道德的起源——评王海明教授的"道德自律-他律论"》，《学术界》2010年第10期。
⑦ 参见程立显《伦理学与社会公正》，北京大学出版社，2002，第26～28页。
⑧ Jacques P. Thiroux, *Ethics: Theory and Practice*, Beijing: Peking University Press, 2005.
⑨ 李建华、冯昊青：《道德起源及其相关性问题——一种基于人类自演化机制的新视角》，《中南大学学报》（社会科学版）2007年第3期。

"道德起源"时就出现了偏差，也为后续研究带来了一定阻力。教程类著作的统一口径看似结论一致，实则毫无创意，尤其是"神启论"和"天赋论"等唯心主义的观点在当下根本不具任何解释意义。专题类研究虽然有所创新，提出了新的研究视角和研究论断，但依旧是基于某个视角的片面化探讨；即使有综合的视角或论断，但仍是关于道德生成原因的综合判断，偏离于道德起源问题。

不过，随着研究的不断深入，一些学者注意到了道德起源问题研究中的混杂现象，开始对"道德起源"问题进行区分，这些进步是值得肯定的。《论道德的起源及本质》一文强调，对道德起源及本质的考察要从道德产生的基础和道德产生的过程两方面着手，作者认为，人类个体是道德现象产生的自然史前提，人类本性及其引起的人与自然界、个体与社会的冲突是道德产生的直接基础或间接基础。[①] 高兆明学者提出，道德生活的发源应区分为人类道德生活的发源和个体道德生活的发源，道德的起源主要是指类的道德生活发源。[②]

二 道德的历史生成问题研究

张东荪教授曾在《道德哲学》中感慨道："吾人于道德之起源可谓不能知，犹如问曰：先有鸡乎抑先有蛋乎？虽科学家亦不能解决。"[③] 关于道德的起源问题，学界一直存在很大争议。就像张东荪教授所言，要解答道德起源问题似乎是不太可能的。不过，在归纳已有研究的基础上，分析道德历史生成的可能图景还是值得尝试的。

（一）先验存在说

第一种"先验存在说"，认为先天地存在着神启或人的天赋给人以道德存在理由，分别衍生出客观唯心主义和主观唯心主义的道德起源学说。

客观唯心主义的道德起源学说包括"神启论"、"理念论"和"天道论"。"神启论"是宗教伦理学的观点，认为神的启示或上帝的意志是道德

---

① 参见费洪喜、高梁《论道德的起源及本质》，《齐鲁学刊》1995 年第 5 期。
② 参见高兆明《存在与自由：伦理学引论》，南京师范大学出版社，2004，第 3 页。
③ 张东荪：《道德哲学》（上册），中华书局，1930，第 23 页。

的根本起源，一切道德礼仪、规范和律令等都是神或上帝的创造物。"道德生于宗教，源于神启的信仰，在世界各民族的传统宗教中是相当普遍的。"① 如犹太教就将以上帝的名义创造的"摩西十诫"视为人类永恒的道德律法，伊斯兰教也是以真主的启示作为一切道德的来源。中世纪的神学家奥古斯丁认为上帝是万善的创造者和公正的至上统治者，因为上帝就是善本身，并且上帝赏善罚恶。② 经院哲学大师托马斯·阿奎那关于道德的一般定义就是，"道德是理性创造物的向着上帝的运动"③。具体来说，他认为人的道德活动是由上帝刻印在人心灵上的自然律所决定的人性的自然倾向，并以追求最高的善即上帝为目的。"理念论"是柏拉图的理论，他认为感官世界是理念世界的摹本，世俗道德是绝对的善的产物。现实生活中的善的德性是相对的，而人心中的善是绝对的，是神把"善的观念"注入头脑之中，赋予不同等级的人以不同的德行。由于柏拉图所说的神是指实在的善的绝对理念、最高理念，而非拟人化的神，所以绝对的善来自先验的理念世界。"天道论"在中国古代比较盛行。历史典籍《尚书》中记载，早在奴隶制社会时期，社会的一切伦理关系和道德规范就已经被说成是天命所定。中国儒家也认为，道德源于天命，主张"天人合一"。春秋时期，孔子曾感慨："道之将行也与，命也；道之将废也与，命也。"④ 后又提到"天生德于予，恒魋其如予何"⑤，即承认道德源于天命。西汉时期，董仲舒提出"天人合一"思想，将封建道德神圣化，在《春秋繁露·基义》中提出"王道之三纲，可求于天"⑥。《汉书·董仲舒传》也强调，"道之大原出于天，天不变，道亦不变"⑦。这些都间接反映了道德源于天命的"天道论"思想。

　　主观唯心主义的道德起源学说主要包括"人性论"和"先天论"，都主张立足于人本身去寻求道德的起源。"人性论"的典型代表是孟子，他从人性角度出发，认为人的道德品质是与生俱来的。孟子在《孟子·告子

① 吕大吉：《人道与神道》，上海人民出版社，1991，第24页。
② 参见唐凯麟主编《西方伦理学名著提要》，江西人民出版社，2000，第101~103页。
③ 转引自车铭洲《西欧中世纪哲学概论》，天津人民出版社，1982，第100页。
④ 《论语》，程昌明译注，山西古籍出版社，1999，第162页。
⑤ 《论语》，程昌明译注，山西古籍出版社，1999，第72页。
⑥ 《春秋繁露新注》，曾振宇、傅永聚注，商务印书馆，2010，第261页。
⑦ （东汉）班固：《汉书》，中华书局，1962，第2518~2519页。

下》中写道："人性之善也，犹水之就下也。人无有不善，水无有不下。"①
孟子认为，人性本善，人与生俱来就有一种内在的自觉向善的能动性，且
这种自觉向善的能动性通常以人所特有的道德情感体现出来。孟子把这种
道德情感描述为，"今人乍见孺子将入于井，皆有怵惕恻隐之心"②。道德
是不学而能的"良能"，不虑而知的"良知"。"先天论"的典型代表康德
认为，"道德律也仿佛是作为我们先天意识到并且是必然确定的一个纯粹
理性的事实而被给予的"③。在康德看来，道德源于在人心中先天存在的纯
粹理性规定好了的"绝对命令"，而先天的"善良意志"的"绝对命令"
是无条件的，只根据自身而成立。

　　第二种"先验存在说"，主张道德经由遗传而先天存在。一方面，自
然科学研究从生物遗传视角提供了佐证。其一，生物学相关研究认为，人
类的道德来自灵长类动物的亲社会能力，并在文化、宗教、符号语言等的
影响下转化为有别于动物群体行为的人类亲社会行为。进化论伦理学代表
达尔文曾在《人类的由来》中提及，"道德感这种东西有着若干不同的来
源，首先来自动物界中维持得已经很久而到处都有的种种社会性本能的自
然本性"④。这里的"社会性本能的自然本性"，即是指动物群体所拥有乐
群、互助、恩爱等亲社会能力。其二，心理学研究先后确认了主管道德情
感的大脑皮层部位，以及利他行为基因的存在。相关研究证实，道德活动
主要受前叶额支配，前叶额受损易使人做出不道德行为；道德直觉和情感
由共同的脑神经回路主管。⑤ 2005 年 1 月 25 日的《科技日报》对以色列希
伯莱大学心理学家爱博斯坦及其团队发现利他行为基因事件进行了报道，
消息指出，促使人类做出利他行为的遗传基因变异通常发生在 11 号染色体
上。⑥ 其三，神经科学则进一步证实，道德行为有其固定的神经网络区域，
不同类型的道德行为对应不同的大脑神经网络功能结构。另一方面，社会
科学研究从社会性遗传视角提出了见解。

---

① 《孟子》，万丽华、蓝旭译注，中华书局，2006，第 240 页。
② 《孟子》，万丽华、蓝旭译注，中华书局，2006，第 69 页。
③ 〔德〕康德：《实践理性批判》，邓晓芒译，人民出版社，2003，第 62 页。
④ 〔英〕达尔文：《人类的由来》（下），潘光旦、胡寿文译，商务印书馆，2003，第 926 页。
⑤ 参见唐江伟等《道德直觉决策及其机制探析》，《心理科学进展》2015 年第 10 期。
⑥ 参见田科学《人类的利他行为与基因有关》，《科技日报》2005 年 1 月 25 日。

（二）后天教化说

"后天教化说"认为，道德起源于后天的教化，是通过禁忌、宗教、习俗等长期教化的结果。持这一观点的道德起源论包括"禁忌说"、"宗教说"和"习俗说"。"禁忌说"认为，道德起源可视为人类对集体规范不断内化的过程。禁忌是对人的本能进行控制的最早的规范之一，涂尔干基于社会学角度将其作为一种原始宗教来研究。涂尔干开启了用实证方法研究道德事实的先例，终其一生致力于建立一门"道德科学"。为考察道德的起源及其变迁，涂尔干从道德病理学研究转向了原始宗教研究。经研究，涂尔干发现，禁忌规范发展为原始宗教的过程中会产生道德现象，"事情一旦变成一种风尚，就会根据自己的理由继续存在下去了。当产生外婚制的图腾信仰逐渐熄灭以后，它们所激起的心灵状态依然存在。那些被沿习了千百年的习惯并不会这样消灭，这不仅因为不断的重复已经把它们牢固地树立起来了，而且还因为，在这一过程中，它们已经与其他的习惯纠结在一起，……结果是，全部道德生活都组织在一起，要想更改原来的做法，就会把整个道德生活搅乱"①。对禁忌的长期遵守也就使其不断内化成为人的道德。"宗教说"认为，道德起源于原始宗教，宗教戒律中的部分规定逐渐演化成了道德准则。受基督教文化传统的影响，西方学者大都主张或赞同"宗教说"。随着文化人类学研究对原始宗教材料的掌握，道德起源于宗教的结论进一步得到证实。"习俗说"认为，道德起源于原始习俗，随着阶级、国家的出现，为满足利益维护的需要，部分习俗逐渐转化为道德与法律。习俗，就字面意思来理解，即风俗习惯；从语义分析的角度来看，英语中的道德（moral）由风俗（mores）演化而来。据此可以推论，原始社会的行为规范或道德准则最初是以习俗的形式存在的，随着社会实践和人类思维的不断发展，道德才逐渐脱离习俗而独立存在。

（三）社会交往说

马克思在社会生产实践的基础上揭示出道德的来源，形成了"社会关

---

① 〔法〕爱弥儿·涂尔干：《乱伦禁忌及其起源》，汲喆、付德根、渠东译，上海人民出版社，2003，第68页。

系决定论"。马克思伦理学认为，道德是社会关系的产物，道德在本质上是对人们的社会关系的反映。"根据历史唯物主义的原理，先后给出了社会关系决定论的解释，认为道德是人类发展到一定社会阶段的产物，起源于原始人对社会关系的调节，这些社会关系是在生产活动中形成的，最初表现为世代相袭的习俗，并与审美宗教等其他意识混在一起。后来随着生产的发展和分工的增多，社会关系日趋复杂，在原始社会由血缘公社时期进入氏族公社时期之后，道德才从一般社会意识中独立出来。"① 爱尔维修曾精彩地论说了道德的社会交往性，他说："如果我生长在一个孤岛上、孑然一身，我的生活中就没有什么罪恶与道德了。我在那里是既不能表现道德，也不能表现罪恶的。那么，我们对道德和罪恶这两个名词必须怎样了解呢？必须了解对社会有益的行为和有害的行为。"② 在社会之外，无所谓道德与否。只有在社会中发生了交往关系之后，道德才可能发生。

三　道德的个体生成问题研究

儒家从人性论视角探讨道德个体生成的可能性，将道德的个体生成过程总结为道德主体自身的道德修养之路。孔子的"性相近，习相远"命题论证了道德个体生成的可能性，同时肯定了后天教习的重要性，尤其是个体在道德修养方面的自觉性对于道德个体生成的重要意义；荀子的"积善化性"思想强调通过自觉的道德修养促使道德生成，具体环节包括强学、心虑、积习、积靡等。不过，儒家虽然为道德的个体生成提供了方法指导，但并没有就道德的个体生成过程进行详细研究。与之相比，西方学者关于道德个体生成的著述极为丰富，涉及道德认知发展、道德情感发展和道德行为发展等，不过，由于研究视角和研究对象的具体化，已有研究成果在解答道德的个体生成问题上仍存在片面性和局限性。

（一）道德认知发展理论的贡献

西方的道德认知发展理论认为，引导道德发展的应是道德认知，虽然

---

① 韩东屏：《道德究竟是什么——对道德起源与本质的追问》，《学术月刊》2011 年第 9 期。
② 转引自《普列汉诺夫哲学著作选集》（第 2 卷），生活·读书·新知三联书店，1961，第 91 页。

道德情感和道德行为习惯在道德发展过程中同样具有重要作用，但二者对于道德发展的促进作用只有与道德认知相关联才能生效。在主张道德认知发展理论的学者们看来，如果没有道德认知的引导和规约，道德情感很可能沦为一种激情或冲动，道德行为习惯也很难从机械的行为倾向提升为理性的行为倾向。道德认知发展理论包括让·皮亚杰基于"道德概念"① 所构建的道德发展过程理论、劳伦斯·科尔伯格基于"道德判断"② 所构建的道德发展阶段理论，以及尤尔根·哈贝马斯基于"自我结构"③ 所构建的道德发展层次理论等。

皮亚杰是首位系统研究儿童道德发展的心理学家，他在《儿童的道德判断》一书中，通过论证儿童对"规则""责任""公正""惩罚"等道德概念或观念的理解或判断，系统描述、总结了儿童的道德发展过程。皮亚杰发现，儿童对"规则"的理解是从"单纯的规则"层面上升到"有意义的规则"层面，上升的关键因素是义务感，即儿童意识到有义务去遵守相关行为规则；儿童对"责任"的判断是从"以行为后果为判断依据的客观责任观念"发展为"以行为动机为判断依据的主观责任观念"，主观责任观念取代客观责任观念的过程被称为道德法则的内化过程；儿童的"公正"观念发展依次呈现出服从、平等、公道等特征，公正感的形成要以牺牲成人的约束为代价；儿童对"惩罚"的理解是从"强制的抵罪性惩罚观"过渡为"非强制的回报性惩罚观"，回报性惩罚观有利于儿童形成相互尊重的道德情感。儿童对"规则""责任""公正""惩罚"等道德概念或观念的理解都经历"道德他律"向"道德自律"的转化过程，而这些转化的发生都离不开社会交往和社会合作关系。

在皮亚杰的道德发展过程理论基础上，科尔伯格提出了更系统化的"三水平六阶段"的道德发展阶段理论。科尔伯格认为，道德发展的基本认知阶段由处于三个水平的六个有序阶段组成："以自我为中心"的前规范或前习俗水平细分为"惩罚与服从阶段"和"相对功利取向阶段"；"以社会为中心"的规范或习俗水平细分为"寻求认可阶段"和"遵守法规和秩序阶段"；"以道德为中心"的后规范或后习俗水平细分为"以社会

---

① 参见〔瑞士〕让·皮亚杰《儿童的道德判断》，傅统先、陆有铨译，山东教育出版社，1984。
② 参见郭本禹《道德认知发展与道德教育：科尔伯格的理论与实践》，福建教育出版社，1999。
③ 参见〔德〕尤尔根·哈贝马斯《交往与社会进化》，张博树译，重庆出版社，1989。

契约为准则阶段"和"以普遍的道德原则为准则阶段"。在此过程中，儿童的思维方式和道德判断都经历了一个由低级到高级的发展过程，科尔伯格将这个渐进发展的过程看作是去中心化的过程。

哈贝马斯的道德发展层次理论是对科尔伯格道德发展阶段理论的借鉴和修正，他将道德发展分成"前传统层次""传统层次""后传统层次"三个层次。在"前传统层次"上，道德主体的自我结构体现为"自然的同一性"，主体行为规范主要受制于偶然的利害趋避关系、因果律的外在力量等；在"传统层次"上，道德主体的自我结构体现为"角色的同一性"，主体所隶属的特定传统的价值符号体系是其生活的全部依据；在"后传统层次"上，道德主体的自我结构体现为"自我同一性"，处于这个层次的主体进入了"道德自由"的实现阶段，可以在主体间性的交往实践中运用理性重建规范。哈贝马斯指出，在这三个层次的递进性发展过程中，主体的特征表现为"越来越有自主性"和"交往实践范围不断扩大"，这就是哈氏提出的"通过社会化的个体化"。

（二）道德情感发展理论的贡献

西方的道德情感发展理论有着深厚的理论渊源，在 17～18 世纪的英国产生了以沙夫茨伯里、哈奇森、巴特勒、休谟、斯密等为代表的情感主义伦理学派，提出了"道德感""仁爱论""同情论"等核心伦理思想，强调情感在道德中的重要作用。道德情感发展理论认为，道德情感在个体道德意识中扮演着重要角色，是促进个体道德发展的根本动力。精神分析学派创始人西格蒙德·弗洛伊德、发展心理学家爱利克·埃里克森、人本主义心理学代表卡尔·罗杰斯等人都强调道德情感的重要性；对道德情感本身及其发展问题进行了深入分析，如美国心理学家马丁·L. 霍夫曼提出的"道德移情理论"[1]，还有多位学者提出的"道德情感能力"[2] 概念。

霍夫曼提出的"道德移情"是指儿童的移情性道德感，即对他人境遇所作出的情感反应。霍夫曼认为，道德移情在个体的道德发展中起着重要

---

① 参见〔美〕马丁·L. 霍夫曼《移情与道德发展：关爱和公正的内涵》，杨韶刚、万明译，黑龙江人民出版社，2003。
② 参见佘双好主编《毕生发展心理学》，武汉大学出版社，2013，第 308～313 页。

作用，影响着个体的道德动机、道德判断和道德行为。道德移情倾向强化了个体的关爱道德价值取向和公正道德价值取向，是个体道德动机的主要来源；在特定道德情境下，个体的道德移情被唤醒，从而强化个体固有道德原则，影响到个体的道德判断；道德移情水平决定着个体的道德敏感性、观点采择能力、角色承担能力等，进而决定着个体是否能在执行道德动机的过程中克服困难并完成相应的道德行为。霍夫曼区分了移情在五种不同道德情境中的作用，包括旁观者道德情境、违规者道德情境、伤害者道德情境、多要求道德情境、关怀与公正相冲突的道德情境。霍夫曼构建的"移情发展模型"对儿童道德移情发展阶段进行了划分，依次是：非认知的移情阶段、自我中心的移情阶段、推断的移情阶段、超越直接情境的移情阶段。[①] 霍夫曼还研究了移情的唤醒机制，分别是模拟状态、经典条件反射、直接联想，以及以语言为中介的间接联想、角色选取，五种移情唤醒机制通常是共同发生作用的。

唐格尼、戴维·麦克兰德和勒菲尔三人提出、完善了"道德情感能力"概念，使人们对道德情感的认识进一步深化。唐格尼最先提出"道德情感能力"概念，指出"移情"不单单是一种情绪状态，更是一种综合性的情感能力，涉及对他人情绪的体验。唐格尼认为，移情反应以三种内在关联的技能为前提条件，包括对他人角色或观点的采择能力、体会他人情绪的能力、体验各类情绪的能力。麦克兰德等人提出了"道德情感能力"的操作性定义，主张从强度、频率、跨度、密度四个维度来区分个体在道德情感倾向性上的差别。勒菲尔等人进一步完善了"道德情感能力"概念，认为对道德情感能力概念的解读不应局限于情感的范畴，道德情感能力实际上是包含着道德直觉、道德情感和美德等的内隐联想网络。作为一种联想网络，道德情感能力既承担着道德敏感性的功能，又提供着动机性力量，还进一步激活了程序性的道德互动技能。

（三）道德行为发展理论的贡献

道德行为同样是考察个体德性的重要依据，行为主义心理学基于不同

[①] 朱小蔓主编《中国教师新百科：小学教育卷》，中国大百科全书出版社，2002，第122页。

视角对个体的道德行为展开了详细研究。新行为主义理论创始人伯尔赫斯·弗雷德里克·斯金纳基于外部环境和强化效应来研究个体道德行为，指出是操作行为的强化导致了儿童品德的形成，控制和改变环境是强化个体道德行为的有效途径。社会学习理论创立者阿尔伯特·班杜拉基于社会认知理论研究个体道德行为，认为社会认知主要就是一种观察学习，儿童道德行为的产生和改变主要是通过观察学习实现的。南茜·艾森博格的亲社会行为发展理论设计了有别于科尔伯格"道德两难情境"的"亲社会道德两难情境"，通过实验研究概括出儿童亲社会道德判断的发展阶段，并提出了"亲社会行为理论模型"。另外，詹姆士·尤尼斯基于社会服务活动考察个体的道德发展，认为青少年的活动经验对其道德发展具有持久影响力，其作用机制主要是个体在参与社会服务活动的过程中将自己与社会相联系，并由此建立具有超越性的道德同一性，个体道德行为的根源在于对他人和社会的尊重。在上述研究中，唯有班杜拉和艾森博格进一步研究了个体道德行为的发展过程。

班杜拉在已有学习理论研究的基础上提出了一种新的学习模式，即个体通过观察他人的行为及其结果就能学会某种复杂行为，即"观察学习"，班杜拉认为，青少年的道德行为就是基于对道德榜样的观察而习得的。班杜拉详细描述了观察学习的全过程，包括注意、保持、动作再现、动机四个子过程。其中，注意并直觉榜样的显著特征是观察学习的第一步；保持过程是基于映像系统和言语系统将榜样示范行为以符号的形式表象化，并存储于记忆中；动作再现是指个体基于自我反应能力而复现先前观察到的示范行为，并根据他人的反馈和社会的监督及时作出调整；动机过程则确保了示范行为向真实行为的转化，这期间直接强化、替代强化和自我强化起着重要作用。班杜拉还进一步区分了六种不同类型的榜样示范，以详细解释青少年道德行为的形成与发展过程。班杜拉所区分的六种榜样示范类型包括，行为和言语的示范、象征性示范、抽象示范、参与示范、延迟示范和创造示范。

艾森博格在亲社会道德两难情境的实验研究中得出结论，即儿童的道德判断发展共分为五个阶段，依次是自我关注的推理阶段、需要取向的推理阶段、人际取向的推理阶段、移情推理及过渡阶段、深度内化推理阶段。艾森博格还创造性地提出了"亲社会行为理论模型"，全面、深刻剖析了亲社会行为的生成、发展及其心理机制等。艾森博格认为，亲社会行为的生成过程共分为三个阶段，即对他人需要的注意、确定助人意图、意图和行为相联系。在"对他人需要的注意"阶段，评价他人和角色采择的能力、他人定向和自我关注等个体因素，以及个体受他人需要、受助者身份、旁观者身份等影响而做出的情境特征解释，在一定程度上决定着个体能否注意到他人的需要。在"确定助人意图"阶段，个体的助人意图往往是在紧急情况和非紧急情况两种情形下产生的，紧急情况下是情感因素起主导作用，非紧急情况下是认知因素和人格因素起主导作用。在"意图和行为相联系"阶段，个人的有关能力、情境的变化、亲社会行为经验等都会影响助人意图向助人行为的转化。

就上述关于道德的个体生成的代表性研究来看，已有研究从不同视角对道德的个体生成与发展做出了相对成熟的解释，研究结论具有一定的科学性与合理性，为道德个体生成的后续研究奠定了理论基础。不过，通观不同理论流派的研究发现，目前关于个体道德的形成与发展的已有研究仍然不足以回答道德的个体生成问题。一是现有研究的视角相对单一，不足以解答复杂的道德个体生成问题。关于道德认知发展理论、道德情感发展理论和道德行为发展理论的研究分别局限于认知、情感、行为的视角探讨个体的道德认知发展、道德情感发展和道德行为发展问题，以此来替代对个体道德发展问题的研究。道德认知、道德情感和道德行为均是评判个体道德发展的重要依据，在道德发展过程中扮演和发挥着不同的角色及功能。但是对道德个体生成及发展问题的研究不能只局限于其中某个视角，而应当基于知、情、意、行相统一的更加全面的视角来分析道德的个体生成问题。二是现有研究的对象范围相对狭隘，不足以发掘道德个体生成的一般规律。上述理论流派的研究对象基本上局限于儿童或青少年群体，所得研究结论主要是针对儿童或青少年群体的道德发展问题，并没有涉及个体在不同年龄阶段的道德发展问题，研究结论的适用范围有限。由于个体自身的不断发展，以及所处环境的不断变化，个体的道德发展也会随之发生显著变化，因此，不能局限于儿童或青少年阶段研究个体道德发展问题。只有以个体成长与发展的全过程作为研究背景，研究总结道德个体生成或发展的一般规律，才能真正解释道德的个体生成问题。

第二节　道德意愿的生成条件

道德意愿的生成需要特定的主客观条件，道德共识、道德交往，以及道德实践和道德冲突是道德意愿赖以产生和发展的客观条件，而个体的道德认知能力、道德共情能力，以及道德感知能力和道德自控能力是道德意愿得以形成和发展的主观条件。客观条件是道德意愿生成的必要前提，主观条件则为道德意愿的生成提供根本动力；同时，道德共识、道德交往、道德实践和道德冲突等客观条件也为个体的道德认知能力、道德共情能力、道德感知能力和道德自控能力等主观条件的形成提供了必要的环境和契机，而主观条件则确保了客观条件的作用发挥。总之，只有在上述主客观条件相互影响、共同发挥作用的基础上，个体的道德意愿才会逐步形成并稳步发展。

一　道德共识与道德认知能力

具有道德认知能力是个体道德意愿生成条件中最基础、最关键的条件，道德意愿的形成起步于个体对道德的认识、理解和认同，个体道德意愿在不同阶段的发展也都离不开个体的道德认知能力。个体的道德认知对象是被人们普遍接受的道德规范或道德原则，个体的道德认知状况是整个社会的道德认知水平在个体层面的生动反映。因此，个体的道德认知能力建立在一定社会所达成的道德共识基础上；倘若所处社会没有达成一定程度的道德共识，个体的道德认知必定也是混乱的；只有当个体对所处社会的道德共识产生认同并内化为自身的行为准则，才会生成相应的道德意愿。

（一）道德共识

道德共识，一般是指不同道德个体间对某些道德问题的趋同化理解和反映，或对道德价值追求的共享性认识和意见。任何社会的道德发展与进步都需要基本的道德共识来维系，特别是在价值日益多元化的当下社会，形成具有凝聚力的道德共识显得尤为迫切。有学者甚至直言不讳地指出，没有道德共识的社会，将是一个没有道德追求、没有道德行为底线、无序的、混乱的社会。^① 在中国传统社会，以"仁爱"为核心的道德共识是长期维系人们道德生活的精神引领；在当代中国，价值多元时代背景下的道德共识建设整体呈现积极态势，围绕公民道德建设所推进的一系列重大举措都是在努力达成最大限度和最大范围的道德共识。寻求道德共识不仅是一个社会孜孜以求的发展目标，也是学者们长期关注的话题，无论是罗尔斯的"重叠共识"、麦金太尔的"社群主义"理论，还是哈贝马斯的"商谈共识"、莫斯科维奇的"社会表征"理论，都在积极探寻共识达成的可能路径。

究其本质，道德共识实际上是一种道德价值共识，而根据道德价值的不同层次，道德共识可以划分为关于"道德底线"的共识和关于"道德理想"的共识。道德共识之于个体道德意愿生成的意义就在于，底线层面的道德共识为道德个体提供了基本的道德规范和道德原则，是关于个体道德生活和道德行为的底线要求；理想层面的道德共识表达了不同道德个体所共有的道德价值追求，是激发个体形成相应道德理想的内驱力。总之，道德共识作为个体道德认知的对象，为个体形成端正的道德认知、做出正确的道德判断提供了价值指引，是个体认知内化的范本。比如，"美国精神"就代表着一种"源于自由教育传统、基于国民共识并与时代精神相契合"^②的道德共识，这种被美国社会所普遍认可的信仰体系，是"指导美国人生活处事的基本方针"^③；作为美国共同体成员所共同坚守的精神信念，"美国精神"自然成为其社会道德教育的重要内容，对社会共同体成员的道德行为起到了很好的规范和约束作用。

（二）道德认知能力

道德认知能力是指个体道德认知方面的一种综合能力，包括道德理解能力、道德推理能力、道德评价能力等，而非狭义的对道德知识的内化能力。道德认知能力是个体道德意愿生成的能力要素，在道德意愿的各种生成条件及其作用关系中处于基础性地位。不过，具有道德认知能力只是道

---

① 参见葛晨虹《道德共识的达成与和谐社会建设》，《光明日报》2015 年 7 月 24 日，第 7 版。
② 郭强：《当代美国高校德育研究》，同济大学出版社，2014，第 238 页。
③ 唐汉卫：《现代美国道德教育研究》，山东人民出版社，2010，第 141 页。

德意愿生成条件之一，并不必然导致道德行为的发生，这也正是诺丁斯对科尔伯格道德发展阶段理论的质疑，即"道德推理和道德行为之间是否存在必然联系"[①]。

道德理解能力主要是指个体对道德规范、道德观念的理解，类似于亚里士多德的"明智"，即"一种同善恶相关的、合乎逻各斯的、求真的实践品质"[②]。第一个层次是对道德规范的掌握，这基于个体道德知识的积累和概括能力的发展，着眼于个体对道德规范及其社会意义的理解。第二个层次是对道德信念的确立，即个体基于对道德观点的理解和认可而将其作为自己的行为指南，或是个体综合不同道德榜样的品质而概括出一个理想化的道德形象作为自己的道德追求。第三个层次是对道德交往关系的构建，即双方个体基于理解采择对方的观点并达成共识，从而实现道德主体间的双向互动交流。

道德推理能力是指个体依据"实然"的道德认知，经逻辑演绎而推理出"应然"的道德认知的能力。曾钊新教授专门总结过道德推理的思维规律，如价值取向推理中的价值排中律，即个体通过对具有善恶二元价值属性的道德实然进行价值排中从而选择向善的价值取向；如道德角色推理中的义务反舛律，即个体在面临道德角色冲突时遵循义务反舛律择其大善而为之；以及道德品位推理中的范例同一律，即个体按照范例同一律推理现实生活中该如何演绎榜样的道德品位。而宽大推理、嫁接推理和投射推理往往会导致错误的道德推理，从而影响个体对道德应当的追求。[③]

道德评价能力是指个体依据固有的道德评价标准对他人或自己的行为做出好、坏或善、恶判断的能力，道德评价能力的发展是道德认知形成的主要标志之一。个体道德评价能力的发展是一个渐进过程，通常会遵循一定的发展规律，如个体最初的道德评价能力多是在他人影响下形成的，随着年龄的增长和能力的提升而逐渐转向独立的道德评价；个体的道德评价标准由注重行为效果逐渐转向注重行为动机；个体的道德评价依据由注重自身利益逐渐转向注重社会利益；个体的自我道德评价能力相对弱于对他人的评价能力等。韩东屏认为，合理的道德评价一般具有理性化和全面性

---

① 〔美〕奈尔·诺丁斯：《教育哲学》，许立新译，北京师范大学出版社，2008，第192页。
② 〔古希腊〕亚里士多德：《尼各马可伦理学》，廖申白译注，商务印书馆，2003，第173页。
③ 参见曾钊新《道德认知》，湖南人民出版社，2008，第136~146页。

的特征，其形成过程需要经历"确定道德评价标准""明确道德评价对象""掌握道德评价对象相关事实""在事实基础上依据具体标准对评价对象做出适宜的评价结论"等阶段。①

二　道德交往与道德共情能力

马克思曾在《德意志意识形态》中阐述过集体交往的教育功能，他指出，"只有在共同体中，个人才能获得全面发展其才能的手段"②；交往关系是个体发展的前提条件，"一个人的发展取决于和他直接或间接进行交往的其他一切人的发展"③。同样，个体道德意愿的生成离不开特定的道德共同体，离不开个体与共同体成员的道德交往关系。而且，道德交往也为个体产生道德情感体验、发展道德共情能力提供了必要的客观环境和前提条件。

（一）道德交往

道德产生于人们的需要，即调整人与人之间关系的需要，道德交往是个体道德意愿生成的必备条件。道德交往是一种交往实践活动，道德认知、道德情感以及道德行为都产生于这一实践活动之中。道德主体在道德交往中完成对道德现象的认知和对道德规范的理解，完成道德实践中的情感体验和行为践履，而道德认知、道德情感和道德行为这一系列的道德活动都是道德意愿生成的必备前提。道德交往是一种精神交往活动，为道德意愿的生成创造了条件。道德意愿既作为个体的内在追求，也表达着个体对他人的道德关怀，双向的精神交往活动为个体道德意愿的生成提供了关怀对象和交往平台。

道德交往之所以是个体道德意愿生成的前提条件，主要在于道德交往实现了人与人之间的理解和对话，有助于推动道德共识的达成，这是道德意愿生成的核心要素。相互理解是道德交往关系的实质，哈贝马斯就曾指

---

① 参见韩东屏《论道德评价方法》，《人文杂志》2011 年第 6 期。
② 《马克思恩格斯文集》（第 1 卷），人民出版社，2009，第 571 页。
③ 《马克思恩格斯全集》（第 3 卷），人民出版社，1960，第 515 页。

出，"交往行为主要是一种相互理解"①。在体谅德育模式那里，理解也是德性的核心，在人与人的理解中发展出的利他品质是道德形成的基础。鲁洁教授曾提到，"人对人的理解是思想品德形成的基础"②。对话是达成道德共识又一重要途径，道德生成的层次与对话层次相一致。周作宇指出，交往和对话是道德生成的基本条件，道德生成于主体间的互动过程。交往和对话的层次决定了道德生成的层次，"一般对话"生成必然层面上的道德，"深层对话"生成自由层面上的道德。"一般对话"主要指现实生活中经由日常交流而展现的对话方式，其道德生成结果是对特定的规范或价值的认同及恪守；"深层对话"等同于自我解读或自我解放的过程，其道德生成结果是对世俗生活的超越和对自由精神的执着。③

（二）道德共情能力

"共情"本是一个心理学术语，最先由人本主义心理学家罗杰斯提出，是指"治疗师能体验到自己对当事人世界准确的共情理解，就如同从当事人内部看到了他的世界一样"④。广义上的共情能力是指，能够设身处地体验他人处境、对他人情感具备感受力和理解力。但在伦理学视域中，对"移情"的强调要多于对"共情"的强调，不过"移情"更突出了同情、怜悯的意蕴，与此处的"道德共情"有着明显区别。这里的"道德共情能力"是一种广义的道德情感能力，既包括了理解和感受他人道德处境及道德情感的同情共感能力，也包括了在情感上对他人的遭遇产生同情、怜悯的移情能力；前者只是情感的互通，后者则进一步激发出新的情感。这两种道德共情能力，都是道德意愿生成的能力要素。当然，除此之外，道德共情能力还包括个体最基本的情感能力，如义务感、责任感、公正感、尊重感、羞愧感等道德情感的自然流露。

个体在道德交往实践中所流露的道德情感，是促使其道德意愿产生的

---

① 〔德〕尤尔根·哈贝马斯：《交往行动理论》（第 2 卷），洪佩郁、蔺青译，重庆出版社，1994，第 108 页。

② 鲁洁：《人对人的理解：道德教育的基础》，载朱小蔓主编《道德教育论丛》（第 1 卷），南京师范大学出版社，2000，第 231 页。

③ 参见周作宇《教育理论的边缘》，安徽教育出版社，2009，第 169 ~ 172 页。

④ 〔美〕罗杰斯：《个人形成论：我的心理治疗观》，杨广学等译，中国人民大学出版社，2004。

内在动力，道德情感的驱动力甚至可以激发主体立刻产生相应的道德行为。"羞耻心的孕育与形成是人类道德心理的最初萌动，它开启了人类追求和向往文明的心路历程。"① 人类所特有的一些基础性道德情感，直接推动了道德的历史生成。个体的同情共感能力有助于促进人与人的理解、推动道德交往的发展，也可以帮助个体将情感体验或情感共鸣内化于心，从而形成观念层面的道德意愿。个体的移情能力是在特定道德情境下的一种情感反应，个体基于对他人处境的同情、怜悯等而生发强烈的道德意愿并积极付诸道德实践。唐君毅曾高度评价了道德共情能力之于个体、他人和社会的价值意义，他说："吾人首须知：日常生活中之人与人之同情共感而互助之事，虽极庸常，然此中之每一事，对己而言，皆足以开出一自己之生活境界之扩大超升之机；对人而言，皆足以启示一心灵的世界之存在，而成就人之心灵的世界之实超升生而扩大；对世界而言，则能使人肯定一真实之客观存在之世界。"②

三　道德实践与道德感知能力

道德是人类社会的独特理性生活，而且是一种实践理性，道德的准则体系需要靠道德行为去实践。道德实践是个体践行道德意愿的必经之路，个体基于道德实践形成的道德经验进一步促进其道德意愿的发展。道德实践也为培养个体的道德感知能力提供了特殊的情境和机会，能够敏锐地感知到道德情境以及情境中的道德问题，也是个体道德意愿生成与发展的必备能力要素之一。

（一）道德实践

广义的道德实践是指渗透于人类实践活动之中的一切道德活动，如道德评价、道德教育、道德修养等等。与一般的人类实践活动不同，道德实践还具有"善恶评价性、自主自律性、内在超越性、自由意志性和规范约束性"等特征。③ 上述道德实践活动满足了道德意愿生成的不同层面的需

① 王泽应：《中华民族道德生活史·先秦卷》，东方出版中心，2014，第84页。
② 刘梦溪主编《中国现代学术经典·唐君毅卷》，河北教育出版社，1996，第501页。
③ 参见江万秀《社会转型与伦理道德建设》，新星出版社，2015，第23~27页。

要，如道德评价为个体道德意愿的形成提供了良好的舆论环境和价值反馈，道德教育提升了个体的认知能力和判断能力等，道德修养提升了个体的道德素养和道德境界。具体来看，道德实践之于道德意愿的作用体现在两个方面。首先，道德意识和道德规范源于道德实践。在人类的道德交往实践中，人们逐步产生了对道德现象的意识和认知，对道德规范的需要；而个体也是在具体的道德实践中确证了自己的伦理角色，并形成了遵守规范和原则的道德观念。其次，道德意愿和道德规范的落实经由道德实践。未转化为实践的道德意愿和道德规范始终是隐性的、不真实的意愿和规范，道德实践是实体化了的道德意识，意味着道德意愿和道德规范的实现。

狭义的道德实践专指个体的道德实践经历，对于个体道德意愿的发展而言具有重要意义。道德实践经历既是个体对道德意愿的践行，也使个体进一步积累了丰富的道德经验，为道德意愿的发展提供了应有的经验储备。俄国心理学家斯米尔诺夫等曾就"思想观念的理解"做过科学论断，认为"思想观念已经成为其个人经验的组成环节的人，才能理解和掌握这种思想观念"[1]。对道德观念的理解和掌握同样遵循上述规律，只有当道德观念经由道德实践成为个人的道德经验，并在此基础上进行道德经验的反思，个体才能真正掌握相应的道德观念。

（二）道德感知能力

道德感知能力，也称"道德敏感性"，简单地说就是，敏感地感知到"这是一个道德情境或道德问题"的能力。美国心理学家莱斯特对"道德敏感性"的界定是"对情境的领悟和对行为如何影响他人的领悟"[2]，并将其归为道德行为的四个构件之一。有学者指出，道德敏感性由规范敏感性、人际敏感性、责任敏感性和情绪敏感性四个因素组成。[3] 道德感知能力是个体赋予情境或事件以道德意义的前提，对个体道德行为意愿的形成具有重要意义，有关研究也证实了这一点。如李伯黍等人指出，对道德情

---

[1] 〔苏〕斯米尔诺夫等主编《心理学》，朱智贤等译，人民教育出版社，1957，第287页。
[2] 转引自杨韶刚《西方道德心理学的新发展》，上海教育出版社，2007，第359页。
[3] 参见郑信军、岑国桢《道德敏感性的研究现状与展望》，《心理科学进展》2007年第1期。

境的了解能力越差、对情境的道德敏感性越是缺乏，个体产生道德行为的可能性就越小。① 目前，关于道德感知能力的研究多集中于心理学领域，而在道德研究领域，道德感知能力尚未被充分重视，仅有关怀伦理学的代表人物内尔·诺丁斯曾提及，原始的道德敏感性源自对关心关系的评价。②

道德感知能力对个体道德意愿的影响程度及方式通常取决于个体对道德情境感知的程度，根据道德情境，个体的情境感知可以分为注意式情境感知、移情式情境感知和慎思式情境感知。为形象描述不同程度的情境感知，借用劳伦斯·布鲁姆在探讨"道德感知与特殊性"③ 问题时所列举的一些例子来加以阐释。首先，关于注意式情境感知。A 和 B 乘坐同一辆地铁，地铁上站立的乘客中有一位提着购物袋的三十岁左右的妇女。A 和 B 都注意到了这位妇女，但是 B 还特别注意到这位妇女"很不舒服"，而 A 则没有注意到该细节。随后 B 将座位让给这位妇女，而 A 却没有做出相同行为。这便是注意式情境感知，A 没有做出利他行为是因为他的情境感知没有为自己提供采取让座行为的充足理由。其次，关于移情式情境感知。C 是 D 的部门主管，D 因为腿部日益衰弱的病症，向 C 提出希望公司和部门就其残障问题提供帮助的申请。C 虽然接受了公司应该向 D 提供残障帮助的法律义务，但是他感觉 D 太过自怜，因此事实上给 D 提供了远少于其需要的帮助。这便是移情式情境感知，C 没有做出应有的利他行为，不是因为他没有注意到 C 是残障人士的事实，而是因为他不能明显体会到 C 因残障所承受的痛苦。最后，关于慎思式情境感知。E 是一位白人男子，在火车站等出租车，旁边还站着一位带着女儿的黑人妇女。一辆出租车从黑人母女面前经过开到了 E 的面前，E 面带轻松乘车而去。这便是慎思式情境感知，E 可能不会想到该出租车司机的做法属于种族歧视，进而更不可能劝出租车司机不要拒载黑人母女。劳伦斯·布鲁姆的这三个事例分别描述了注意式、移情式和慎思式情境感知，这三种情境感知的程度依次提升，对个体情境感知能力的要求也依次提高。

---

① 参见李伯黍、燕国材主编《教育心理学》，华东师范大学出版社，2001，第 56 页。
② 〔美〕内尔·诺丁斯：《关心——伦理和道德教育的女性路径》，武云斐译，北京大学出版社，2014，第 59 页。
③ 参见〔英〕欧若拉·奥尼尔等《美德伦理与道德要求》，徐向东编，江苏人民出版社，2008，第 259~277 页。

道德敏感性的缺失不仅会造成对道德责任与道德义务的疏忽，甚至还会引发不道德行为的出现。有学者就指出，在价值日益多元、利益冲突日益加剧的当下，如果道德行为者对他人和社会的需要及利益缺乏应有的道德敏感性，即使是在表达善意、实现正义的行为过程中也会无意间损害到他人和社会的利益。① 相关调查研究也证实，具有较低道德敏感性的大学生比具有较高道德敏感性的大学生更容易做出失诚失信行为，而且前者失诚失信行为的发生比是后者的十倍之多；相对缺乏耻辱感的大学生比具有较高耻辱感的大学生做出失诚失信行为的可能性更大。②

四　道德冲突与道德自控能力

道德冲突是进行道德选择的现实背景，没有道德冲突亦没有道德选择。道德冲突为个体做出道德选择提供了契机，也为激发个体道德意愿并将道德意愿付诸实践提供了相应的道德情境。在解决道德冲突的过程中，个体的道德自控能力是推动道德意愿发展与达成的动力和保障。道德冲突让观念层面的道德意愿得以转化为真实的道德意愿，道德自控能力确保了个体道德意愿的达成。

（一）道德冲突

关于"道德冲突"的概念界定，目前学界尚无一致的说法。"道德冲突"与"道德模糊""道德困惑""道德悖论""道德困境"等概念交叉，致使"道德冲突"概念的内涵与外延长期处于含混状态。王淑芹曾对"道德冲突"及其相近概念进行了辨析，将"道德冲突"界定为"具体道德情境中人们行为选择的矛盾状态"，其冲突形式有"原生型"的"道德准则矛盾"和"衍生性"的"道德评价矛盾""道德行为选择矛盾"。③ 其中，对个体道德意愿的生成与发展起到巨大推动作用的主要是与道德个体关系密切的"道德行为选择矛盾"。

---

① 参见黄向阳《道德相对主义与学校德育》，《全球教育展望》2001 年第 5 期。
② 参见冯秀军《社会变革时期中国大学生道德价值观调查》，教育科学出版社，2013，第 130 页。
③ 参见王淑芹《现代性道德冲突与社会规制》，《哲学研究》2016 年第 4 期。

道德冲突也通常被称为道德两难处境，根据冲突层次的不同，道德冲突又可以分为低层次的"利益冲突"和高层次的"价值冲突"；分别需要个体在相互冲突的利益之间、相互冲突的道德原则之间做出合适的行为选择。就利益冲突而言，个体所面临的通常是要不要遵循道德原则的矛盾，是在集体或他人利益与自我利益之间的抉择；就价值冲突而言，个体所面临的通常是遵循何种道德原则的矛盾，是在不同的道德义务之间、不同的道德原则之间的抉择。道德冲突情境为个体道德意愿的生成提供了特定的实践条件：首先，个体在解决道德冲突的过程中深化了自己的道德认知，其道德思维实现了向更高阶段的转化；其次，个体在解决道德冲突的过程中丰富了自己的道德情感体验，深刻的道德情感体验是道德行为发生的强大动力；再次，个体在解决道德冲突的过程中磨炼了自己的道德意志，顽强的道德意志是个体道德意愿得以达成的根本力量所在；最后，个体在解决道德冲突的过程中还培养了自己的道德行为习惯，正确的道德行为习惯提升了个体德性，也为道德意愿的发展积淀了实践经验。当然，促进个体道德意愿生成与发展的道德冲突必须是真实的道德冲突，虚拟的道德冲突虽然也会对个体的道德认知和道德情感产生一定程度的影响，但是不能为道德意愿的生成提供真实的实践环境，亦不会对个体的道德行为产生显著的影响。

（二）道德自控能力

关于"自控"的研究广泛存在于心理学、社会学、伦理学等学科领域，心理学将个体调控自我冲动的能力视为适应社会的标志，社会学认为自我控制行为就是在不同行为方式之间做选择，伦理学对自控的研究多见于关于道德自律的讨论。"自控能力"之于个体行为意义重大，班杜拉曾指出，"人们总是努力控制影响其生活的事件，通过对可以控制的领域进行操纵，能够更好地实现理想，防止不如意的事件发生"[①]。包尔生则把道德生活中的自控视为德性或美德，提到"全部道德文化的主要目的是塑造和培养理性意志使之成为全部行为的调节原

---

① 〔美〕阿尔伯特·班杜拉：《自我效能：控制的实施》（上册），缪小春等译，华东师范大学出版社，2003，第11页。

则。我们把这样一种德性或美德称为自我控制"①。不过，自我控制不单单是一种德性或美德，更是一种道德力量或道德能力，对于个体道德意愿的发展与达成具有重要作用。

道德自控能力是指在道德实践中，尤其是面对道德冲突时，个体通过意志力对道德环境或道德行为进行调控，最终达成其道德意愿的能力。道德自控是个体道德内化的结果，自控能力是一个有机的能力结构，包括个体的自我认知能力、自我反省能力，以及选择能力、控制能力等。道德自控的前提是个体对自我有一个全面深刻的认识，在杜威看来，自我与行为活动之间是一种相辅相成、互为构成的关系，自我决定了行为方式和结果的生成；② 自我认知和自我反省都是强化道德自我的有效路径，是个体发挥道德自控能力的必要前提，间接影响着道德意愿的达成。社会学家墨顿曾指出："在我们的行为与意图相符，并且在我们的意图适合于我们的地位之前，我们也不可能是我们自己。"③ 选择能力和控制能力是个体达成道德意愿的关键要素，虽然个体基于认知和情感形成了相应的道德意愿，但是将道德意愿从观念或理想落实为行动或现实，必须基于个体一定的选择能力和控制能力，做出正确的行为选择并付诸实践，这样个体道德意愿才得以达成并不断稳固。

第三节　道德意愿的生成过程及规律

道德意愿的生成过程非常复杂，由于个体德性发展的差异性和道德情境的特殊性，不同个体的道德意愿生成并不会按照完全一致的发展顺序、发展方式、发展程度展开。不过，总体来看，个体道德意愿的生成过程一般都要经历萌发"道德愿望"、激发"道德意向"、达成"道德意愿"三个重要阶段。而且，道德意愿的生成基本上遵循着内化与外化的统一、能动性与制约性的对立、强化与弱化的交替、阶段性

---

① 〔德〕弗里德里希·包尔生：《伦理学体系》，何怀宏、廖申白译，中国社会科学出版社，1998，第412页。

② 转引自高来源《实践范式下的杜威哲学：人在经验世界中的超越》，人民出版社，2015，第209页。

③ 转引自周作宇《教育理论的边缘》，安徽教育出版社，2009，第171～172页。

与连续性的同步等规律。

一 道德意愿的生成过程

道德意愿的生成过程主要分为三个阶段，即从抽象的"道德愿望"到明确的"道德意向"，再到稳固的"道德意愿"。第一个阶段是萌发"道德愿望"的阶段，该阶段的个体道德意愿实质上是一种单纯的"道德愿望"，表达了个体对美好德性的理想追求，是一种抽象的、理想化的道德意愿；第二个阶段是激发"道德意向"的阶段，该阶段的个体道德意愿实质上是一种明确的"道德意向"，体现了个体对某种德行的实践意向，是一种具体的道德动机；第三个阶段是达成"道德意愿"的阶段，在这一阶段，个体的道德意愿转化为相应的道德行为，象征着个体在追求德性和践行德行方面的意愿达成，真正意义上的"道德意愿"得以形成。但是，道德意愿的发展通常不会止步于此，而是按照循环式的发展路径进入新一轮的"道德愿望—道德意向—道德意愿"过程中。当然，道德意愿的生成过程很复杂，并非所有的道德愿望都会被激发为相应的道德意向，也并非所有的道德意向都会转化为相应的道德行为，意愿中断或意愿倒退的现象在道德意愿的发展过程中时有发生。只有注重对不同阶段道德意愿的强化，才能推动道德意愿的生成和顺利发展，直至道德意愿的最终达成。

（一）萌发"道德愿望"阶段

在萌发"道德愿望"阶段，个体主要是基于一定的理解、体验和观察能力将外在的道德规范、道德原则等内化为自己的道德意识，当道德认知与道德情感达到特定程度时，个体的道德意识中便会萌发强烈的"道德愿望"。道德内化的方式与途径很多，包括认知内化、情感内化、行为内化和交互内化等，不同的内化方式所经由的路径有所差异，对推动"道德愿望"的萌发所发挥的作用各有不同。

1. 认知内化

认知内化是指个体基于自身的理解能力，将外在道德规范、道德原则等内化为自己的道德认知，并形成一定的道德理解能力；随着道德认知水平的不断提升，个体主动将社会所要求的道德规范或道德原则作为指导自己行动的道德准则，随之萌发遵守道德准则的"道德愿望"。认知内化的主要路径是学习道德知识，具体形式包括个体的道德学习、父母的道德说教、学校的知识性道德教育、社会的道德教化等。认知内化的关键在于个体对外在道德规范和道德原则表示认同，即个体主动将新的道德认知纳入自己的道德意识领域，或是主动调整自己已有的道德认知以适应社会的道德要求。认知内化过程中所形成的道德理解能力，是确保个体道德认识水平不断提升的必要条件，而个体对自我道德角色的认知、对道德义务和道德责任的认知是其道德认知趋于成熟的标志。当个体基于一定的道德理解能力而确认了自己的道德责任与道德义务时，个体在认知层面便会萌发承担道德责任和履行道德义务的"道德愿望"。

作为道德认知发展理论的提倡者，皮亚杰、科尔伯格、哈贝马斯分别从儿童对道德概念或观念的理解和判断、儿童的思维方式和道德判断、道德个体的自我结构同一性等方面分析了个体道德认知的发展过程，这些理论相当于从不同视角解说了个体道德意愿生成过程中的"认知内化"状况。这也进一步表明，个体道德意愿生成过程中的"认知内化"情况是十分复杂的，但基本上都经历了将外在道德规范或道德原则转化为自我道德准则，将外在道德要求转化为自我道德需要或道德责任、道德义务的过程。

2. 情感内化

情感内化是指个体基于自身的道德体验能力，将道德评价过程中所产生的情感应激反应内化于自己的道德情感结构，并形成相对稳定的道德情感经验；随着道德情感世界的不断丰富，个体能够自觉区分积极的道德情感体验与消极的道德情感体验，同时产生对积极道德情感体验的需要和向往，个体道德情感领域的"道德愿望"便由此产生。情感内化的主要路径是道德情感体验，通常产生于个体对某一道德事件或道德现象的评价过程中，具体产生方式有两种：一种是个体对道德事件进行客观评价，另一种是个体对行为主体的情感体验进行主观评价。个体的道德情感体验一般分为积极道德情感体验与消极道德情感体验两大类型，当个体关注的道德事件与其道德认知相一致或是相抵触时，个体在评价道德事件的过程中会呈现出积极肯定或消极否定的情感反应。另外，在不同性质的道德事件中，行为主体通常会因做出道德行为而产生责任感、义务感、正义感、荣誉感等积极的道德情感体验，或是因未作出道德行为而产生内疚感、耻辱感、无助感、焦虑感等消极的道德情感体验；个体在评价行为主体的情感体验时往往会受到行为主体的情绪感染，而将行为主体的情感体验内化为自己的情感经验。情感内化不但需要个体拥有道德评价能力，还需要个体拥有对他人情感的感知能力。

需要注意的是，道德意愿生成过程中的"情感内化"与一般意义上的道德移情不同。如霍夫曼的"道德移情能力"、唐格尼的"道德情感能力"等，通常是指一般意义上的道德移情，是个体在特定道德情境下产生的自我情感体验，也是个体产生相应道德行为的动力因素之一。而道德意愿生成过程中的"情感内化"，只是个体基于道德认知过程而产生的间接情感体验，还不足以促使个体产生强烈的道德意向，但这些丰富的道德情感经历正是个体产生道德移情的前提条件。

3. 行为内化

行为内化是指个体基于自身的观察能力，将他人的道德行为内化为自己的道德行为经验，并形成相对固定的行为反应模式；随着道德行为经验的不断积累，个体主动模仿他人的道德行为，并逐渐产生践行真实道德行为的期待，这便是基于自我道德行为期待而产生的"道德愿望"。行为内化的主要路径是行为观察与行为模仿，个体所观察与模仿的对象通常包括同辈群体、父母、老师、公众人物等。行为内化的关键在于个体对行为模仿对象的确认，即个体能够解读他人道德行为示范背后所蕴含的道德原则和道德信念，基于对他人所传达的道德原则和道德信念的认同而产生相应的模仿动机。因而，个体对他人道德行为的模仿，不仅仅出于单纯的行为模仿兴趣，而是象征着个体对行为模仿对象所传达的道德信念的向往与追求。当然，个体行为模仿动机的产生自然建立在对他人行为评价的积极情感体验基础上。

班杜拉的社会学习理论专门探讨了儿童的道德行为发展问题，需要区分的是，道德意愿生成过程中的"行为内化"相当于只是班杜拉道德行为理论所揭示的前半部分，即个体道德行为模仿动机的形成阶段，不涉及个体真实道德行为的发生。行为内化的完成标志着个体自我道德行为期待的萌发，这种基于自我道德行为期待的"道德愿望"是个体道德行为发展的主要动力因素之一。

4. 交互内化

道德意愿生成过程中的认知内化、情感内化、行为内化往往不会单独发生，道德内化的方式通常是认知与情感交互内化、认知与行为交互内化、情感与行为交互内化，甚至是认知、情感、行为交互内化。如，情感内化以认知内化所形成的道德判断与道德评价能力为前提，行为内化以一定的道德认知内化和道德情感内化为前提，认知内化也自然会伴随一定的道德情感体验等。以道德榜样的行为示范为例，个体在观察道德榜样的行为时，通常会产生相应的行为模仿动机，这期间个体也经历了对道德榜样行为的认知评价和情感体验。正是基于对道德榜样行为背后所彰显的道德原则和道德信念的认可，以及被道德榜样及其道德境界所感染而产生的积极肯定的情感体验，个体才自然而然地产生了对崇高道德行为的自我期待。

总之，在道德意愿的生成过程中，个体会经由认知内化、情感内化、行为内化或交互内化的方式，将社会所要求的道德规范与道德原则内化为自己的道德意识，同时产生相应的"道德愿望"。个体在该阶段所萌发的"道德愿望"，或许是对承担道德责任和履行道德义务的期待，或许是对积极道德情感体验的期待，也可能是对自我道德行为的期待。

(二) 激发"道德意向"阶段

当面临特定的道德情境时，个体内在的"道德愿望"往往会在第一时间被情境激发出来，"道德愿望"足够强烈且道德情境适宜的话，将立刻具体化为一种符合当下情境的"道德意向"，从而激励个体采取相应的道德行为。激发个体"道德意向"的情境有真实道德情境与虚拟道德情境之分，在虚拟的道德情境下，个体的"道德愿望"被激发为相应的"道德意向"；在真实的道德情境下，个体不仅基于情境产生明确的"道德意向"，还将面临道德行为的抉择，即是否要切实按被情境所激发出来的"道德意向"行动。通常而言，个体在真实道德情境下所产生的"道德意向"比虚拟道德情境下产生的更为激烈。虽然，某种明确"道德意向"的形成是对具体道德情境的应激反应，过程极为短暂，但个体仍然经历了情境感知、情境反应和情境判断等一系列复杂的心理过程。

1. 情境感知阶段

在情境感知阶段，个体凭借自己的道德敏感性，显著感知到道德情境的存在，为下一步的情境反应和情境判断提供可能性。个体的道德敏感性，抑或说道德感知能力，在该阶段尤为关键。假使个体缺乏应有的道德敏感性，道德情境对于个体而言是不存在的，后续的道德动机及道德行为便无从产生。美国心理学家拉塔奈、达利在亲社会行为实验研究中发现，个体在紧急情境下采取助人行为通常要经历五个步骤，其中，第一步是个体注意到事件发生，第二步是个体判断事件是否为紧急状况。假使个体没有注意到事件的发生，或是没有将事件定性为道德事件，都有可能导致个体不采取助人行为。在拉塔奈和达利看来，个体对道德情境的感知占据了整个助人行为发生过程的五分之二，由此可见，个体的道德敏感性对于促使道德行为产生意义非凡。另外，情境性质不同，对个体的情境感知能力的要求也有所差异，如注意式情境的要求相对较低，只需要个体注意到情境的道德属性即可；移情式情境的要求相对较高，不但需要个体对道德情境的认定，同时还需要个体能够明显体会到他人在道德情境中的情感状态；而慎思式情境的要求最高，这类道德情境一般很难被个体所感知，需要个体在慎思的基础上才能进一步识别情境的道德属性。

2. 情境反应阶段

在情境反应阶段，个体要基于道德情境的实际状况，重新唤起内心的"道德愿望"。在道德意愿的生成过程中，个体最初通过内化方式在内心萌发了不同类型的抽象的"道德愿望"；当面临特殊的道德情境时，这些"道德愿望"自然会被不同程度地激发、重现。根据道德情境的具体状况，以及个体先前"道德愿望"形成的实际情况，个体的脑海中会重现与当下情境存在一定关联性的"道德愿望"。在形式上，可能是履行某种道德义务和承担某种道德责任的愿望，也可能是关于某种强烈的道德情感体验的需要，或许是关于道德践行的自我道德行为期待；但在内容上，一定是与当下的道德情境或道德事件相类似或相对接近的"道德愿望"。"道德愿望"的重现，为个体做出情境反应提供了认识上、情感上或行为上的经验启示，同时也催生了个体实践"道德愿望"的想法。虽然"道德愿望"的重现在表面上类似一种主体无意识行为，但"道德愿望"重现的可能性与强度是由具体情境和个体先前的道德内化情况共同决定的。在情境反应阶段，个体将先前萌发的抽象的、理想化的"道德愿望"转化成了真实的、相对具体的"道德愿望"，但这依然是一种经验式的表达，尚未进一步发展为明确的"道德意向"。

3. 情境判断阶段

在情境判断阶段，个体需要对道德情境进行深入的研判，结合自身所积累的道德知识和道德经验，分析应对当下情境可采取的各种行动方案，并判断不同行动方案可能带来的后果，最终选择最为合适的道德行动方案。在面临特殊道德情境之前，个体通常都积累了直接的或间接的道德知识与道德经验。但这些道德知识与道德经验通常还都属于理论层面，尚未被实际践行，而且这些道德知识或道德经验与个体所处的道德情境尚有一定差距。因而，主体在特定道德情境下所重现的"道德愿望"还不能直接转化为相应的"道德意向"甚至是道德行为，需要个体运用一定的道德想象力，对可采取的各种道德行动方案进行判断和筛选。当个体做出正确的道德判断，最终选择了合适的道德行动方案时，便形成了关于采取某种道德行为的明确"道德意向"。

当然，如果个体的道德经验有限，缺乏相应的道德判断能力，或是个体发现自身不具备践行道德行动方案的能力，便不会产生应有的"道德意向"。不过，未能使个体形成"道德意向"的情形有很多，应当区别对待。如果是因为自身践行能力有限而没有形成明确的道德意向，那么，个体在特定道德情境下所重现的"道德愿望"，以及在情境判断过程中所做出的各种努力都是值得肯定的；如果是因为道德经验和判断能力有限而没有形成明确的道德意向，应当对个体所展现的与其实际道德水平相符的表现予以理解。但是，个体之所以没有形成明确、具体的"道德意向"，其最主要的原因还是道德冲突的存在，它导致个体在权衡自身利益与他人或社会利益的过程中选择了前者。在情境判断阶段，个体能否合理化解道德冲突并最终形成应有的"道德意向"，主要取决于个体的道德境界等综合因素。

（三）达成"道德意愿"阶段

当个体被激发出明确的"道德意向"，其实也可以视作个体"道德意愿"的生成，但是该阶段的"道德意愿"尚属于具体情境下的行为意向，还十分不稳定，道德行为意向转化为相应道德行为的过程中仍存在很多变数。只有当"道德意向"顺利转化为相应的道德行为，个体"道德意愿"

才算真正实现。而当个体在经历了无数次的"道德意向"向道德行为的转化后，具体情境下的"道德意向"才会由特殊性上升为普遍性，由不稳定逐渐走向稳定，从而成为真正意义上的"道德意愿"。

1. 道德意愿实现阶段

在个体道德意愿的实现阶段，通常会基于道德情境的实际状况而呈现出多种情形。第一种情形是，在不存在冲突的道德情境下，个体的"道德意向"顺利转化为相应的道德行为，其"道德意愿"实现。第二种情形是，在道德冲突情境下，个体的"道德意向"可能转化为相应的道德行为，也可能因为个体意志不够坚定而没有转化为相应的道德行为，该阶段的"道德意愿"能否顺利实现主要取决于个体的道德意志是否足够坚定。除此之外，个体道德意愿的实现有时还会受到外部因素的影响。比如，在同一道德情境下，其他人先于个体采取了相应道德行为，个体的"道德意向"便只能停留于意识层面；在特殊道德情境下，由于一些不可控因素的影响，个体道德行为不能顺利实施，最终同样导致道德意愿不能实现。当然，个体道德意愿的达成还存在一种十分特殊的情形，即个体在不能完全实施相应的道德行为时，会采取一定补救措施，虽然原有道德意愿未能真正实现，但个体也为道德意愿的生成做出了应有的努力。

2. 道德意愿升华阶段

"道德意愿"的升华，实际上就是个体道德意愿由具体到抽象、由特殊到一般、由不稳定到相对稳定的过程。至此，个体向善的意愿不再停留于抽象的、理想化的"道德愿望"阶段，也不再局限于具体情境下的"道德意向"，而是根植于个体内心且相对稳固的"道德意愿"。道德意愿的升华与社会道德评价、社会道德氛围，以及个体道德行为习惯等息息相关。当个体的道德行为被给予应有的道德评价，其道德意愿会不断被强化；当个体的道德行为未得到应有的道德评价，其道德意愿很容易消退。良好的社会道德氛围会让个体的道德意愿愈发坚定，比如，崇德向善的社会道德风尚、良性的道德评价机制、良好的道德舆论环境等，均会不同程度地强化个体的道德意愿。个体道德意愿由具体转为抽象、由特殊转为一般的过程，也是其养成道德行为习惯的过程，道德践行的重复发生同样会强化个体的道德意愿。

正如毛泽东所言："一个人做点好事并不难，难的是一辈子做好事，不做坏事，一贯地有益于广大群众……这才是最难最难的啊!"① 道德意愿的升华是个体道德意愿生成过程中最为复杂，同时也是最为艰巨的阶段，如果个体在具体情境下的"道德意向"不能升华为恒久、稳固的"道德意愿"，那么个体的道德境界将依旧停留于相对较低的层次，其道德意愿的生成、发展也同样会长期处于不稳定的情境化阶段。

二 道德意愿的生成规律

由于个体道德素养的差异性和道德意愿的不稳定性，加之客观环境的多变性和道德情境的不确定性，个体道德意愿的生成过程十分复杂。不过，从宏观视角来看，道德意愿的生成过程一般都要经历萌发"道德愿望"、激发"道德意向"和达成"道德意愿"三个重要阶段；同时，道德意愿的生成过程通常都会遵循一定的规律，主要体现在内化与外化的统一、能动性与制约性的对立、强化与弱化的交替、阶段性与连续性的同步等方面。

（一）内化与外化的统一

内化与外化的统一是指个体道德意愿的发展既要将外在道德规范或道德原则内化为相应的"道德愿望"，又要将"道德愿望"转化为明确的"道德意向"，甚至外化为具体的道德行为。个体道德意愿的发展是内化与外化相统一的过程，也是个体与社会不断互动的过程；个体道德意愿的生成与实现过程可以简单描述为个体将一定的道德原则内化于心、外化于行。在已有研究中，学者们大多将道德意愿的内化与外化统称为"道德内化"，即道德主体将社会道德规范内化为个体道德素质或道德人格，而道德行为的产生也被视为道德内化的一部分。这与涂尔干基于社会学视角提出的"内化"概念相一致，重在区分社会道德与个体道德。但是，道德意愿的内化与外化重在分析个体道德的发展过程，要详细分析个体道德意愿的复杂生成过程，必须认识到内化与外化相统一才是道德意愿生成的完整过程。

---

① 《毛泽东文集》（第2卷），人民出版社，1993，第261~262页。

在道德意愿的内化过程中，个体只是对社会道德产生了一定的认同，或基于认知方面的理解和认同，或基于情感方面的感染和认同，或基于行为方面的观察和认同。个体将社会道德内化于心，生成了相应的"道德愿望"，却只是观念或意识层面的道德意愿，是一种静态的、抽象的、理想化的道德意愿，距离真正意义上的道德意愿尚有一定距离。只有当个体基于特定道德情境，将内化于心的道德愿望转化为具体的道德意向，并且在道德意志的支持下将其转化为相应的道德行为，个体的道德意愿才算达成。而且，在经历无数次的内化与外化之后，个体在与社会或他人的道德交往中，不断审视、反思自己的行为准则，从而形成稳定、成熟的道德意愿。至此，个体道德意愿生成或发展的过程才算结束。较之内化过程，道德意愿的外化过程更为关键，但在已有道德教育的研究中这一点常常被忽略，以至于当前道德领域的知行不一现象尤为突出。

（二）能动性与制约性的对立

道德意愿的内化与外化需要特定的条件，既包括道德主体的自觉努力等内在条件，也包括道德情境等外在条件。道德意愿所表达的是道德主体的内心需要，主体自觉地选择、追求、践行等主观努力是意愿达成的内在动力；道德本身又是一种实践理性，道德意愿的达成同样要求主体必须参与特定的道德实践，但在践行道德意愿的过程中，主体又不得不面对道德情境冲突等客观条件的制约。所以，在道德意愿的生成过程中，始终存在着主观能动性与客观制约性的对立。道德主体在自觉发挥主观能动性、克服外在条件制约的过程中，促进其道德意愿的生成或发展。

道德意愿生成过程中的能动性主要是指个体自身的主观能动性，包括个体对道德的内在追求、个体在道德内化阶段的自觉努力、个体在面临特殊道德情境时的主观判断与选择，以及个体主动的道德践行等。能动性的发挥对于道德意愿的生成有着积极的促进作用，个体能动性发挥得越充分，道德意愿的生成或发展过程就越顺利。道德意愿发展过程中的制约性主要是指外在环境的制约和个体自身条件的制约，外在环境的制约包括社会舆论、道德评价、道德情境等的客观影响，个体自身条件的制约主要指个体在道德践行方面的能力欠缺等。制约性通常会影响到道德意愿的生成或发展，但是，当个体以能动性克服外在环境的制约时，道德意愿便会得到进一步强化。总之，道德意愿的生成过程始终伴随着能动性与制约性的对立、斗争，个体在发挥能动性、克服制约性的过程中促进道德意愿的不断发展，直至道德意愿的顺利达成。

（三）强化与弱化的交替

个体道德意愿的生成过程呈现强化与弱化交替的规律，在其发展的各个阶段都存在着意愿强化与意愿弱化交替出现的现象。意愿强化或意愿弱化的发生主要受外部道德环境和个体道德心理体验的影响，良好道德环境易使个体产生积极的心理体验，从而强化其道德意愿；不良道德环境则易使个体发生意愿冲突且产生消极的心理体验，其道德意愿也会随之弱化。不过，总体来看，在道德意愿生成的前期阶段，道德意愿更容易被弱化；在道德意愿生成的后期阶段，尤其是个体在完成道德意愿的升华后，道德意愿被强化的可能性更大。

个体道德意愿的生成并非一直处于强化趋势，而是在意愿强化与意愿弱化交替的斗争中逐步趋向稳定的。"道德意愿强化"通常表现为行为结果对道德动机的强化，心理学将起到强化作用的刺激源称为"强化物"，行为主义心理学就特别强调道德行为之后的强化事件，如班杜拉指出，个体通过观察行为结果的规律性形成相应的信念，从而强化自己的行为。"道德意愿弱化"通常被道德教育学家称为"品德的退化"，如，科尔伯格的道德认知发展理论中关于"不同道德阶段遵循不可逆的发展次序"的观点曾受到质疑，一些研究发现，道德发展向较低阶段退化的现象十分普遍；[1] 另有学者阐述了外在环境弱化道德意愿的现象，比如，稳定品德在一定环境下发生退化反映了"社会行为转化为个体品德的冲突性"[2]，低俗的"快餐文化"会腐蚀青少年道德意识，并使其道德意志退化等。[3] 一般情况下，正向的道德教育引导、良好的外部道德环境、积极的道德心理体验，都会在不同程度上强化个体的道德意愿；而负向的道德教育引导、不良的外部道德环境、消极的道德心理体验，通常会弱化个体的道德意愿。

---

[1] 参见桑标主编《儿童发展心理学》，高等教育出版社，2009，第 322 页。

[2] 吴祥祯主编《新时期青少年德育研究》，重庆出版社，1995，第 34 页。

[3] 参见刘裕《传媒与道德——大众传媒对青少年道德影响研究》，人民出版社，2014，第6 页。

在道德意愿生成的前期阶段，由于个体道德意愿尚处于不稳定状态，外界对个体道德意愿的影响非常显著，无论是外部的教育引导，还是道德环境的影响，抑或是个体的道德心理体验，均会对个体道德意愿产生巨大影响。在道德意愿生成的后期阶段，个体道德意愿已经处于相对稳定的状态，个体道德意愿被强化或弱化的概率要远低于前期阶段。不过，个体道德意愿被强化或弱化的原因是多方面的，影响结果也要视具体情况而定。比如，内疚感本是一种消极的道德情感体验，但是会对个体道德意愿起到强化的作用；外界的负面影响对于道德意愿尚不稳定的个体来说，通常会产生弱化其道德意愿的影响，但对于道德意愿已经相对稳定、固化的个体来说，反而会强化其道德意愿。

（四）阶段性与连续性的同步

道德意愿的生成过程十分复杂，既有从弱到强、从不稳定到相对稳定的连续性发展态势，也有不断反复甚至停留于某一发展环节的阶段性发展态势。正是在阶段性发展与连续性发展的同步推进中，个体道德意愿得以成熟、完善。阶段性发展态势是指，个体道德意愿在较长的一段时间内一直处于道德意愿发展的某一阶段或环节，比如，以认知内化、情感内化和行为内化、交互内化为主要方式的萌发"道德愿望"阶段伴随着个体道德意愿生成的整个过程，即便是个体经历了激发"道德意向"的阶段和达成"道德意愿"的阶段，处于道德生活中的个体还是会经常性地进行道德内化。连续性发展态势是指，个体道德意愿按照"道德愿望"—"道德意向"—"道德意愿"的顺序连续性推进，将道德意愿从理想转化为现实，从观念落实为行动，从抽象的道德愿望发展为明确的道德意向，并逐步形成稳固、成熟的道德意愿，从而完成道德意愿的整个生成过程。阶段性发展态势与连续性发展态势是个体道德意愿生成过程中的两种主要态势，二者并不冲突，且彼此相互促进，共同推动着道德意愿的生成。

"道德愿望"—"道德意向"—"道德意愿"的推进过程是个体道德意愿的一般发展过程。但是，"道德意向"的生成依赖于特定的道德情境，不受道德主体控制，另外，"道德意愿"的生成同样要取决于个体道德意志与具体道德情境的斗争与妥协，结果具有不确定性。所以，连续性发展态势只是个体道德意愿的一般发展态势，抑或说是从道德意愿生成过程的完整性出发所呈现的发展态势。而萌发"道德愿望"阶段、激发"道德意向"阶段，以及达成"道德愿望"阶段，是个体道德意愿生成过程中的三大发展阶段或环节，它们之间可能按照特定顺序发展，也可能彼此反复、错序式出现于道德意愿的生成过程之中。不过，任何发展阶段或发展环节的存在，都会对个体道德意愿的生成、完善起到积极的推动作用。

第四节　道德意愿的影响因素

伦理道德的发展不仅与人类生命发展史、人类精神发展史保持一致，同时还与人类社会发展史保持一致。"伦理是吾人生命与生活的交集"①，道德活动是人类所特有的实践方式，也是人类社会的特有现象之一；道德意愿的生成既离不开作为道德活动主体的人类自身，更离不开作为道德活动场域的人类社会。作为一种由社会经济基础所决定的特殊的社会意识形态，道德的发展始终要受到社会的政治、经济、文化状况的影响。毋庸置疑，个体道德意愿的发展同样不可避免地受到这些因素的左右：从宏观方面来看，道德意愿受风俗习惯的影响，受社会舆论的催化；从微观方面来看，道德意愿受道德榜样的激励，受道德情境的制约。

一　风俗习惯的影响

"风俗"二字最早出现于《诗经》，《诗·周南·关雎序》曾提到"美教化，移风俗"，用于指称历代相沿、积久而成的风尚和习俗。② 风俗会对人们的思想观念和行为举止产生深刻的影响，不同的社会风尚产生不同的道德品性，不同的社会习俗产生不同的生活方式，正所谓"十里不同风，百里不同俗"。在传统社会，一直流行着"风行俗成，万事之基业"的说法，历代统治者都非常重视风俗的社会作用，认为"为政之要在辨风俗""国之元气在风俗"等。托克维尔曾强调，"就其对美国维护其民主共和制的贡献而言，法律大于自然环境，风俗大于法律"③。风俗之所以历来被视

---

① 叶海烟：《道德、理性与人文的向度》，（台北）文津出版社，1996，第193页。
② 参见张国春等《风俗与道德》，山西教育出版社，1992，第1页。
③ 转引自姚中秋《美德·君子·风俗》，浙江大学出版社，2012，第245页。

作维护社会秩序的工具，关键在于风俗的教化功能。

风俗具有教化功能，通过道德教化的方式对个体道德意愿产生影响。从风俗与道德的起源来看，风俗作为同一民族集体约定的行为规定，其形成之初就带有道德规范的意蕴；而道德则由风俗演化而来，将风俗中的部分行为规定系统化，并在此基础上形成严谨的规范体系。在传统社会，风俗与道德是同一的，这也就不难理解，英语表达中的"风俗"（mores）与"道德"（moral）系同一词根。"风俗即道德"不失为一种贴切的"风俗"定义，正如托克维尔将"风俗"阐释为"一个族群的整体道德和心智状态"①。同属于一定社会的上层建筑或意识形态的风俗与道德，既相互联系又相互区别。风俗是人类的自发行为，具有传承性；道德是人类的自觉行为，具有超前性；风俗与道德的形成在方式上相互交织，在内容上相互吸收，在功能上相互促进。风俗与道德的多重关系决定了二者之间相互作用，历代传承的风俗习惯为道德规范的确立奠定了基础，道德规范的发展又为风俗习惯的沿袭提供了保障。就道德意愿的生成或发展而言，社会风俗的道德教化功能突出地表现为道德劝善和道德约束两种教化形式。

一方面，善良风俗体现了人们对善的向往和追求，具有道德劝善的功能，对于个体道德意愿起着启蒙作用。首先，节日风俗具有很好的劝人向善的教化功能。部分传统节日或蕴含着深刻的爱国主义内涵，或表现关于诚信的道德期待，或表达着尊老爱老的道德意愿。比如，在一些民族传统中规定了祭祀本民族先烈的节日，像为了纪念伟大爱国诗人屈原的端午节。这些节日的规定不仅是为了表达后人对先烈的缅怀之情，更是为了弘扬和继承仁人志士的爱国精神，并以此激励后人生发爱国道德意愿。在传统社会，人们会在冬至这天订立和履行各种契约，以示人们对诚信、信誉的重视，冬至就象征着人们对恪守承诺的期许。重阳节又称老人节、敬老节，是人们为弘扬中华民族尊老爱老的传统美德而设的节日。其次，礼仪风俗的道德劝善功能也十分突出。《礼记·经解》记载："故朝觐之礼，所以明君臣之义也。聘问之礼，所以使诸侯相尊敬也。丧祭之礼，所以明臣子之恩也。乡饮酒之礼，所以明长幼之序也。昏姻之礼，所以明男女之别

---

① 转引自姚中秋《美德·君子·风俗》，浙江大学出版社，2012，第240页。

也。"① 礼仪的规定代表了人们对道德的理解，在践行和传承文明礼仪的过程中，人们的道德意愿不断被激发。梁漱溟就曾提倡以"新"礼俗来整顿人心、改造社会，他将未来复兴的中国文化描述为"宗教衰微而代之以自觉自律的道德，国家法律消亡而代之以社会礼让习俗"②。唐君毅同样重视礼乐的教化功能，所以将礼乐之教看作是"自然地陶冶人之道德性情之教育"③，认为理想世界必定会重视礼乐。无论是节日风俗，还是礼仪风俗，它们都以特定的形式渗透到社会生活的方方面面，成为"百姓日用而不知"、普遍且惯常的行为模式，于无形中影响着人们的道德意愿生成与发展。

另一方面，禁忌风俗体现了人们对善的崇拜和敬畏，具有道德约束的功能，对于个体道德意愿起着规约作用。有学者指出，"禁忌为原始社会唯一的社会约束力，是人类以后社会中家庭、道德、文字、宗教、政治、法律等所有带有规范性质的禁制的总源头"④。传统风俗中存在着大量的禁忌风俗，其中部分禁忌是以否定性的行为规范约束着人们的道德生活及道德行为。《左传·桓公六年》说："周人以讳事神，名，终将讳之。"⑤ 中国传统社会的称谓禁忌——"避讳以示敬"，是为表达对权威人士、祖先、长者的尊重。在传统社会，人们不能直接称呼王者、官员、祖先及长辈的名字，即使在生活中用到了相同的字也必须避开或改写，民间也一直遵循"子不言父名，徒不言师讳"的习俗。除称谓禁忌外，禁忌风俗中还有很多是涉及人们道德生活的，比如同姓不婚的禁忌是对婚姻道德的规约，祭扫禁忌是在缅怀亲人的形式下对家庭伦理的规约。弗洛伊德曾在《图腾与禁忌》中提到，塔布（禁忌）被形容为人类最古老的无形法律。虽然风俗习惯不同于法律，但是禁忌类风俗却起到了法律的作用，借助禁忌心理对人们的道德意愿发挥着潜在影响。

马克思曾说："人们自己创造自己的历史，但是他们并不是随心所欲

① （西汉）戴圣：《礼记》（下），钱玄等注译，岳麓书社，2001，第 656 ~ 657 页。
② 中国文化书院学术委员会编《梁漱溟全集》（第 7 卷），山东人民出版社，2005，第 428 页。
③ 唐君毅：《中国文化之精神价值》，江苏教育出版社，2006，第 153 页。
④ 任骋：《中国民间禁忌》，作家出版社，1991，第 14 页。
⑤ （春秋）左丘明：《左传》，岳麓书社，1988，第 19 页。

地创造，……而是在直接碰到的、既定的、从过去承继下来的条件下创
造。"① 风俗习惯是人们创造历史的前提条件。美国出版的《伦理学导论》
一书曾举例描述风俗对个体道德意愿的影响，提到"一个战士十分清楚地
知道某种行为是错误的，尽管他说不出它为什么是错的，也提不出任何禁
止这一错误行为的准则或原则来，那么，他是怎么知道那种行为是错误的
呢？因为他是在一种社会习俗中成长起来的，经过长期的熏陶使他明白了
某类行为是不应当做的，因而也是不道德的。这需要一个原则吗？不一
定"②。在《德国民法典》《英国民法典》《葡萄牙民法典》中，均可以寻
出关于"违反公共秩序或侵害善良风俗之法律行为无效"的规定。可以
说，风俗对于激发个体道德意愿的影响力十分强大，有时甚至超越了道德
准则或法律规约的影响。总之，社会风俗以其独特的教化功能影响着个体
道德意愿，人们在遵循风俗习惯的过程中完善和提升着自我道德境界。

二 社会舆论的催化

马克思在谈论人类远古时代"小的地区"或"小的天然集团"的秩序
问题时曾指出，"它所依赖的惩罚性制裁部分是舆论，部分是迷信"③。恩
格斯更是明确强调，原始社会的氏族制度除了舆论以外，再没有其他任何
强制手段。④ 社会舆论一直是维系公序良俗的强大力量，无论是在传统社
会，还是在当代社会，社会舆论对公共秩序和社会风尚的影响有时甚至会
超过法律的影响。正如赫胥黎提到，"在许多情况下，人们之所以这样做
而不那样做，并非出自对法律的畏惧，而是出自对同伴舆论的畏惧"⑤。而
洛克则直接将"舆论法则"视为可与"神法""民法"比肩的法律范畴之
一，认为公众评价是区分美德与恶行的重要标准。

在人类道德生活的发展进程中，社会舆论一直扮演着重要角色，以一
种无形的力量维系着道德机制的运行与发展。在中国文化氛围中，"众口

① 《马克思恩格斯文集》（第 2 卷），人民出版社，2009，第 470 页。
② 转引自李胜华《关于道德的三个问题》，《道德与文明》1987 年第 4 期。
③ 《马克思恩格斯全集》（第 45 卷），人民出版社，1985，第 657 页。
④ 《马克思恩格斯全集》（第 4 卷），人民出版社，2009，第 188 页。
⑤ 转引自唐凯麟编著《伦理学》，高等教育出版社，2001，第 201 页。

铄金""众目睽睽""众怒难犯"等生动形象的成语，均彰显着社会舆论作为一种强大的道德力量对个体道德意愿的影响力。同样，在西方学者的眼中，社会舆论也被视作"道德判断法庭""道德的坚守者"等。中西方文化对社会舆论的解读一致表明，社会舆论对个体道德意愿的影响主要是通过其道德评价功能实现的。具体来看，社会舆论的道德评价功能通常以"道德回应"、"道德反思"和"道德赏罚"的方式来激发、强化和稳固个体的道德意愿。

第一，社会舆论以"道德回应"之方式激发个体道德意愿。社会舆论以一种看不见的道德力量维系着人们的道德生活，通过形成一定的道德舆论场来确保社会道德秩序的正常运行。道德舆论场的形成需要人们对道德舆论产生态度一致、观点明确的价值认同，其前提是公众在道德舆论的形成过程中对舆论对象做出价值评价或是与之产生价值互动，也就是在道德舆论的形成过程中进行道德回应。道德回应无形中增强了道德舆论对公众的影响力，使公众积极参与到道德舆论的思考和践行之中。20世纪初，日本曾出现了利用社会舆论激发公民道德意愿的热潮，这场风起云涌的"公德大讨论"最终导致了日本道德心灵版图的巨大变革。1901年元旦，《读卖新闻》在新年献词中宣布，"今年将更为公德养成与风俗改良尽微薄之力，如因此而有裨益于社会之革新，实所幸甚①。次日，《读卖新闻》头版刊登社论《社会改革的目标——公德养成》一文。就此，一场持续了四个月之久的社会公德问题讨论拉开序幕。1903年，《读卖新闻》对1901年1月至4月期间所刊载的150个公德实例，以及1902年陆续刊载的132篇"英国风俗习惯与公德养成"访谈记录进行修订，汇集出版了《公德养成之实例——附英人之气风》一书。《读卖新闻》的做法在全社会掀起了宣扬社会公德、崇尚道德文明的新风尚，开启了日本社会的近代道德生活史，多年后民众的道德意愿普遍得到提升。

第二，社会舆论以"道德反思"之方式强化个体道德意愿。道德文明的进步是一种螺旋式发展，道德反思是其中的重要环节。作为一种道德强化机制，道德反思主要是通过社会舆论平台而实现的。公众借助社会舆论这一意见表达平台，针对某一特殊的道德事件或道德问题进行讨论和反

① 转引自陈弱水《公共意识与中国文化》，新星出版社，2006，第216页。

思，在发表观点、辩论的过程中达成道德反思共识，进而强化、升华个体道德意愿。20世纪80年代，我国出现了"潘晓来信"集体道德反思，是社会舆论之"道德反思"功能的鲜明体现。《中国青年》杂志在1980年第5期上刊登了"潘晓"读者的来信《人生的路呵，怎么越走越窄……》，由于读者反应强烈，杂志社为此开辟讨论专题"人生的意义究竟是什么"。在长达8个月之久的讨论期内，杂志社共刊发专题稿件110余篇，收到来信或来稿共计6万余件。潘晓在来信中提到一个"主观为自己，客观为别人"的观点，引发了社会各界对"合理利己主义"的反思。这次大规模的道德反思带来了中国社会道德观念的解放，现实生活中人们的道德观念也发生了积极的改变。随着新媒体的迅速发展，当前公众通过社会舆论平台参与道德反思的方式愈加丰富。公众这种自觉的道德反思行为，在推动社会道德进步的同时，也强化和升华着自身的道德意愿。

第三，社会舆论以"道德赏罚"之方式稳固个体道德意愿。社会舆论还是一种特殊的道德内化机制，采用"道德赏罚"的手段规范人们的行为，这一机制恰恰契合了人们欲求荣誉、拒斥耻辱的道德心理。荣誉感和耻辱感既是一种社会心理，也是一种个体情感体验，荣誉感的存在会激发人们做出善的行为选择，耻辱感的存在则会阻止人们做出恶的行为选择，对荣誉的欲求和对耻辱的拒斥是人们生成与做出善良道德意愿与行为的心理动力。"道德赏罚"恰恰契合了人们求荣拒耻的心理，对善行的褒奖、鼓励以一种荣誉吸引的方式满足个体的心理欲求，从而进一步稳固人们的善良道德意愿，对恶行的谴责、贬斥以一种耻辱警示的方式冲击个体的心理底线，进而监督人们坚守善良道德意愿。社会舆论的"道德赏罚"方式不仅可以借助荣辱机制直接作用于个体道德意愿，还可以培育一种健康、良好的社会道德风尚，间接影响个体的道德判断。

三 道德榜样的激励

传统社会特别强调君子德性对民众道德意愿的影响，主张借助君子的道德示范以引领社会的道德风气，从而将善良的道德意愿渗透到整个社会。在儒家的观念里，希冀每个人都成为君子或圣人继而形成整个社会的道德风气是不现实的。不过，因为人人皆有善端，即使不能成为君子或圣人，也有着最起码的向善之心。所以，当一部分人成为君子或圣人，便可以感染和引领民众模仿他们的行为，最终使君子或圣人的价值理念和行为方式覆盖至全体民众，这便是儒家所提倡的"君子德风"——"君子之德风，小人之德草。草上之风，必偃"①。

儒家提到的"君子"即是今人所言的"道德榜样"，俗话说，"榜样的力量是无穷的"，这虽是一种较为夸张的说法，但道德榜样的引领示范作用是世人所公认的。"君子"与"道德榜样"都有其相对宽泛的指称，即"君子"不局限于道德人格高尚之人，也指统治者或地位高的人；"道德榜样"同样不仅限于道德楷模，也指那些"最应该成为道德榜样之人"②，即"潜在道德榜样"③。所以，道德榜样对个体道德意愿的影响要分两种情形讨论，即"道德榜样"的影响与"潜在道德榜样"的影响。

"道德榜样"对社会成员具有道德引领和道德示范作用，对个体道德意愿的影响是显著的正向影响。道德榜样为什么能够影响个体的道德意愿？学者李建华认为，道德榜样发挥影响的可行性基于"个体道德分化律"和"道德趋高律"两大规律。④ 这里的"个体道德分化律"主要是指道德发展的个体差异性，道德个体具有高低层次之分；"道德趋高率"主要是指道德个体的向善性，道德个体总是希望跻身更高的层次。将两大规律结合起来看就是，道德榜样具有崇高的道德理想和高尚的道德人格，代表着社会成员的向善追求，能够得到社会成员的崇拜和景仰；道德榜样的善行义举是对社会道德规范和道德原则的生动诠释，易于社会成员模仿和学习。

道德榜样对个体道德意愿的影响又分为直接影响和间接影响，直接影响的作用方式是道德示范，间接影响的作用中介是道德风气，二者的区别即行为示范和精神激励的区别。行为示范，是指道德榜样通过自己的道德行为示范对个体的道德意愿产生直接影响。西方心理学家班杜拉在其"观

---

① 《论语》，程昌明译注，山西古籍出版社，1999，第 132 页。
② 参见廖小平《论道德榜样——对现代社会道德榜样的检视》，《道德与文明》2007 年第 2 期。
③ 廖小平提到的"最应该成为道德榜样的人"是一种应然状态，非实然状态；而且是一个相对范围，非绝对范围。所以，笔者暂且称之为"潜在道德榜样"，与事实上的"道德榜样"相区分。
④ 参见李建华《道德秩序》，湖南人民出版社，2008，第 98 页。

察学习理论"的基础上创立了"榜样示范理论",他认为,"大部分的人类行动是通过对榜样的观察而习得;即一个人通过观察他人知道了新的行动应该怎样做"①。班杜拉对榜样示范形式做了具体研究,包括"行动的和言语的示范""象征性示范""抽象的和参照的示范""参与性示范""创造性示范""抑制或延迟的示范"。就道德教育而言,班杜拉认为"抽象的和参照的示范"、"创造性示范"和"抑制或延迟的示范"都非常重要,"抽象的和参照的示范"是指个体对道德榜样的模仿不再停留于具体行为的模仿,而是将从多个榜样行为背后抽象出来的"方向"作为其道德判断的标准;"创造性示范"是指个体对道德榜样的模仿不再停留于复制式的模仿,而是将不同榜样不同方面的特征重新组合,创造出新的榜样特征供模仿;"抑制或延迟的示范"是指个体在观察到榜样的行为后,并没有即刻产生相应的模仿意图或行为,而是在之后某个恰当的时机下做出相应的模仿行为。关于精神激励,是指道德榜样通过自己的德性引领社会道德风气,从而间接激励个体的道德意愿。另外,君子的道德引领能够促使全社会的道德风尚得到普遍提升,甚至起到挽救危亡的作用。顾炎武曾在《日知录·两汉风俗》中说过,"士君子处衰季之朝,常以负一世之名,而转移天下之风气者"②。

当然,道德榜样的道德示范或道德引领作用有其局限性。其一,道德榜样对个体道德意愿的影响以个体对道德榜样的注意、理解为前提,这就需要道德个体有一定的道德敏感性,能够注意和观察道德榜样,对道德榜样的德性和德行及其背后蕴藏的一系列深层原则有所理解,并在此基础上产生模仿和学习道德榜样的需要。其二,道德榜样对个体道德意愿的影响作用在一定程度上受社会制度的制约,社会制度优先于个体道德,优良的社会制度会增强道德榜样的道德引领作用,不好的社会制度则会减弱道德榜样的道德引领作用。正如邓小平所言:"制度好可以使坏人无法任意横行,制度不好可以使好人无法充分做好事,甚至会走向反面。"③

与"道德榜样"影响个体道德意愿的作用机制不同,"潜在道德榜样"

---

① 〔美〕班杜拉:《社会学习心理学》,郭占基等译,吉林教育出版社,1988,第22页。

② (清)顾炎武:《日知录集释》(中),黄汝成集释,栾保群、吕宗力校点,上海古籍出版社,2013,第754页。

③ 《邓小平文选》(第2卷),人民出版社,1994,第333页。

对个体道德意愿的影响有正向与负向之分。孟子曾提到，"上有好者，下必有甚焉者矣"①。从"潜在道德榜样"的范围划分可以看出，"潜在道德榜样"的身份特征显著，对社会或个体均有着重大影响，他们的言行举止是个体模仿和学习的对象。但是，这些"潜在道德榜样"事实上不一定具有"道德榜样"应有的道德境界或道德理想等，他们对个体道德意愿的影响是由其综合道德素质所决定的，潜在道德榜样的道德行为会对个体产生正向影响，而潜在道德榜样的失德行为则会对个体产生负向影响。《孟子·离娄上》曰："是以惟仁者宜在高位。不仁而在高位，是播其恶于众也。"② 孟子所强调的就是要努力发挥"潜在道德榜样"的正向影响作用。

四　道德情境的制约

黑格尔曾说，情境就是"情况的特殊性，这情况的定性使前文所述的那种实体性的统一发生差异对立和紧张，就是这种对立和紧张成为动作的推动力"③。情境及冲突，尤其是和个体生活相结合的情境及冲突，被黑格尔看作是激发个体行为的机缘或动力。关于"道德情境"，以杜威为代表的实用主义伦理学家做过专门描述，主张"人只应根据具体的情境去解决道德问题，不应根据一般的道德原则"④。杜威不相信永恒道德的存在，他在《确定性的寻求：关于知行关系的研究》一书中提到，"实践的领域是一个变化的领域，而变化则总是偶然的"⑤。在杜威看来，个体的道德行为选择总是与特定的道德情境相关联，脱离具体情境而孤立、抽象地谈论道德问题是没有任何意义的，只有基于道德情境的分析才能对个体的道德行为做出合理的性质判定。受杜威及其"道德境遇"观点的影响，美国著名神学家约瑟夫·弗莱彻在神学伦理学的基础上创立了"境遇伦理学"，并

---

① 《孟子》，万丽华、蓝旭译注，中华书局，2006，第 102 页。
② 《孟子》，万丽华、蓝旭译注，中华书局，2006，第 145 页。
③ 转引自王元化《读黑格尔》，新星出版社，2006，第 259 页。
④ 朱贻庭主编《伦理学小辞典》，上海辞书出版社，2004，第 412 页。
⑤ 〔美〕约翰·杜威：《确定性的寻求：关于知行关系的研究》，傅统先译，上海人民出版社，2005，第 13 页。

称之为"实用主义和相对主义在基督教伦理学中的结晶"①。弗莱彻将"境遇方法"作为新道德论的方法论原则，主张人们在做出道德决断时应以"道德境遇"为出发点，同时发挥"道德原则"的"探照灯"作用，即根据"道德情境"的事实来决定是执行或是抛弃"道德原则"。"境遇方法"避免了宗教伦理学中的两大道德决断方法非此即彼的极端性，同时避免了"律法主义方法"以"道德原则"指导道德决断的强制性，以及"反律法主义方法"以"道德境遇"指导道德决断的随意性。当然，实用主义伦理学和境遇伦理学（同情境伦理学）的理论学说也存在一定局限性，如实用主义伦理学将道德视为获取当下利益的权宜之计，情境伦理学未能摆脱"上帝之爱"的光环笼罩等。但是，上述两种学说对"道德情境"的深入分析及其部分观点是值得肯定的，有助于启发我们进一步思考特定"道德情境"对个体道德意愿的影响。

中国传统哲学同样十分重视道德的情境问题，对道德原则与道德情境如何结合的研究主要集中于经权问题的阐述上，即道德原则在道德情境中的变通问题，这与西方"情境伦理学"的观点一致。既然在具体道德情境中，个体对固有道德原则的解读将发生变通，那么个体的道德意愿也会随情境的变化而变化。而且，相较于社会风俗与社会舆论，具体道德情境对个体道德意愿的影响更为直接、显著。通常而言，道德情境对个体道德意愿具有正向、负向双重影响，即分为激发或是抑制个体道德意愿两种情形。

在特定道德情境下，个体的道德意愿通常会被道德情境所激发，并促使个体将善良道德意愿转化为相应的行为。当面临道德冲突时，个体道德意愿被道德情境所淹没的可能性会更大。从个体道德意愿的生成过程来看，道德意愿往往停留于观念层面，只有遇到特定的道德情境时，个体内心所蕴藏的道德意愿才会被不同程度地激发出来，或被淹没。个体道德意愿被道德情境所激发的可能性主要取决于个体道德经验与道德情境的匹配情况。杜威称之为"自我与情境的相互影响"，即"当某个特殊情境中发生交易时，这个自我既影响发生的事情又受发生的事情的影响"②。道德经

---

① 〔美〕约瑟夫·弗莱彻：《境遇伦理学：新道德论》，程立显译，中国社会科学出版社，1989，第123页。

② 转引自汪堂家《哲学的追问——哲学概念清淤录之一》，复旦大学出版社，2012，第260页。

验，以及杜威的"自我"，是一个宽泛的概念，包括道德境界、道德认知、情感体验、道德意志等多重因素；而道德情境又通常分为有利益冲突的情境和没有利益冲突的情境。所以，道德经验与道德情境的匹配情况有很多种，道德情境对于个体道德意愿的影响相对复杂。

从道德情境类型来看，在没有利益冲突的道德情境下，道德原则的"探照灯"作用显著，个体道德意愿通常会被情境所激发出来，道德意愿被激发的可能性与个体道德意愿的发展状况呈正相关关系；在有利益冲突的道德情境下，出于维护自身利益的需要，道德原则会随情境而变通，个体的道德意愿通常会被道德情境所淹没，且道德意愿被淹没的可能性与个体道德意愿的发展状况呈负相关关系。从道德情境卷入程度来看，个体道德意愿被激发的可能性与道德情境卷入程度呈负相关关系。郑睦凡等人的实验结果在一定程度上佐证了该观点，即"面对道德两难，情境卷入程度低时，被试倾向基于规则的道德判断；情境卷入程度高时，被试倾向基于结果的道德判断"[①]。

不过，还应该注意到，道德情境对个体道德意愿的影响需要通过个体道德经验起作用。如，在利益冲突的道德情境下，道德境界超出常人的英雄或模范人物不会因为利益冲突而放弃善的意愿和相应的道德行为；在相同的道德情境下，有相似道德经验或是同情共感能力强的个体更容易被激发出相应的道德意愿和产生相应的道德行为，道德意志坚定的个体道德意愿被激发的可能性更大；等等。

---

① 郑睦凡、赵俊华：《权力如何影响道德判断行为：情境卷入的效应》，《心理学报》2013年第11期。

第三章　道德意愿培育的现实问题

高兆明教授曾感慨，过去关于伦理道德的研究中存在两种明显偏向，一是重道德思想学说史而轻道德生活史，二是重书本而轻实际。[①] 道德意愿问题的研究必须重视道德意愿培育的现实问题，要了解当前社会道德意愿存在的问题，并尝试分析当前道德意愿培育中存在问题的可能成因。如此，才能将道德意愿理论研究与道德意愿培育实践相结合，在符合个体道德意愿生成规律的基础上，遵循特定的培育原则与方法，切实提升道德意愿培育的效果，从而改善当前个体的道德意愿状况。

第一节　当前道德意愿培育中的突出问题

中国文化的精神气质有着鲜明的"崇德"倾向，"崇德"的中国文化精神背后是中华几千年"积善成德"的朴素追求和"行善去恶"的自觉践行。当代中国在培育道德意愿的实践推进中，尝试提出了诸多有益的培育举措，积累了丰富的实践经验。党的十八大报告强调，"深化群众性精神文明创建活动，广泛开展志愿服务，推动学雷锋活动、学习宣传道德模范常态化"[②]。近些年，党中央通过推动学雷锋活动常态化、推进志愿服务制度化、隆重评选表彰道德楷模、加快发展公益慈善事业、培育和践行社会主义核心价值观等重大举措，持续加强社会主义精神文明建设，对于培育广大群众的道德意愿发挥了重要作用。但是，道德意愿培育实践中同样也存在着许多问题，如自觉性的参与力量不足、科学化的内容考究不足、全局性的整体

[①]　参见高兆明《伦理学理论与方法》，人民出版社，2013，第 258～259 页。

[②]　胡锦涛：《坚定不移沿着中国特色社会主义道路前进　为全面建成小康社会而奋斗——在中国共产党第十八次全国代表大会上的报告》，人民出版社，2012，第 32 页。

关注不足等。尤其是面临新的时代背景，一些培育的理念、方式和方法等不再适用，道德意愿培育的实际效果仍有待进一步提升。

一　自觉性的参与力量不足

从当前道德意愿培育实践来看，培育实践的组织力量要大于参与力量，公民参与的自觉性仍有待提升。目前的道德意愿培育实践多是自上而下的行政化开展形式，一些品牌培育实践活动都是由国家主导，经各级政府贯彻落实，最后引导公民积极参与。通常来看，一项道德培育实践活动开展，最先都是由国家发出号召或是发布通知意见，各级政府和单位结合自身实际情况，学习和贯彻中央的通知意见，制定符合自身特点的活动方案，然后一级级地下达要求，由基层组织人们参与相关培育实践活动。这些行政化组织模式在过去是非常成功的，但是，"在公众意识日益多元民主的背景之下，这种模式就显现了它的缺陷"[①]。

以培育和践行社会主义核心价值观活动为例，2013年12月23日，中共中央办公厅印发《关于培育和践行社会主义核心价值观的意见》；随后，各省（自治区、直辖市）、各单位纷纷出台实施意见，如《教育部关于培育和践行社会主义核心价值观进一步加强中小学德育工作的意见》等；然后一级级地传达，直至基层组织或单位去引导公民参与相关活动。这一实施程序为培育实践的开展提供了强有力的组织保障，推动了实践活动的顺利开展。

一方面，自上而下的培育实践在组织形式上缺乏一定的灵活性和针对性。在道德意愿培育实践中，国家和各级组织单位充分发挥了组织功能，从而确保了实践活动的开展与推进。但是，基层组织和单位在贯彻和执行上一级的有关要求时，灵活性和针对性不足，容易影响培育效果。

另一方面，自上而下的培育实践在参与形式上缺乏一定的主动性和自觉性。基层组织和公民在这些自上而下的培育实践中，往往扮演着被动参与的角色，道德个体的主动性和自觉性没能充分展现，同样会减弱培育效

[①]　浙江省中共党史学会、浙江现代革命历史文化研究基地编《榜样文化研究》，中国文史出版社，2015，第26页。

果。基层组织在道德意愿培育实践中扮演着上情下达的角色，将国家的活动要求和活动方案在群众中贯彻，虽然在具体的活动组织方面具有决定权，但由于活动主题和活动要求的限制，一般较难充分发挥主动权。

二　科学化的内容考究不足

当前道德意愿培育实践对形式的关注度远高于对内容的关注度，重形式轻内容的培育方式缺乏科学性。目前，一些道德意愿培育活动流于形式，如对于部分学雷锋活动的形式，社会上提出了质疑，认为有些学雷锋活动学了形式丢了精神。从形式与内容的辩证关系来看，形式是表象，内容才是本质。部分道德意愿培育活动对形式与内容关系的处理失之偏颇，失去了对活动本质的把握。事实上，对培育活动的开展及效果起决定作用的正是活动的内容本质，而非活动的形式表象。

形式大于内容，首先表现为对形式的重视和对内容的忽视。在道德意愿培育活动的实践推进中，为了提升和改善培育效果，部分活动组织者将注意力集中于对活动形式的丰富和创新之上，往往会忽略对活动内容本身的关注和强调。另外，不同主题的培育活动彰显着不同的价值理念和道德要求，对活动内容的应付导致培育活动趋于雷同，没有本质上的区分，没有对培育活动主题的彰显。其次，表现为形式的丰富和制度的匮乏。在实践推进中，道德意愿培育活动的形式创新得到了长足发展，但有关制度建设却相对匮乏。最后，表现为对形式的传承和对精神的遗失。目前一些道德意愿培育活动的开展仅实现了对活动形式的传承，却遗失了对活动所承载的精神的传承。许多形式化的培育活动，与培育活动所要彰显的精神价值甚至是相悖的。

三　全局性的整体关注不足

当前的道德意愿培育实践还存在着局部大于整体的思路或理念，即缺乏一种全局性视角，过于关注具体或局部问题，而缺乏活动组织上的系统整合，缺少对培育环境的关注，缺少对支撑培育活动的有关制度建设的关注，缺少对公民道德生活的关注等。目前的道德意愿培育实践将视野局限于培育实践活动的推进方面，缺少与道德环境建设、道德制度建设等相关问题的协同，导致培育活动效果因为环境或制度的制约而减弱。

首先，在培育实践的组织方式上，缺乏系统整合。当前部分道德意愿培育活动的开展存在重复性、随意性，缺少应有的活动计划或是规划。其次，局限于对培育活动本身的关注，没有充分认识到社会环境对培育活动的影响。道德意愿培育是一个系统工程，实践活动仅是其中一个主要环节，社会环境作为培育活动的客观前提，直接影响着培育活动的效果。再次，局限于对培育活动本身的关注，同样没有充分认识到制度完善对于增进培育效果的意义。当前我国道德制度建设还有一些不完善的地方，尤其是在激发公民道德意愿方面，缺乏相应的制度保障。由于制度的缺位，道德意愿培育的长期效果难以达成。最后，局限于对培育活动本身的关注，忽略了对公民道德生活的关注。道德生活是公民道德意愿生成的重要场所，只有将培育活动融入公民的道德生活，才能切实发挥培育活动的实际效果。

第二节　道德意愿培育中存在问题的原因剖析

当前道德意愿培育实践效果不佳的原因是多方面的，而且是多重原因共同作用导致的。就目前公民的道德意愿问题以及道德意愿培育实践的实际开展情况而言，培育效果差的原因可能有：政府与民间力量的互动关系尚未完整构建、理论对实践的指导作用尚未充分发挥、网络对舆论的引导功能尚未有效实现、培育与践行的长效机制尚未真正形成等。

一　政府与民间力量的互动关系尚未完整构建

从当前道德意愿培育实践的组织和开展情况来看，培育活动基本上采取自上而下的行政化组织方式，民间或民众自发的实践活动相对较少。组织力量大于参与力量的原因便在于，缺少民间道德意愿培育实践的组织力量，政府与民间力量在道德意愿培育实践方面的互动关系尚未完整构建。政府与民间力量互动关系的不完整，既导致了民众参与培育活动的自觉性不足，也在一定程度上制约着培育活动的效果提升。政府与民间力量是组织和开展道德意愿培育实践的两大组织力量来源，共同肩负着培育公民道德意愿的责任；政府与民间力量的互动是确保培育实践有效性的前提，政府需要民间力量积极回应以取得支持，民间力量需要政府合理引导以发挥作用。

　　具体来说，缺少民间道德个体或公益组织自觉推动道德意愿培育实践，民间组织力量作用发挥不充分，导致培育实践因缺少支持与回应而效果弱化。传统社会一直特别重视民间教化的作用，形成了专门的民间教化机制，乡绅（官绅、学绅、商绅）、儒士、族长等民间统治精英主要担负着上情下达、下情上闻的教化任务；各类公益性组织更是承担着民间教化的社会职能。

二　理论对实践的指导作用尚未充分发挥

　　理论是行动的先导，没有理论指导的行动很难避免盲目性与随意性。培育道德意愿的实践活动同样离不开科学、严谨的理论体系，一方面，道德意愿培育活动需要科学的道德教育理论为其提供学理依据；另一方面，道德意愿培育活动需要严谨的理论为其提供价值支撑。缺乏道德教育理论的指导，道德意愿培育实践很难克服自发性、盲目性、随意性等问题；缺乏理论的支撑，道德意愿培育活动很难达到吸引人、感染人、影响人的目的。

　　虽然学界一直在强化"志愿服务"等方面的理论研究，但是这些理论成果在推动相应实践举措方面的作用发挥尚显不足。当前道德意愿培育实践缺乏理论体系的指导，集中体现在三个层面，即理论借鉴与实际相脱节、理论研究与实践相脱节、理论创新与时代相脱节。

　　第一，理论借鉴与实际相脱节，道德教育理论借鉴未能结合实际而进行创造性转化。由于当前道德教育理论的匮乏，我们总是习惯于借鉴古人或是西方的道德教育理论，并以此来指导当下的道德教育实践。就中国古代的道德教育理论而言，确实曾为传统社会的道德发展提供了有效的理论指导，但是之于当下社会的道德建设而言，一些理论必须根据实际需要予以重构才能真正发挥作用。诚如哈耶克所言，"旧有的真理若要保有对人之心智的支配，就必须根据当下的语言和概念予以重述"①。就西方的道德教育理论而言，每一种道德教育学说的兴起必定有着特定的历史发展背景及思想文化背景，这与当代中国的道德建设背景存在着巨大的时空差异，因而理论的借鉴不能采取简单的拿来主义，必须基于历史文化背景的分析实现理论的创造性转化。然而，当前道德教育领域存在粗糙、简单、不加批判的理论借鉴，最终导致了道德意愿培育效果不佳。只有结合当前中国道德发展的现实背景和实际需要，创造性地转化传统德育理论或西方德育理论，做到"古为今用""洋为中用"，才能切实发挥道德教育理论的实践指导功能，进而提升道德意愿培育的实效性。

第二，理论研究与实践相脱节，道德教育理论研究未能充分发挥实践指导功能。虽然当代中国道德教育领域的理论研究仍处于不充分的阶段，但部分学者所构建的理论学说有其自身的合理性与科学性，可以考虑用于指导当前的道德教育实践。比如，鲁洁教授提出的"生活德育论"、朱小蔓教授提出的"情感德育论"、班华教授的"主体发展性"德育思想、檀传宝教授构建的"欣赏型道德教育模式"、金生鈜教授提出了"以理解为本"的德育思想等。而事实上，这些德育理论多数仍停留在理论阶段，并没有充分应用于道德教育实践之中。又如，思想政治理论课与日常思想政治教育作为大学生思想政治教育的主渠道和主阵地，也是进行高校道德教育的两大路径。在高校道德教育工作的实际开展中，思想政治理论课所提供的理论教育与日常思想政治教育所开展的实践教育并没有完美地衔接起来。总之，道德教育理论研究与实践的脱节，直接削弱了理论对实践的指导作用，造成了道德意愿培育的盲目性。

第三，理论创新与时代相脱节，道德教育理论创新未能紧跟时代、应对新的挑战。"新的时代呼唤新的理论，新的理论指导新的实践。"② 随着信息化时代的来临，道德教育实践的时代背景发生了重大改变，教育对象的思维特征和生活方式也发生了显著变化，这些现实状况都在强烈地呼吁德育理论的创新。可是，纵观道德教育理论的研究历程，有些理论创新依然是基于对传统道德教育理论的嫁接和组合，难以解答新的时代背景下所

---

① 〔英〕哈耶克：《自由秩序原理》（上），邓正来译，生活·读书·新知三联书店，1997，第 1 页。

② 《十六大以来重要文献选编》（上），中央文献出版社，2005，第 366 页。

遭遇的现实难题。如果不能结合变化的教育背景进行理论创新，便无法应对信息化时代的道德意愿培育问题，不知道如何化解道德事件引起的网络风波，不知道如何有效进行道德意愿培育等。如果不能结合教育对象的道德发展特点及规律进行理论创新，便无法开展有针对性的教育实践活动。

另外，还需要指出的是，当前道德意愿培育实践缺乏严谨的理论来提供价值支撑。在实践活动的开展过程中，被放在重要位置去思考的往往是活动的形式、过程、途径等，而对于活动开展的缘由，也就是活动的理论依据，往往被忽略。由于缺乏严谨的理论，道德意愿培育活动虽有丰富的形式和繁杂的过程，却不能靠深刻的理论观点和价值意义去吸引人。有时候，在道德意愿培育实践中，吸引个体参与的不是理论观点本身，而是活动形式，不是对道德价值的认同而是对活动体验的满足。

三 网络对舆论的引导功能尚未有效实现

作为虚拟的生活平台，网络为人们提供了丰富的道德实践案例，网络对道德舆论的引导对于构建良好的道德舆论环境、激发公民的道德意愿具有重要作用。但是由于道德事件本身的特殊性，加之网络传播的内容偏差、方式不当等问题，被推上网络热点的道德事件反而会产生负面的社会效应，对公众的道德意愿产生强烈冲击，甚至影响了道德意愿培育实践的积极效果。

首先，网络在引导道德舆论方面存在一定的传播偏差问题。就网络传播道德事件的偏差而言，主要包括内容失真和内容失控两种情形。真实性是新闻报道的基础，道德事件的真实性报道也是网络引导道德舆论的基础，内容失真，甚至是虚假信息，都不利于道德舆论的引导，容易给大众造成负面影响。传播学的"把关人"理论表明，合理把关传播内容是正确引导舆论的基础，内容失控会造成负面影响。

其次，网络在引导道德舆论方面存在一定的传播不当问题。传播不当主要是指，网络对道德事件的报道度拿捏不准，网络引导道德舆论的诉求表达不准。当前，网络对道德事件的报道很容易出现引导过度或引导不足的问题。要加强正面网络舆论引导，过度传播和报道负面道德事件很容易造成消极的道德舆论，进而影响人们的道德意愿。

四　培育与践行的长效机制尚未真正形成

当前部分道德意愿培育实践缺乏科学、稳固的长效机制，很多活动不能持续、有效地开展，一些形式化、运动式、跟风式的培育活动难以避免。当前的道德意愿培育实践尚未完全实现常态化、制度化、规范化、生活化发展。所以，道德意愿培育实践的效果仍有待提升。

首先，道德意愿培育实践尚未完全实现常态化发展。个体道德意愿的发展是一个循序渐进的过程，是在长期的道德践行中逐步生成和稳定、固化的，绝不是偶尔的道德实践就可以促成的。道德意愿培育实践必须采取常态化的活动形式，通过系统的、有计划的、循序渐进的活动来逐步实现对个体道德意愿的强化。但是，当前的道德意愿培育实践还存在一些运动式、跟风式、节日式的活动方式，这既有悖于个体的道德意愿发展规律，也与培育实践活动所要彰显的道德价值相悖。

其次，道德意愿培育实践尚未完全实现制度化发展。当前道德意愿培育实践的制度建设还不健全，无论是活动组织、人员管理、实践推进等，都缺乏完善的制度安排。

再次，道德意愿培育实践尚未完全实现规范化发展。当前道德意愿培育实践的规范性也有待提升，需要加强领导、整合资源，实现道德意愿培育活动的规范化运作。就志愿服务工作而言，一些地方的志愿服务组织存在管理混乱、职责分工不明确、自主活动能力和专业服务技能有待提高等问题，需要通过注册、记录、资源对接等推动志愿服务工作的规范化发展。

最后，道德意愿培育实践尚未完全实现生活化发展。将道德意愿培育实践有机融合于民众的日常生活是实践活动发展的最高阶段，即以润物无声的培育形式将一定的道德规范与道德原则融入民众生活之中，从而间接对其道德意愿产生影响。生活化的培育活动将道德培育与民众的日常生活相结合，避免了道德与生活的脱节，促进了民众更好地在生活实践中践行道德意愿。不过，目前道德意愿培育实践距离生活化发展尚有一定距离。

第四章　道德意愿培育的原则与方法

"新品格教育"的代表人物托马斯·里克纳曾提到，"纵观历史，世界上任何一个国家，都为教育树立了两个伟大的目标：使受教育者聪慧，使受教育者高尚"[①]。一直以来，道德教育都被视为学校教育的中心工作，也被看作是社会发展所必需的事业。但是，道德教育究竟是否可能、何以可能、如何有效，这些问题始终伴随着道德教育理论与实践发展的全过程。同理，关于道德意愿培育的探索，也终究绕不开上述系列问题。道德意愿培育要遵循一定的培育原则，采用适宜的培育方法，以确保道德意愿培育的有效开展。

第一节　道德意愿培育的原则

道德意愿的培育要遵循个体道德意愿发展的特殊规律，同时也要遵循道德教育的一般规律。道德意愿培育要做到，在培育目标上坚持"知行转化"原则，在培育内容上坚持"知识与能力并重"原则，在培育方式上坚持"言传与身教同步"原则，在培育途径上坚持"教育与自我教育并举"原则。

一　在培育目标上坚持"知行转化"原则

道德意愿的生成与发展过程实际上就是个体将一定的道德观念内化于

---

① 〔美〕托马斯·里克纳：《美式课堂：品质教育学校方略》，刘冰、董晓航、邓海平译，海南出版社，2001，第4页。

心、外化于行的过程，尤其是道德意愿的升华必须历经无数次的道德行为才能实现。所以，在道德意愿培育的目标上应当坚持"知行转化"的原则，既要促进个体形成一定的道德认知，又要促使个体基于道德认知将心底蕴藏的道德意愿转化为相应的道德行为。唯有坚持"知行转化"的培育原则，才能真正实现个体道德意愿的生成、发展和升华，不止于理想化的道德愿望，也不止于具体化的道德意向，而是形成相对稳定的道德意愿。

第一，在培育目标上坚持"知行转化"原则，确保道德意愿培育的有效性。荀子曾以"君子之学"和"小人之学"来区分有效教育与无效教育，《荀子·劝学》指出："君子之学也，入乎耳，箸乎心，布乎四体，形乎动静；端而言，蝡而动，一可以为法则。小人之学也，入乎耳，出乎口。口耳之间则四寸耳，曷足以美七尺之躯哉？"[①] 在荀子看来，君子之学是入耳、入心，从而使自己的言行都符合道德原则，使自身成为他人的楷模；而小人之学则是入耳、出口，不会以道德原则规范自己的行为举止。促使个体在"知行转化"中实现道德意愿的升华，才是真正有效的道德教育。"知而不言"或"言而不行"是道德意愿培育实效不佳的主要表现。过分强调社会期望和道德知识的传授，而忽视受教育者的内心追求与道德实践的锻炼，往往就会造成道德知行脱节的现象。因而，要用正确的"知"来指导受教育者的"行"，并在"行"的过程中促进"知"的升华，如此"知行合一"才能巩固道德意愿培育的有效性。

第二，在培育目标上坚持"知行转化"原则，为道德意愿培育提供认知前提和实践条件。培育个体道德意愿，既要注重个体道德认知的形成，为激发个体道德意愿提供必要的认知前提，又要引导个体以道德认知指导自己去践行道德意愿，为个体道德意愿的实现提供必要的实践条件。道德认知与道德践行在个体道德意愿的发展过程中扮演着不同的角色，道德认知是个体形成"道德愿望"的必要前提，道德行为是个体达成并升华"道德意愿"的必要条件。知与行都是道德意愿发展的重要环节，在知行转化的前提下，个体道德意愿才能顺利发展。"教育的最高目的是道德的完善，而道德的完善是知与行的统一，知与行统一的人才是具有完全人格，具有

---

① 《荀子》，孙安邦、马银华译注，山西古籍出版社，2003，第8页。

多方面教养的人。"① 因而，道德认知与道德实践的有机互动是健全道德人格、培育道德意愿的必备条件。道德认知是实现将道德教育的内容由"外我态"向"为我态"转化，进而在为人所充分接受后达至"属我态"的主观条件，道德实践则是促进人的道德知识由认知层面向意愿层面转化的客观条件。培育道德意愿需要主客观条件的统一，它既是知行互动的目的，也是知行互动的产物。有学者认为，内化过程就是三项转化，即"认知转化、知能转化、知行转化"②。如此，坚持"知行转化"的培育原则就是在为道德意愿的培育创造内化条件。

第三，在培育目标上坚持"知行转化"原则，发挥道德认知与道德实践之于个体道德意愿培育的作用。茅于轼曾在《中国人的道德前景》中阐述了善与德、理性判断与价值判断的关系，他认为，道德判断与道德行为是不同的，"有能力作出正确道德判断的人未必愿意去付诸实践，文化素养高的人未必是德行高的人"③。道德认知与道德践行之于个体道德意愿的价值各有侧重，道德认知所面临的通常是理性选择，而道德实践所面临的通常是价值选择，较之前者，个体往往更难于应对后者的挑战。坚持个体道德的"知行转化"，促使个体的理性选择与价值选择相一致，道德意愿的达成与升华才有可能实现。道德本身具有理性与非理性的因素，而理性的选择并不一定就是道德的。这就使得个人在具体的道德两难情境下，面临着个人的理性选择与价值选择。道德的理性选择是通过人的理性来作出道德判断，使人在经过分析道德情境和进行道德推理后，做出有利于自己的道德抉择。道德的价值选择虽不排除满足个人需要的意蕴，但在本质上它表现着人的主体性、超越性和目的性，蕴含着"崇高"意味。在具体的道德实践中，道德意愿的培育应当在道德理性的基础上，通过道德的价值选择去升华和提高现实个人的精神境界和道德的选择层次来实现。

---

① 〔德〕赫尔巴特：《普通教育学》，载任钟印主编《世界教育名著通览》，湖北教育出版社，1994，第641页。

② 梁红：《内化：大学生素质形成的关键》，华中科技大学出版社，2003，第104页。

③ 茅于轼：《中国人的道德前景》，暨南大学出版社，2003，第22页。

二　在培育内容上坚持"知识与能力并重"原则

弗兰克纳指出："如果他的思想完全是被灌输进来的；如果他在精神上和心理上完全是被动的；……那么，无论以怎样的道德手段影响他们的行为都是无效的；无论是内在的还是外在的道德制约力，都不能指望取得预期的效果。"[①] 纯粹知识灌输式的道德教育的无效性已经多次被揭露和证实，然而在当前的道德教育实践中，教育内容的重点依然是围绕知识性的道德观念、道德规范等。道德知识与道德能力都是构成个体道德素质的重要因素，在道德意愿的培育过程中，必须坚持知识与能力并重，实现丰富个体道德知识和培养个体道德能力相结合。

第一，在培育内容上坚持"知识与能力并重"原则，正确区分、发挥道德知识与道德能力之于个体道德意愿发展的不同作用。

道德知识是关于直接的或间接的道德经验的总结，是人们在长期的道德生活实践中所积累的理性认知。个体道德素质的形成离不开丰富的道德知识储备，这也是个体进行认知内化、在特定情境下做出正确道德判断与选择的基础。《礼记·大学》强调："欲修其身者，先正其心。欲正其心者，先诚其意。欲诚其意者，先致其知。"[②] 对道德知识的学习，被古人视为德性发展的开端。之于个体道德意愿的生成与发展而言，道德知识的储备同样是必不可少的前提环节。

道德能力是个体道德素质的外化，反映的是个体道德发展过程中必备的能力素质，以及个体应对道德情境或道德冲突的本领等。道德能力是实现道德知识向道德行为转化的关键，也是确保个体道德意愿顺利发展直至实现的保障。道德知识与道德能力在个体道德意愿的生成过程中扮演着不同的角色，要正确区分并合理发挥二者的作用。长久以来，文本记述的道德知识一直都是道德教育的着眼点，传播道德知识以劝人向善被视为教育的轴心。社会与人的文明进步需要用道德知识来培育愿做"道德人"的德性。正如康德所说，"人是唯一必须受教育的被造物"，"人完全是教育的

---

① 〔美〕弗兰克纳：《伦理学》，关键译，生活·读书·新知三联书店，1987，第 156～157 页。

② （西汉）戴圣：《礼记》（下），钱玄等注译，岳麓书社，2001，第 796 页。

结果"，① 对人进行道德知识的教育是必要的。不可否认，人的道德实践离不开文本记述的道德知识，就如培根所说，"知识就是力量"，但文本知识教育只能使人获得"认识能力"的提升，而不能使人获得具有现实道德价值的"实践能力"。道德知识与道德现实有着显著的差异，在社会生活的道德现实中不可能存在如道德知识中"纯粹的善"。个人面对的是善恶同在的社会现实，须具备一定的道德能力才能坚守住善的初衷。善恶交织的道德现实难免让人对是非善恶的道德判断标准感到困惑。这是由于道德知识的"本应"与道德现实的"本真"之间存在着差距，需要提高道德的"实践能力"才能解决理论与现实的脱离问题。

第二，在培育内容上坚持"知识与能力并重"原则，努力实现道德知识教育与道德能力培养的结合。道德知识与道德能力的功能作用不同，二者相辅相成，缺一不可；既不能忽视其一，同时也不能过度、片面地追求其一。美国的道德教育非常注重对学生道德能力的培养，这对于我国长期采用以知识灌输为主的道德教育实践有着很好的经验启示。但是，美国的道德教育曾在很长一段时间内片面地追求道德能力的培养，以价值中立和价值澄清代替价值灌输和价值引导，结果，从反对灌输的道德教育走向了"无道德的道德教育"②。培育个体道德意愿，要尽量采用道德知识传授与道德能力培养相结合的教育方式。有学者受鲁洁教授思想启发，提出了"走向'实践理性'德育"的主张，认为"实践理性德育"既避免了"知性德育"所造成的理论与实践"两张皮"的现象，也避免了"生活德育"将德育泛化或随意化的现象。这种走向康德的"实践理性"是实践着的理性，涵盖了道德主体的认知能力、意志能力和实践能力。③ 实践理性德育力图实现道德知识教育与道德能力培养的结合。人是理性的动物，对于人来说，理论理性和实践理性都是不可或缺的。知性德育以"理论理性"为核心，但容易脱离实践从而沦为空洞的说教；生活德育以"生活世界"为核心，忽视了道德知识的传授而片面强调实践活动，忽视德育的理性过

---

① 参见〔德〕康德《论教育学》，赵鹏、何兆武译，上海人民出版社，2005，第1~5页。
② 杨韶刚：《西方道德心理学的新发展》，上海教育出版社，2007，第46页。
③ 参见赵志毅、程建坤、刘丽娟《走向"实践理性"的德育——读关于〈"道德教育回归生活世界"的自我质疑〉一文的启示》，载戚万学等《静水流深见气象：鲁洁先生的教育思想与教育情怀》，教育科学出版社，2010，第175~184页。

程，造成德育非理性的媚俗和生活化。而实践理性德育是在对以往德育观的扬弃条件下，立足于"实践理性"的基础上发展起来的，既关注德育的知识性，又强调德育的实践性，做到了理论理性与实践理性的统一。道德服务于生活，需以人为本，实践理性德育基于人做出道德行为的理性特征，改变了道德知识教育与道德能力培养的割裂局面。在特定社会的道德现实条件下，"道德人"的培育需要实现社会的道德知识与个人的道德能力的有机统一，否则只会造就知而不行或行而不能的"道德书生"。"如果说，道德文本所叙述的'实践理性'是在价值论（为什么要讲道德）和知识论（讲什么样的道德）的意义上讲道德，那么道德能力就是在方法论（怎样讲道德）的意义上讲道德，道德实践——道德行为选择和价值实现过程就是价值论、知识论和方法论的有机统一的过程。"① 故此，要坚持道德的知识教育与能力培养相结合，树立实践理性德育观，才能培育出愿做、会做道德人的道德个体。

第三，在培育内容上坚持"知识与能力并重"原则，注重在生活体悟中推动道德知识与道德能力的稳固发展。对个体而言，知识的丰富程度和利用方式是不同的，但"有知识而不运用它，与有知识并且去运用它都是有知识"②。在个体道德发展中，从道德知识的获得到利用其对行为产生影响，进而形成稳固的道德能力还有一个过程。要以人的生活体验为基础，使人切身感受到道德的良好体验，个人"就能不同凡响地出色地用知识。至情至性而得至行"③。道德知识在经过个人体验后的发现、确证或创造，就会使人对社会灌输的道德知识所产生的初期隔膜感和距离感得以消解，转而产生亲近感和认同感，良好的情感体验会促使个人更加投入地学习和利用道德知识来增强自身的道德能力。道德知识包括直接的道德知识和间接的道德知识，"一切真知都是从直接经验发源的。但人不能事事直接经验，事实上多数的知识都是间接经验的东西"④。对人进行道德知识的传授和道德能力的培养属于灌输间接知识，其对人的影响程度取决于其被人的

---

① 钱广荣：《道德教育之道德的内容结构探讨》，《道德与文明》2010 年第 5 期。
② 〔古希腊〕亚里士多德：《尼各马科伦理学》，廖帕译注，商务印书馆，2003，第 197 ~ 198 页。
③ 郭思乐：《教育走向生本》，人民教育出版社，2001，第 28 页。
④ 《毛泽东选集》（第 1 卷），人民出版社，1991，第 288 页。

道德生活实践所确证的程度，通过现实生活的体验来确证并加以应用的道德知识才能真正地深入人心。道德知识和道德能力是在人的实践体验过程之中实现"变人之知为己之知，变表之知为里之知"①的，这种体验性的特质决定了人们就是要亲身实践、体验感受过后才能具备忖度人心、生成道德意愿和悟得道德真知的能力。对道德的体悟是推动道德知识与道德能力稳固发展的桥梁。道德体悟不仅仅是指内求静悟，不能脱离实践的基础作用。传统道德修养观主张悟由心生、道由内求和无欲则静的观点，这种无欲平和的心境确实有助于道德体悟。但是，静悟需基于生活实践的前提，要从现实体验中来悟德，"总结实践、反思实践获得感悟，并将所悟之理返还于实践，接受实践的检验"②。总之，要坚持"知识与能力并重"的培育原则，在传授道德知识、提升道德能力的道德教育过程中，要注意引导个人在生活体悟中真正悟得道德真知和提升道德能力。

三　在培育方式上坚持"言传与身教同步"原则

卢梭曾提到，"冷冰冰的理论，只能影响我们的见解，而不能决定我们的行为；它可以使我们相信它，但不能使我们按照它去行动，它所揭示的是我们应该怎样想而不是我们应该怎样做"③。卢梭甚至认为，只讲一番道理的结果是教训流为空谈而不能实践。当前道德教育多数是采用理论说教的形式，而较少对教育者提出行为示范的要求。部分教育者由于自身道德素养有限，没有做到言传与身教的统一，在一定程度上削弱了教育权威。理论说教和行为示范是相互成就的道德教育方式，教育者的行为示范有利于提升其理论说教的权威性。言传与身教同步的培育原则，为受教育者提供了知行统一、言行一致的教育典范，使教育者的行为具有很强的可学性。

第一，在培育方式上坚持"言传与身教同步"原则，要求教育者的理论素养和道德素养同步提升。理论说教虽是相对传统的教育方式，但对于开展道德教育，尤其是传授道德知识而言，是必要的，也是有效的。提高

①　焦国成：《传统伦理及其现代价值》，教育科学出版社，2000，第67页。
②　吴俊：《体悟：道德知行转化的基础》，《道德与文明》2006年第2期。
③　〔法〕让·雅克·卢梭：《爱弥儿》（下卷），李平沤译，商务印书馆，2011，第518页。

理论说教的有效性，必须以提升教育者的理论素养为前提，教育者拥有丰富的理论储备和高超的教育技能才能使传统的理论说教打动受教育者。行为示范是道德教育的重要教育方式之一，但随着各种道德榜样的选树，教育者的行为示范功能被逐渐弱化。较之理论说教而言，教育者的行为示范在激发受教育者道德意愿方面的作用更显著。教育者必须拥有坚定的道德信念和高尚的道德素养，以自身行为示范引导受教育者崇德向善。言传身教就是要求教育者的理论素养和道德素养都达到令人信服的程度。言传的理论教育须奠基于扎实的理论素养，身教须依托于教育者的高尚道德素养。教育者将有思想内涵和育人价值的为人之道传授于受教育者。在言传的过程中，教育者掌握着话语的主动权，尤其是在尊师的传统文化中，"师权"易被绝对化，受教育者很容易成为"言传"的容器，成为被支配的客体，教育者俨然是真理的化身，受教育者无条件地接受其言说和规训。但在倡导现代化教育和倡导人的主体性的今天，言传早已不是单向度的说教，而是主体间性的对话和双向互传的过程。而且随着现代交流工具的发展，"言传者"也不仅仅是教育者了，各种传统和新兴的媒体都在一定程度上扮演着"言传者"的角色，这与传统教育者产生了一定的话语竞争。受教育者已不再是等待教育者去描绘的"白板"，教育进入"弟子不必不如师，师不必贤于弟子"的时代。所以，当今时代的"言传"对教育者的理论素养提出了更高的要求，要在与受教育者的对话和共商之中进行。身教重在以自己的实际行动来实现传情达意的教育意蕴，正所谓"己欲立而立人，己欲达而达人"，也就是要在引导受教育者的看、思、悟、行的过程当中，通过"教师的行为示范、标准演示和规范榜样，让学生有模式参考，有标准参照，有榜样模仿，让学生在看中有所思，在观中有所悟，在练中有所得"[①]。教育者的身教作用，要求其具备高尚的道德素养，传授的道德知识需要人格修养的实践印证，才能内化为受教育者内心的道德信仰。教育者的样板、标示和榜样般的言行，影响着受教育者的德行。优秀的育人者应是出色的言传者和严谨的身教者的统一体。

　　第二，在培育方式上坚持"言传与身教同步"原则，为个体道德愿望的形成提供认知内化和行为内化的条件。理论说教的目的在于为受教育者

---

① 徐超富：《大学教师：言传身教的学者》，《大学教育科学》2010 年第 2 期。

提供认知内化的条件，受教育者在接受理论说教的过程中习得有关道德规范或道德原则，但是，通过理论说教方式所习得的道德知识通常较为抽象，对于受教育者的参考价值相对较小。行为示范的目的在于为受教育者提供行为内化的条件，受教育者在观察示范行为过程中，不仅习得了具体的道德行为参考，同时也习得了示范行为所彰显的道德价值与道德原则，获得的是具体化、形象化的道德知识，对受教育者学习、参考的价值相对较大。理论说教与行为示范的同步，为受教育者提供了可内化的道德认知与道德行为，有助于促进个体道德愿望的形成。认知内化和行为内化是受教育者将教育者所传达出的反映社会需要的道德要求转化为其内心认识的过程。内化是一种心理活动过程，教育者通过对外部影响力的主导性作用，引导受教育者的道德向社会要求的方向发展。社会需要的思想道德观念与受教育者自身的"意识框架"并不天然契合，需要教育者运用强大的逻辑力量、事实力量和艺术力量，以言传和身教的方式来创造受教育者内化的条件。教育者了解受教育者的精神需要，寻找社会道德要求与个人道德意愿的结合点，满足其合理的精神需要，有助于产生情感共鸣。"积极的情感活动，表现受教育者对教育者的信任，对教育目标的认同，对教育内容的接纳与自觉实践的强烈欲望。"[①] 教育者适时的言传身教，具象化的行为示范，容易吸引受教育者的注意力，使其有积极的道德感受，促成受教育者对道德知识实现由知识型掌握向信念型掌握转化。

第三，在培育方式上坚持"言传与身教同步"原则，为个体道德意愿的培育树立言行一致的道德榜样。教育者在坚持"言传与身教同步"原则的过程中，无意间就为受教育者树立了言行一致的道德榜样。较之与社会所选树的道德榜样而言，受教育者与教育者的关系更为密切，教育者的行为示范对受教育者的影响更大。教育者的言行一致在一定程度上强化了教育者的教育权威，也间接增强了理论说教的可信度；而教育者的言行不一将会使道德教育效果大打折扣。前苏联教育家苏霍姆林斯基说，"人只能用人来建树"，说明了教育者在育人过程中的榜样示范效应。教育者应具有作为行为示范主体的素质，因为他是道德教育的主导者、组织者和实施

---

① 杨鲜兰：《论思想政治教育的内化机制》，《湖北大学学报》（哲学社会科学版）2004 年第 2 期。

者，其举手投足都会对受教育者产生潜移默化的影响。教育者必须以身作则、以身立教，给受教育者以积极的、正面的引导，以持续性的极强感染力对受教育者产生积极影响。良好的示范教育是建立在丰富的学识和高尚的品格基础上的。教育者需要不断地提高自身素质，如道德素质、知识修养和能力素质等等。育人活动是一个融知识性、专业性、艺术性、示范性和创造性于一体的复杂的长期性过程，这种特点就决定了教育者必须具备较强的综合素质才能够予以应对。由于教育者从事的是培养人、塑造人的特殊事业，所以言行一致的道德品质是教育者必备的首要品质。在个性和品德的形成期，受教育者深受外部环境的影响，教育者的言行在一定程度上起着对外部环境的价值评价的作用，这又通过教育者的人格特征和言行举止等作用于受教育者。所以，发挥教育者的正面示范作用尤为重要。古训有云，"亲其师而信其道"，融洽的师生关系将更有利于发挥教育者的示范效应，因而教育者要走近受教育者，彼此坦诚相待，增进互信和关爱，从而增强育人效果。

四　在培育途径上坚持"教育与自我教育并举"原则

道德意愿的生成与发展需要特定的主观条件，如需要具备道德认知能力、道德共情能力、道德感知能力和道德自控能力，涉及个体道德的知、情、意、行等方面。这些能力都不是个体与生俱来的，均需要经过自我教育和教育引导才能逐步获得。自我教育是道德意愿培育的起点，是个体提升道德境界、实现道德自律的重要途径；个体通过自我教育实现道德自律，进而确证教育引导的有效性。教育引导是一种由外向内的道德意愿培育方式，对于提升个体的道德认知、道德判断能力、德性以及促进个体的道德意愿的达成来说意义重大，为自我道德修养提供了方向性指导。

第一，在培育途径上坚持"教育与自我教育并举"原则，努力催生个体由内向外的向善意愿。以往的道德培育对教育引导的重视程度远远超过了对自我教育的关注，将个体视为心灵空白、被动接受灌输和塑造的教育客体，从而忽视了个体在其德性发展方面的积极性和能动性。从道德意愿的生成机制来看，"自我"是道德意愿的起点，完善的"自我"意识是处理人与他人、人与社会关系的基础；从道德培育的作用发挥来看，"自我"

是道德教育的起点，道德教育之所以有效在于道德教育的目标与个体自身对道德的向往和追求的一致性。苏霍姆林斯基在《给教师的建议》一书中说，"只有能够激发学生去进行自我教育的教育，才是真正的教育"①，这种教育才能解决学生走出校门后被自由空气陶醉得不知所措等问题。自我修养是道德意愿发展的必经途径，只有个体经历了自我认识、自我约束、自我评价等自我修养过程，才能保证道德意愿在认知内化、情感内化和行为内化等方面的内源性和长久动力，才能真正在个体内心生发向善的道德意愿。自我修养是内源性的道德意愿生发的重要路径，而教育可以引导个人崇尚自我修身，激发个人修养的主动性和自觉性。教育与自我教育并举，以催生内心真诚的道德意愿为要旨，促使人不断地正视自我、反思自我、重塑自我、坚持自我，在如此循环深化的修养实践中，能够逐步形成面向个人日常生活完满的善良意愿。总之，"自我修养是人获得德性的基本途径之一，也是人获得德性的首要途径"②。道德教育应是知性与德性有机统一的过程，激发受教育者由内而外的向善意愿，终究需要落实于一系列的教育与自我教育活动，尤其是自我的内省修养。

第二，在培育途径上坚持"教育与自我教育并举"原则，努力实现个体道德愿望向道德意愿的转化。道德意愿的教育引导在于向个体传授有关道德知识，培养个体有关道德能力，教育引导的最终目的在于使个体能够将所学知识与能力运用于道德生活实践，促使其道德意愿的达成。然而，教育引导的功用仍然是十分有限的，在没有情境冲突的情况下，个体的道德意愿只能停留于观念层面的"道德愿望"；在没有经历环境影响情况下，个体的道德意愿依旧停留于不稳定的状态。要促使道德意愿的达成及升华，个体必须经历道德情境冲突、必须接受道德环境的影响，而处理和应对这些问题是教育引导无法实现的；个体只有通过自我道德教育，不断磨砺道德意志，逐步积累解决上述问题的道德实践经验，才能促使道德意愿的达成。道德的真谛就在于实践和行动，要在道德实践中培育人的道德意愿，在日常生活中进行自我教育，才会逐渐涵养出利他主义的道德意愿。知行合一、修养与实践并重，推动道德的观念走向实践并在实践中修正自

---

① 〔苏〕苏霍姆林斯基：《给教师的建议》，杜殿坤编译，教育科学出版社，1984，第350页。
② 王立仁：《德育价值论》，中国社会科学出版社，2004，第49页。

己的品行，个人的道德意愿才会更加稳固。"君子之学，贵乎行"，应在扶持真善美、鞭挞假恶丑的现实过程中净化灵魂、提高修养，否则个体的道德愿望将会沦为"曲高和寡"的臆想。在现实的道德环境中，个体面临着各种各样的具体道德情境的磨砺，稍有失误就会导致个体道德意愿的发展迈向歧途。尤其是在市场主义泛滥的影响下，道德唯美主义倾向、道德实用主义倾向、道德虚伪主义倾向和道德利己主义倾向影响着个人的道德价值的正确取向。个体必须经受住实践中的各种错误的道德价值取向的挑战，不断地在实践中进行自我教育，才能真正坚守住内心的道德意愿。实践是道德意愿生成和强化的基础和源泉，任何道德意愿都是在特定的道德实践中激发的，在实践中取得良好的道德体验，又会成为推动道德意愿进一步深化的精神动力。而脱离实践的道德教育只会导致"教而不化"，使人成为情感麻木的理智道德者。道德教育本就是"对善的价值的关切并潜移默化、习与性成的情感活动"①。因而，要在实践中激发和培育人的道德意愿，经过从外在到内在、从盲从到自觉的转变后，才会获得道德自我的完善和道德生命力的增强。

第三，在培育途经上坚持"教育与自我教育并举"原则，正确处理教育与自我教育的关系以便协力提升培育个体道德意愿的成效。教育引导和自我教育都是德育的重要组成部分。在目的与手段的关系框架中，教育的目的就是实现自我教育，"教是为了不教"，但在这种关系模式中，自我教育与教育引导之间存在着内在的张力。为确保自我教育的社会方向和发展空间，需要个体认同教育者为其所设定的道德要求并将其内化为自我教育的目的，这就会造成教育者与受教育者之间的德育要求的矛盾。即教育者施予受教育者的外部影响，只重视引导个体接受社会设置的道德要求，而忽略对自我教育的能力培养。现代社会越来越尊重人的主体性和个性化，应从社会发展和个人需求的关系协调中去推动人的道德意愿的发展。在德育的范畴中，自我教育通常是指，"教育学生依据一定的道德原则和规范，把自己作为教育的对象，进行学习和涵养锻炼。个人道德品质方面的自我教育，就是道德修养"②。自我教育充分尊重了受教育者的主体性和本质力

---

① 李建华：《道德情感培育的社会举措》，《吉首大学学报》（社会科学版）2000年第3期。
② 顾明远主编《教育大辞典》，上海教育出版社，1998，第2147页。

量，教育者对其进行合理引导，以使人自觉地符合社会共同体的德性要求。由此可见，教育者在人的主体性发展过程中，并非要将受教育者塑造成一个现成性的存在，而是助其完善自我，应成为一个自我教育的引导者。在自我教育能力欠缺的初期，教育者既需要传授社会要求的道德知识，更要注重对受教育者的自我道德修养能力进行培育，不能采取一种"君临态度"，单纯地将道德教育作为主体改造客体的活动。教育引导具有显著的师授性和他控性，是一种由人及人的他授型、他控型的教育方式，教育者在其中承载着道德传承和思想启蒙的使命，但它是在人与人的交往关系中互助合作完成的，因而不可避免地在教育引导下渗透着自我教育的意蕴。自我教育是人将自身二重化，人既是教育的主体，又是教育的对象，自我教育是一个不断自我完善和自我超越的过程。依据辩证唯物主义关于内因和外因相互关系的原理，教育引导是外因，自我教育是内因，道德教育的成效根本上取决于自我教育，教育引导需以自我教育为基础，最终达成自我教育的目标。"教育是人的教育，人是教育的对象，更是教育的主体，人的主体性发展是一个不断成长和发展的历程，他授的、他控的教育只能作为外部条件促进人的成长和发展，但个体发展的根本动力在于自授的、自控的自我教育。"① 总之，要正确处理教育与自我教育的关系，才能协力提升培育个体道德意愿的成效。

第二节 道德意愿培育的方法

自我修养和教育引导是培育道德意愿的两种主要途径，在自我修养层面，个体要有自觉的自我教育意识，通过树立崇德向善的理想追求、强化正心诚意的道德自省、重视少私寡欲的意志磨炼、养成与人为善的行为习惯、躬行慈爱扬善的公益实践等方式方法，不断促使内心道德意愿的达成与升华；在教育引导层面，教育者要结合个体道德意愿生成与发展的特点和规律，通过培养主体性道德人格、激发内隐性道德需要、培育基础性道德情感、建构远距离道德想象、增强道德失范免疫力等方式方法，促使个体道德意愿逐步走向成熟、稳定状态。

---

① 邱芳婷：《对教育与自我教育关系的再认识》，《教育探索》2013 年第 11 期。

一　道德意愿的自我修养

自我修养是道德教育的基础，自我修养状况决定着教育引导的效果。个体必须不断加强道德意愿的自我修养，在道德实践活动中磨砺意志、反思行为，不断提升各种道德能力，为其道德意愿的生成与发展提供所需主观条件。

（一）树立崇德向善的理想追求

崇德向善是个人和社会的道德理想追求，最终都将引向理想人格和理想的社会道德状况，它们是道德追求的最高境界。人之所以为人，就是因为"始终对未来怀着憧憬期望，因而总是在那里追寻自己的'家园'。这种超越现实、追求理想的精神也是人的本性，而且应该说还是人之为人、人之区别于动物更为根本的规定"①。由于人有意识，明白自己在做什么，也能考虑到自己做这件事会产生何种结果。哲学大师冯友兰先生将人生境界分为四个层次，"一本天然的'自然境界'，讲求实际利害的'功利境界'，'正其义，不谋其利'的'道德境界'，超越世俗、自同于大全的'天地境界'"②。人生境界的四个层次是一个不断发展、不断提高的过程。做人的最高成就是什么呢？冯友兰认为，"成圣的最高成就是：个人和宇宙合而为一"③，即将入世与出世结合起来，讲究"内圣外王"。

先秦思想家认为，人可以不断地提高自己的道德品质，不断提升自己的发展空间，通过修"德性"，成为最终意义上的君子，进而成贤成圣。孟子说人皆可以"为尧舜"，荀子说"涂之人可以为禹"，也就是说人都有成为尧、舜、禹这样的圣人的可能性，不过要经历漫长、曲折的修养、觉悟的过程。在中国儒家看来，崇高的德性修养旨在成贤成圣，而对马克思主义者来说，则体现为为人类幸福而奉献的精神追求。马克思在他的中学毕业论文中写道："如果我们选择了最能为人类福利而劳动的职业，那么，重担就不能把我们压倒，因为这是为大家而献身；那时我们所感到的就不

① 贺来：《现实生活世界——乌托邦精神的真实根基》，吉林教育出版社，1998，第1页。
② 冯友兰：《中国哲学简史》，赵复三译，天津社会科学院出版社，2005，第295页。
③ 冯友兰：《中国哲学简史》，赵复三译，天津社会科学院出版社，2005，第6页。

是可怜的、有限的、自私的乐趣，我们的幸福将属于千百万人……"① 虽然青年马克思还是一位黑格尔追随者，他将追求高尚的道德理想视为人的天性这一观点具有一定的局限性，但他"为人类福利而劳动"的崇高追求仍体现着马克思主义者的德性追求。1937年，毛泽东同志为陕北公学题词时指出："要造就一大批人，这些人是革命的先锋队。这些人具有政治远见。这些人充满着斗争精神和牺牲精神。这些人是胸怀坦白的，忠诚的，积极的，与正直的。这些人不谋私利，唯一的为着民族与社会的解放。这些人不怕困难，在困难面前总是坚定的，勇敢向前的。这些人不是狂妄分子，也不是风头主义者，而是脚踏实地富于实际精神的人们。"② 树立崇德向善的理想追求是无数先贤哲人对人们精神生活的科学指引，至今仍具有现实意义。

（二）强化正心诚意的道德自省

"道德的基础是人类精神的自律。"③ 自律是儒家重要的道德修养方法，强调克己自省、迁善改过，克己、内讼、正心、诚意、自省等，都是反省内求的具体方法。要追求至善之德和个体人格完善，需修正身心、净化心灵、与道相合、与德相应，如此正心诚意之人才能导人以善、德化众人。

有学者提出，"'慎独'之慎应训为'诚'；'独'亦非独处、独居之意，而应该是在心之理的'未发'状态，也就是'意'。那么，'慎独'就应该解释为'诚意'"④ 但通常意义上的"慎独"与原义不尽相同，宋代大儒朱熹将"慎独"解释成"盖有他人所不及知而己独知之者，故必谨之于此以审其几焉"⑤。因而，"慎独"就衍变成一种高尚的自律精神，指的是即使在无外在监督的时候，也能够做到身行端正，在视听言行以及思虑方面常存敬畏之心而"遏人欲于将萌"，以纯然至善之理为准绳校正自己的言行思虑。不在人前显表而加、不在人后内里而减，如此表里如一，工夫日久之后，必能达至正心诚意的道德之境。

---

① 《马克思恩格斯全集》（第40卷），人民出版社，1982，第7页。
② 《毛泽东年谱（一八九三——一九四九）》，中央文献出版社，2013，第34页。
③ 《马克思恩格斯全集》（第1卷），人民出版社，1995，第119页。
④ 胡勇：《朱子学新生面的开显——林罗山理学思想研究》，山东大学出版社，2016，第117页。
⑤ （宋）朱熹撰《四书章句集注》，中华书局，2011，第8页。

　　自省与慎独都是正心诚意的修养之法，自省是从言行方面审视是否守德，而慎独侧重于对内心的隐蔽意识的自律。自省是儒家修身学习的主要方法之一，曾子的"吾日三省吾身"和《荀子·劝学》中的"君子博学而日参省乎己，则知明而行无过矣"①，都强调了每日要反复自省，才能取得行无过错的积极效果。尤其是在遇到险阻之时，更要反躬自省、反复学习，"君子之遇艰阻，必思自省于身，有失而致之乎？有所未善则改之，无歉于心则加勉，乃自修其德也"②。如此修德，德将必至。诚意的关键在于慎独，强调独处自律的精神。《礼记·大学》提到，"所谓诚其意者，毋自欺也。如恶恶臭，如好好色。此之谓自谦。故君子必慎其独也"③。诚于中，必能形之于外。所谓使自己的意念真诚，就是不要自欺欺人，要发自内心地厌恶邪恶和喜爱善良，如此才能意念真诚，道德修养高尚的人即使独处也能做到规行矩步。而如何达到"诚"？《太上感应篇》重视行善去恶，具有劝人向善的社会意义，其作者认为解决这一问题可求助于"语""视""行"三者一致向善。《太上感应篇集注》曰："夫一日之间三者皆备，可谓诚也；而又积之至于三年，则诚之至矣。"④ 可见，《太上感应篇》试图将"语""视""行"提升至认识论的高度，认为这三者将影响一个人"善念"的形成，只要下功夫做到口讲、眼观和行动一致向善，那么"诚"将所至。

（三）重视少私寡欲的意志磨炼

　　意志是道德的根本。意志品质关系着道德"个体城堡"的坚固与否。要构筑起心里的精神长城，坚固"心理的城堡"，人的精神才不会轻易崩溃。《孟子·尽心上》曾曰："人之有德慧术知者，恒存乎疢疾。独孤臣孽子，其操心也危，其虑患也深，故达。"⑤ 这就是说，有德行、智慧、谋略和见识的人，之所以能够通达事理，就在于他们生于忧患、考虑长远，能够借助各种各样的外界困难，磨砺出不屈不挠的坚强意志。

① 《荀子》，孙安邦、马银华译注，山西古籍出版社，2003，第 1 页。
② （宋）朱熹、吕祖谦编《近思录》，查洪德、李林慧注，中国三峡出版社，2008，第 30 页。
③ （西汉）戴圣：《礼记》（下），钱玄等注译，岳麓书社，2001，第 797 页。
④ 《藏外道书》（第 12 册），巴蜀书社，1994，第 121 页。
⑤ 《孟子》，万丽华、蓝旭译注，中华书局，2006，第 296 页。

重视少私寡欲的意志磨炼，减少欲望、恪守本性。儒家推崇少私寡欲的磨砺方法，《孟子·尽心下》指出："养心莫善于寡欲。其为人也寡欲，虽有不存焉者，寡矣；其为人也多欲，虽有存焉者，寡矣。"[1] 孟子认为，修养品性的最好方法就是要减少欲望。一个人如果欲望很少，那么即便其善性有所失，也会是很少的；一个人如果欲望很多，那么即便其善性有所保留，也会是很少的。孟子主张人性本善，故而"人皆有不忍人之心"[2]。但是，外物会改变人的本性，感官之欲会减损人的善心。欲望太多的人，往往容易利令智昏，从而丧失本性，沦为欲望的奴隶。因此，要清心寡欲，磨砺意志，恪守本性。

重视少私寡欲的意志磨炼，践行节制美德，做有节制的人。自我控制是精神健康的表现，要做到不受役于情欲、实现道德自我，就需要有所节制。明代大儒王阳明曾感慨"破心中贼难"，意即修身养性要向内求，节制欲望之心。破除"心中贼"的实质就是要自我控制，加强人格修炼、提高人格魅力。柏拉图曾阐释了什么是"有节制的人"，他将人的灵魂分为较好的理智部分和较坏的情欲部分，指出"一个人的较好部分统治着他的较坏部分"[3]，就是有节制的人。在亚里士多德看来，"有自制力的人服从理性，在他明知欲望是不好的时候，就不再追随"[4]；相反，无自制力的人则为情感所驱使。包尔生将"节制"视为一种道德力量，一种可以抵制享乐欲望的道德力量。他认为，道德在于"塑造和培养理性意志使之成为全部行动的调节原则。我们把这样一种德性或美德称为自我控制……"[5] 欲是源，情是流，行是果；"节欲"则"节情"易，"节情"则"行为"适当。

（四）养成与人为善的行为习惯

洛克曾在《教育漫话》中对家长发出警告，指出"人们在教养儿童方面有个重大错误，对一个问题没有给予及时充分的注意；这就是人的精神

---

① 《孟子》，万丽华、蓝旭译注，中华书局，2006，第338页。
② 《孟子》，万丽华、蓝旭译注，中华书局，2006，第269页。
③ 〔古希腊〕柏拉图：《理想国》，郭斌和、张竹明译，商务印书馆，1986，第15页。
④ 苗力田主编《亚里士多德全集》（第8卷），中国人民大学出版社，1994，第139页。
⑤ 〔德〕弗里德里希·包尔生：《伦理学体系》，何怀宏、廖申白译，中国社会科学出版社，1988，第412页。

在最纤弱、最容易支配之时未能使其习惯于遵守纪律，服从理智"①。道德习惯对于个体道德的发展、道德意愿的达成有着重要作用，早期的道德行为习惯往往会对个体的道德发展产生长远、深刻的影响。苏霍姆林斯基甚至将道德习惯视为道德之基础，认为"由于有了道德习惯，社会觉悟和社会道德准则的规范就成为个人的精神财富"②。道德意愿的达成可视为在"内得于己，外得于人"的过程中逐步形成稳定的向善意愿，在面临道德情境冲突，需要做出道德行为选择时，能够不假思索地自觉行善。这在观念层面体现为对善的向往和追求，而在行为层面就体现为与人为善的道德行为习惯。

钱广荣教授曾给"与人为善"下过一个通俗化的定义，指出"与人为善，即与人交往、打交道的时候，从善良的愿望出发，采用友善的行动，争取美好的结果"③。养成与人为善的行为习惯就是要在日常的道德交往和道德生活中，常怀善良愿望、常行友善之举。道德习惯的养成关键在于两个方面，一是身体力行，二是积善成德。一方面，道德行为习惯是个体在道德实践中发自内心的心理定势，其前提是个体身体力行地去践行善良道德意愿，在面对道德冲突时可以坚定地、持之以恒继续对德行的践履。另一方面，道德的力量往往体现于重大事件或特殊情境中，但是道德习惯却是在微小事情或平常生活中日积月累形成的。早在《太平经·解承负诀》中就有"积习近成，思善近生"④的说法，即要求人们通过一日三善的积累，并日日坚持，持之以恒，才能获得成为"吉人"的可能。个体要坚持"勿以恶小而为之，勿以善小而不为"的理念，在日积月累的道德修养中养成与人为善的行为习惯。

（五）躬行慈爱扬善的公益实践

亚里士多德曾将人类的活动划分为三种类型，即"实践的活动"、"创制的活动"和"理论的活动"，其中"实践的活动"是指人的道德实践活动。具体而言，就是人们以"善"为价值取向的生活实践，这是哲学史上

① 〔英〕约翰·洛克：《教育漫话》，杨汉麟译，人民教育出版社，2006，第29~30页。
② 〔苏〕苏霍姆林斯基：《育人三部曲》，毕淑芝等译，人民教育出版社，2015，第498页。
③ 钱广荣：《中国道德国情论纲》，安徽人民出版社，2002，第104页。
④ 罗炽主编《太平经注译》（上），西南师范大学出版社，1996，第37页。

最早出现的关于"道德实践"的分析。至于道德与实践的关系，亚里士多德进一步解释道："在行为上公正便成为公正的人，在行为上节制便成为节制的人。"① 亦是说，德性生成于相应的道德实践。当代德性伦理学的代表人物——麦金太尔，再次基于"实践"对美德做出了经典界定，他说："道德指的是一种习得性的个人品质，拥有并实践这种道德，我们就可以得到内在于实践的善，否则就会阻碍我们去获得这种善。"② "内在于实践的善"、"个人生活的善"与"社区的善"，被麦金太尔视为美德品质的三重标准。只有内在于实践的善才称得上真正意义上的美德，道德意愿作为主体向善的意愿、追求美德的意向，也是在习得并实践美德的过程中逐步生成、发展，不断巩固的。因此，道德实践，尤其躬行慈爱扬善的公益实践，理应被视作个体激发自我道德意愿的重要途径。

公益实践是一种自主、自觉、自愿的道德实践活动，以人们的道德意愿为前提。在躬行公益实践的过程中，个体的道德意愿由理念外化为现实，每一次公益实践的参与都是其道德意愿的实现。个体参与公益实践的途径很多，可以是参加集体组织的各种主题公益活动，也可以是自行加入特定公益组织，或是自觉参加重大的公益行动等。公益实践的类型很多，个体可以根据自身实际情况选择参加合适的公益实践活动。躬行慈爱扬善的公益实践的关键在于，个体要在人人为善的公益慈善文化氛围中激发善良道德意愿，在人人尽责的公益慈善文化氛围中体认社会道德责任，在人人奉献的公益慈善文化氛围中培育互助精神。

二 道德意愿的教育引导

培育道德意愿，要遵循个体道德意愿的发展规律，积极创造道德意愿的生成条件，通过培养主体性道德人格、激发内隐性道德需要、培育基础性道德情感、建构远距离道德想象、增强道德失范免疫力等举措，切实为个体道德意愿的生成创造主客观条件，积极推动个体道德意愿的达成和升华。

---

① 〔古希腊〕亚里士多德：《尼各马可伦理学》，廖申白译注，商务印书馆，2003，第 42 页。
② 姚大志：《麦金太尔的善观念批判》，《四川大学学报》（哲学社会科学版）2013 年第 1 期。

（一）培养主体性道德人格

所谓主体性道德人格，简单来说就是"独立、理性、自为、自由"①的道德人格。如果说理想人格是时代精神和时代价值的表征，那么，主体性道德人格就体现了当前社会的价值取向和精神追求。培育个体道德意愿，必须培养主体性道德人格。"只有当一个人能够如他所期望的那样从一开始就自由地行动时，我们才能对实际上发生的事情追究责任。"② 个体在具备主体性道德人格的前提下，才能明晰自己的道德追求和价值取向，进而生发道德意愿。

培养主体性道德人格，首先要改变当前道德教育领域的不良现象。当前道德教育领域存在以下几种不良现象。一是以知识灌输代替价值引导和能力培养。灌输式道德教育并没有将受教育者视为具有独立人格的教育对象来看待，封闭式的灌输教育阻碍了受教育者道德人格的发展。由于缺少价值引导和能力培养，受教育者逐渐丧失独立的主体人格。二是以行为限制代替精神鼓励和理想引领。当前道德教育存在狭隘的认识论，将道德教育单纯理解为对受教育者道德行为的限制和约束，从而忽略了对受教育者的精神鼓励和理想引领，这在很大程度上压制了受教育者积极、自觉的从善意愿。三是以义务论代替需要论。道德教育过于强调道德义务的履行和道德责任的承担，对受教育者的道德需要关注不够，缺少相应道德情境以促使个体对道德价值的体认和道德意愿的达成。

所以，当前道德教育理念要从强调教育者的"教"转向强调受教育者的"学"，充分肯定受教育者的自主性和自为性，促使其自主形成主体性道德人格，从而推动个体道德意愿的生成与发展。道德教育要以学生为本，引导学生自主构建道德人格；采用价值澄清法、道德讨论法等，帮助受教育者在自觉意识道德价值的基础上，通过自我选择、自我潜能激发等自主形成主体性道德人格。

---

① 肖川：《主体性道德人格教育》，北京师范大学出版社，2002，第30页。
② 〔美〕里奇拉克：《发现自由意志与个人责任》，许泽民、罗选民译，吴福临校，贵州人民出版社，1994，第1页。

（二）激发内隐性道德需要

"其实，每个人都有向上向善的道德意愿，不同之处在于这一朴素的情感有没有被激活。"① 受过教育的社会人心中都会蕴藏善良的道德意愿，不同的是道德意愿的发展程度、道德意愿的稳定状况。随着道德素养和道德境界的提升，道德意愿的逐步达成、升华和固化，一些人的道德意愿会以相对稳定、成熟的状态呈现出来，而大多数人的道德意愿则会内隐于心，有待特殊情境的激发，尚需通过道德践行进一步固化其道德意愿。

道德意愿的培育要注重对个体内隐性道德需要的激发，这样，对于受教育者而言，道德不再是外在的规范和约束，而是出于自我需要的满足，而且是为了满足高层次的精神追求。道德需要是道德行为的动力源，激发个体道德需要也是促进其道德意愿发展与达成的重要前提。激发内隐性道德需要，首先要了解受教育者的道德需要，要基于受教育者的成长经历和道德发展特点，了解其道德需要及满足状态；其次要尝试满足受教育者的道德需要，要结合受教育者的道德需要，通过提供道德实践机会等形式适度满足受教育者的道德需要，或是帮助受教育者减少道德需要无法满足带来的消极影响；最后要实现受教育者道德需要的功能，要引导受教育者的道德需要转化为道德行为的动力源，促使受教育者在道德需要满足的基础上进一步提升自我道德追求。

（三）培育基础性道德情感

"现代人的最大悲剧，在于经历过现代性'去魅'之后，于人性结构与良知良能中伦理感与道德感的失落与泯灭；现代道德教育最深刻的失误，在于过度冷落了伦理感、道德感这个与人的灵魂距离最短、对道德品质和道德生活最具基础性意义的实践道德精神结构，而将自己全部的热忱和智慧倾注于'理论道德精神'的关切。"② 樊浩的这段论述深刻揭示了当前道德感失落、道德情感教育受冷落的现状。道德情感在个体道德意愿的生成过程中扮演着非常重要的角色，个体对道德认知的内化、对道

---

① 周青梅主编《聚焦两会若干民生热点问题深度解读》，研究出版社，2014，第178页。
② 樊浩：《伦理感、道德感与"实践道德精神"的培育》，载吴潜涛主编《论公共伦理与公德》，湖北人民出版社，2008，第203页。

德行为的模仿都是基于个体的共情能力；基础性道德情感则是个体生发道德意愿的心理基础，而强烈的道德情感甚至直接推动道德行为的发生和道德意愿的达成。虽然共情或移情的发生需要借助于特定的情境，但是可以通过培育受教育者的基础性道德情感，为其道德意愿的生成提供心理滋养。

羞愧感、尊重情感、公正感和关怀情感等基础性道德情感，是人性中最基本的情感，对于促进个体道德意愿的发展发挥着不同作用。羞愧感，也叫耻感，是对恶产生的不愉快体验。"教之耻为先"，"耻者，治教之大端"，龚自珍和康有为对耻感教育尤为赞赏。知耻是人的本性，耻感教育有助于抑制恶念、催人反省。尊重情感，也叫敬重感、敬畏感等，我们对他人利益的考虑，对道德原则的遵循都源自对他人的尊重、对道德的敬畏。康德将个体对道德法则的敬重感视为道德之源，尊重情感的培育有助于引导受教育者构建良好的道德交往关系，树立坚定的道德信念。公正感，或正义感，被称为美德之母、首要价值，是公民德性中首要的、最基本的素养。公正感是一种复合性的道德情感，满足了个体对"互惠"的心理诉求，体现了"善有善报""恶有恶报"的道德价值。培育公正感有助于引导受教育者对公共利益的关注，促使其坚守应有道德判断和道德评价标准。关怀情感，或仁爱、同情等，体现了对他人幸福的强烈欲求和对他人不幸的强烈憎恶，是一种慷慨的道德情感。关怀伦理学强调关怀关系的建构，将关怀情感视为道德实践的基础。培育关怀情感，对于提升受教育者的爱人能力、共情能力和移情能力等具有重要作用。

（四）建构远距离道德想象

"道德想象力"是一种隐而不显的实践理性能力，促使道德主体由思考者成为行为者，是道德行为主体在感知道德情境后创造性地做出某种道德行为的前提条件。一般情况下，外界通常只能看到主体的具体道德行为及其行为后果，却无法探知行为主体在进行道德行为前的心理活动，尤其是发挥其想象力去预料各种行为方案的可能性、可行性及实效性的一系列心理活动。杜威将"道德想象力"视作善的主要工具，虽然它并非本身即善，但是它可以发现特定情境中的道德问题并做出最为恰当的道德判断和行为选择，这是一种"根据事物之'能是'而具体感知所面临的事物之

'所是'的行为能力"①。杜威认为，道德的最大缺陷就是其麻木、迟钝等特性，当人们恢复了对道德的敏感，那些与道德相联系的冷漠、苛刻等阴云终将被驱散。

"道德想象力"的培养通常要基于一定的道德情境，促使个体想象和预判应对道德情境的行为选择等。而道德教育恰恰又缺少真实的道德情境，因而受教育者由于不具备应有的道德想象力而无法应对复杂的道德情境。因此，在道德教育中，要通过创设虚拟道德情境，引导受教育者设身处地想象如何分析和判断所处情境，如何在道德冲突情况下做出适宜的行为选择等；教育者要加强组织引导，让受教育者在讨论、交流、思考中不断建构远距离道德想象，提升自己的道德判断能力。虚拟道德情境的创设一定要尽量接近真实的道德冲突情境，能够对受教育者的道德认知产生强大冲击力，能够切实发挥情境激发的作用。

（五）增强道德失范免疫力

在社会心理学领域，有一个关于应对负面环境或消息的理论——"预防接种理论"。霍夫兰等人通过实验证实，"双面论证"抵抗反宣传的效果明显好于"单面论证"的效果。随后，拉姆斯丹和贾尼斯进一步证实，"两面之词"具有免疫、接种的效应，也就是说，接受正反两方面消息有利于更好地消除负面消息影响。基于此，"预防接种理论"被麦奎尔提出，他认为，"事前接种"对于强化思想抵抗力的效果要明显好于"事前滋养"的效果。②

道德教育既要做到扬善，同时也要做到抑恶。鉴于道德环境对个体道德意愿的影响，尤其是社会道德失范现象对道德意愿的弱化，培育个体道德意愿要关注道德失范问题，对个体进行预防接种，以增强个体的道德免疫力。根据"预防接种"的三个步骤，即"告知目标靶将要面对攻击""给予目标靶轻度攻击""目标靶主动反击说服信息"来看，增强个体道德失范免疫力可以从如下几个方面着手。首先，在坚持正面教育、弘扬主流

---

① 〔美〕斯蒂文·费什米尔：《杜威与道德想象力——伦理学中的实用主义》，徐鹏、马如俊译，张驰校，北京大学出版社，2010，第99页。

② 参见〔美〕沃纳·塞佛林、小詹姆斯·坦卡德：《传播理论：起源、方法与应用》，华夏出版社，2000，第188～191页。

价值，向受教育者宣传当期道德建设成就的同时，也要告知受教育者道德
环境的复杂性和道德建设的长期性。其次，道德教育开展过程中，教育者
可以选择合适、有效的负面道德事件作为反面案例，引导受教育者分析、
批判、反思负面道德事件的本质及其影响，帮助受教育者消除道德失范现
象带来的道德困惑。最后，教育者还要引导受教育者主动回击负面道德事
件，培养应对负面道德事件的能力，减轻道德失范现象弱化道德意愿的影
响。总之，在培育个体道德意愿的过程中，教育者不能刻意回避道德失范
问题，要通过"双面论证"的方式，为受教育者进行"预防接种"，增强
其对道德失范的免疫力，避免个体道德意愿受不良道德环境的影响而
弱化。

　　另外，苏霍姆林斯基曾提到过另一种"道德免疫力"，他指出，"人道
主义、热情、体贴、富有同情心"是个体"预防坏事的道德免疫力"，这
种道德免疫力的产生有其特定的条件——"人，在童年早期要通过善良的
学校，有真正的人的关系的学校，而这种学校只能是美好的家庭，只能是
两颗相亲相爱的心（父亲和母亲）的结合"[1]。苏霍姆林斯基也强调"道
德免疫力"的抑恶功能，不过他提倡通过善良的学校和美好的家庭来培育
受教育者的道德感，以此来增强其道德免疫力。

---

[1]　〔苏〕苏霍姆林斯基：《家长教育学》，杜志英等译，中国妇女出版社，1982，第70页。

第五章 提升道德意愿培育效果的着力点

道德意愿培育是一个系统工程，除了个体的自我修养和教育系统实行的教育举措外，社会同样承担着培育和激发个体道德意愿的责任。基于个体道德意愿的影响因素分析，以及当前道德意愿培育实践的现存问题等，培育和激发道德意愿的着力点应聚焦于凝聚崇德向善的道德共识、引领崇德向善的道德追求、增强崇德向善的道德力量和营造崇德向善的道德风尚等方面。结合深化社会主义核心价值观建设，强化道德榜样、大众媒体的责任意识，通过发挥环境育人、制度育人功能，共同为道德意愿培育实践提供应有价值引导、环境熏陶和制度支持。

第一节 以社会主义核心价值观凝聚崇德向善的道德共识

"一个社会根本上倡导什么、张扬什么，以文化价值范畴集中反映出来，就是该社会的核心价值观。"① 2014 年 5 月 4 日，在北京大学师生座谈会上，习近平总书记明确提出了社会主义核心价值观是一种德的重要思想。他说："核心价值观，其实就是一种德，既是个人的德，也是一种大德，就是国家的德、社会的德。国无德不兴，人无德不立。"② 社会主义核心价值观具有深刻的社会主义道德属性，是对国家伦理价值、社会公德精神、个体道德素养的价值凝练和集中概括，它既提供了共识性的价值取向，也为具体的德性实践提供了目标导向，具有凝聚道德共识、促进道德建设、涵养道德意愿的价值意义。当前道德意愿的激发

---

① 李海星：《社会主义核心价值观论要》，《科学社会主义》2013 年第 2 期。
② 习近平：《青年要自觉践行社会主义核心价值观——在北京大学师生座谈会上的讲话》，《人民日报》2014 年 5 月 5 日，第 2 版。

和培育需发掘社会主义核心价值观的道德蕴涵，不断夯实道德意愿的价值根基。

一　以社会主义核心价值观引领道德意愿的共识性发展

社会主义核心价值观是当代中国社会的道德自觉，调节着国家、社会和个人的伦理关系，为人们的德性修养确立了共识性的标杆。社会主义核心价值观的共识性特质，使其精神理念、道德信仰有着巨大的整合力、凝聚力和塑造力。社会主义核心价值观的"三个倡导"反映出有德之国应以人民福祉为最高宗旨、有德社会须以人的自由全面发展为价值导向、有德之人须有追求品格完善和所有人幸福的道德意愿。以社会主义核心价值观引领道德意愿的发展，满足了当前中国社会凝聚、动员和激发全体社会成员意志的客观需要。在全面深化改革时期，全球化和市场化深入发展，利益分化造成了人们的价值取向更趋多元化、道德标准也日趋个性化，这些已经成为转型社会中凝聚道德共识的现实性障碍，道德主体的共识性意愿存在着被分解的危机。社会主义核心价值观有利于实现对道德意愿的价值个体主义与价值整体主义的调和，进而形成良性的道德生活方式。

社会主义核心价值观凝聚着全体人民的道德意愿，"社会主义核心价值观把涉及国家、社会、公民三个层面的价值要求融为一体，深入回答了我们要建设什么样的国家、建设什么样的社会、培育什么样的公民的重大问题"[①]，为激发和培育公民道德意愿提供了共识性的思想基础。中共中央办公厅印发的《关于培育和践行社会主义核心价值观的意见》中明确指出，要发挥社会主义核心价值观的共识性作用，"用社会主义核心价值观引领社会思潮、凝聚社会共识"[②]。社会主义核心价值观之所以可以起到凝聚共识的作用，在于其具有最广泛的合目的性和最大限度的合规律性，在最大范围内、最大限度上正确地反映了全体人民共同的道德意愿，是人们内在精神追求的"最大公约数"。社会主义核心价值观既合乎全体人民共同的价值追求和利益诉求，又遵循了传统社会文化和现代社会文明发展的

① 《习近平总书记系列重要讲话读本》，学习出版社、人民出版社，2016，第189～190页。
② 《中共中央办公厅印发〈关于培育和践行社会主义核心价值观的意见〉》，《光明日报》2013年12月24日，第1版。

客观规律，具有凝聚共识的现实条件和归拢人心的历史根基，必然会起着引导人们的道德意愿迈向共识性发展的作用。

马克思认为，"人的本质不是单个人所固有的抽象物，在其现实性上，它是一切社会关系的总和"①，应从人与他人的"主体间"关系中来规定和理解人。由此可知，不存在纯粹自在自为的道德主体，任何道德主体都是在自我与他者的相互作用、相互承认的关系中获得存在的道德依据的。普遍的价值共识就是在这种关系下的客观产物，须以此为基本前提才有维系道德主体间持续发展的可能。道德主体只有在共识性意愿的引导下自由发展，才能真正追寻到主体的道德意义。"不同的伦理主体之间需要共识性的道德价值观念作为共同体面向未来的精神向导和'黏合剂'。"② 坚持以社会主义核心价值观来引领道德意愿的共识性发展，是由人的生存状态及其对价值共识的需求所决定的。

引领公民道德意愿的共识性发展，可以从社会主义核心价值观所蕴含的内容与方法中，寻找到道德意愿的培育路径和方法论。社会主义核心价值观对道德意愿的培育具有引导力、感召力和凝聚力，根源于其合理地扬弃了古今中外的文明成果，并切实地遵循了逻辑自洽的方法论原则。道德意愿的培育需要从社会主义核心价值观中提炼出方法论原则来引领公民道德意愿的共识性发展。社会主义核心价值观实现了社会需要与个人需要、尊重多元与一元主导、权利与义务、基础要求与理想追求等各方面、各层次的和谐统一，这些方法论原则也为道德意愿的培育提供了方法论指导。首先，道德意愿的培育需要兼顾社会与个人的道德需求。国家大德、社会公德和公民私德分别是对国家、社会和个人的精神需要的反映，构成了人们的道德生活准则。在培育道德意愿的过程中，需要特别重视不同层次的道德意愿导向的和谐发展。其次，道德意愿的培育要遵循求同存异、和而不同的原则。道德共识不是绝对的，它是动态发展着的，而且不同个体的道德意愿并非必须完全一致。在多元化的道德意愿培育和发展过程中，应以社会主义核心价值观为价值导引，寻求彼此之间的重叠共识、增量共识。再次，道德意愿的培育要力求道德的权利与义务相适。"一个公正理

① 《马克思恩格斯文集》（第 1 卷），人民出版社，2009，第 501 页。
② 李丽娟：《以社会主义核心价值观引领公民道德共识培育》，《理论与改革》2015 年第 5 期。

想的道德环境、社会环境，应当努力消除义务与权利、贡献与获得，德行与幸福的二律背反，而使它们成为相辅相成的良性循环关系。事实上，社会越是回报个人的奉献，个人就越为社会而自愿地行动，而且个人越履行对社会的义务，社会为个人提供权利保障和幸福实现就越有可能。"[1] 道德意愿的培育关注高尚的自律精神且不以获利为目的，但是需要营造出一个道德公正的从善环境，才能形成良性循环的道德意愿培育机制。最后，道德意愿的培育要立足基础、追求崇高。基于社会主义初级阶段的现实国情，我国道德领域呈现出现实性与理想性相交融的阶段性特征，人们的道德意愿远未达到最为崇高的境界，个体道德意愿在客观上仍存在层次性差异，大多数人是把个人利益融入整体发展中的普通劳动者。公民道德意愿的实际发展水平，要求道德意愿的培育必须在社会主义核心价值观引领下，坚持先进性与广泛性相结合的方针，实现理想信念的共同追求与个人道德的自由意愿之间的良性发展。总之，以社会主义核心价值观蕴含的方法论原则引领道德意愿培育，是要在社会主义核心价值观主导的格局下寻求人们道德意愿多层次、多样化的发展，从而达成共识性的道德价值取向。

二　将社会主义核心价值观融入道德意愿培育的全过程

将社会主义核心价值观融入道德意愿培育的全过程，是对习近平总书记要求将培育和弘扬社会主义核心价值观"与人们日常生活紧密联系起来，在落细、落小、落实上下功夫"[2] 精神的贯彻。社会主义核心价值观是培育公民道德意愿的价值导向，为道德意愿的生成与发展提供了共识性的价值取向；而道德意愿是社会主义核心价值观的精神土壤，道德意愿的激发与培育又可以反过来涵育社会主义核心价值观。将社会主义核心价值观融入道德意愿培育的全过程，激发公民道德意愿、形成人们普遍认可的道德风尚，使其像空气一样无所不在、无时不有地渗透到人们道德生活的方方面面。总之，在道德意愿培育的全过程中进行社会主义核心价值观渗

---

[1]　葛晨虹：《建立道德奉献与道德回报机制》，《道德与文明》2001 年第 3 期。

[2]　《把培育和弘扬社会主义核心价值观作为凝魂聚气强基固本的基础工程》，《人民日报》2014 年 2 月 26 日，第 1 版。

透具有重要意义。新的时代背景下，培育社会主义公民的道德意愿既需要弘扬中华民族的传统美德，以中华道德文化滋润、哺育道德意愿，也需要满足自由个体的实践要求，以社会现实利益激发道德意愿。

社会主义核心价值观的渗透要与挖掘优秀传统文化相结合，实现道德意愿的自然生成与理性建构的统一。将社会主义核心价值观与传统文化相结合，坚持以社会主义核心价值观为共同的道德遵循，以优秀传统文化为有效的培育载体，以道德意愿的自然生成和理性建构为目的。传统文化是孕育道德意愿的"道德本土"资源，是承载着国民性格和民族精神的精神家园。"中华传统美德是中华文化精髓，蕴含着丰富的思想道德资源"①，道德意愿的自然生成离不开深厚的传统文化底蕴的滋养。社会主义核心价值观吸纳了优秀的传统美德，它"根植于中华民族文化，承接中华民族文明成果的深层积淀，是中华民族精神的当代表达"②。社会主义核心价值观是现代中国社会文化精神的核心内涵，代表着新时代中国道德文明的前进方向，道德意愿培育须以社会主义核心价值观为道德遵循，理性地建构起更为广泛的道德共识。以社会主义核心价值观引领道德意愿的培育，要做到落地生根、贴近生活，这是一个润物细无声的长期过程。传统文化具有广泛的群众基础，对其古为今用、推陈出新，赋予优秀传统美德以社会主义新内涵，坚持以文化人、以文育人的道德意愿培育路径，推动人们内心自发地生成善良道德意愿。社会主义核心价值观蕴含着高尚的道德追求，在引领公民道德意愿理性建构的同时，还具有升华思想觉悟、激发道德意愿的导向作用。道德意愿培育要贴近人们的日常生活，使社会主义核心价值观落细、落小、落实，在道德生活实践中培育公民高尚的道德意愿、影响公民日常的道德行为。公民道德意愿的自发生成和社会主义核心价值观对道德意愿的理性建构，都需要优秀传统文化的滋养。优秀传统文化既是人们道德意愿的重要来源，也是社会主义核心价值观的根和本。要"深入挖掘和阐发中华优秀传统文化讲仁爱、重民本、守诚信、崇正义、尚和合、求大同的时代价值"③，让人民群众切身体验到传统文化中的积极因

---

① 《习近平谈治国理政》，外文出版社，2014，第164页。
② 詹小美、金素端：《论社会主义核心价值观的强化认同》，《青海社会科学》2013年第3期。
③ 《习近平在中共中央政治局第十三次集体学习时强调 把培育和弘扬社会主义核心价值观作为凝魂聚气强基固本的基础工程》，《党建》2014年第3期。

子，使中华优秀传统文化成为涵养和生成道德意愿的不竭源泉。要善于利用重大传统节假日的契机、传统文化节目的形式、物质和非物质文化遗产的载体，彰显其中的价值精髓，进行群众性的道德意愿培育活动。将社会主义核心价值观融入道德意愿培育的全过程，引导人们自发、自觉、自由地提升道德意愿，是基于优秀传统文化这一共同载体的有效举措。

社会主义核心价值观要在满足人民群众的现实需求中引领道德意愿的培育。道德意愿具有社会历史属性，必然蕴藏于人们的社会生活之中，受到人的发展状况和社会关系的制约。马克思关于人与社会发展的理论科学地指明了道德意愿的培育必须遵循的社会历史发展规律。根据人的发展状况，马克思将社会划分为人的依赖关系阶段、物的依赖关系阶段和自由个性阶段，社会主义初级阶段正是处于物的依赖关系阶段向自由个性阶段的过渡时期，道德意愿的培育必须立足于现实国情，人们的素质和社会生产力都尚未得到全面而充分的发展，满足人民群众的现实利益需求仍是一项艰巨任务。就如邓小平同志所说："不讲多劳多得，不重视物质利益，对少数先进分子可以，对广大群众不行，一段时间可以，长期不行。……如果只讲牺牲精神，不讲物质利益，那就是唯心论。"[1] 道德意愿的培育涉及对人民群众利益关切的回应，要对准人们利益的交汇点，找准群众思想的共鸣点，以社会主义核心价值观来指导处理复杂的思想和利益问题。满足人民群众的利益诉求，将社会主义核心价值观作为追求现实利益的价值理念，就要求在追求个人的"富强"和"自由"过程中，倡导"爱国"主义精神，并以"民主、法治"为利益保障，坚持"平等、公正"的分配原则，采取"敬业、诚信、友善"的逐利方式，积极地营造出有利于道德意愿培育的"文明、和谐"的环境氛围。富强、敬业、和谐等都是在现实利益环境中培育道德意愿不可或缺的价值因素。如此，人们的道德意愿才能够在纷繁的利益纠葛中，仍保持着观照心灵、关注精神的积极意义，防止物欲泛滥导致人的精神扭曲、职业倦怠和价值混乱等现象的出现。

三　在践行社会主义核心价值观的进程中培育道德意愿

社会主义核心价值观创造性地继承和发展了我国以往的先进文化建

---

① 《邓小平文选》（第 2 卷），人民出版社，1994，第 146 页。

设、精神文明建设和公民道德建设的核心内涵，是推进全面提高国民素质、改善社会精神面貌的时代精华。践行社会主义核心价值观与培育公民的道德意愿具有内在的逻辑统一性，它们都是着力于提升和改善全社会和公民的价值追求和精神面貌。践行社会主义核心价值观是道德意愿培育的有效实践路径。习近平同志曾在会见第四届全国道德模范及提名奖获得者时指出："我们要按照党的十八大提出的培育和践行社会主义核心价值观的要求，高度重视和切实加强道德建设，推进社会公德、职业道德、家庭美德、个人品德教育，倡导爱国、敬业、诚信、友善等基本道德规范，培育知荣辱、讲正气、作奉献、促和谐的良好风尚。"① 由此可见，践行社会主义核心价值观与道德意愿的激发和培育具有内容上的契合性。道德意愿的价值意义在于深耕人们内心，"要为社会成员提供一个新的生活价值取向，一种新的认同感。这种新的价值取向和认同感在赋予他们生活以新的意义的同时也为他们的社会行为提供一种软约束"②。这与社会主义核心价值观存在共通性，践行社会主义核心价值观既可以敦风化俗、铸造国魂，又可以砥砺品行、修身敬业，将国家的价值目标、社会的伦理底蕴和个人的道德品质有机统一，内化于心、外化于行，为社会成员提供了新的价值取向和行为的软约束。

践行社会主义核心价值观与培育道德意愿具有深刻的内在逻辑一致性，可以在践行社会主义核心价值观的进程中提升道德意愿。社会主义核心价值观是对全体社会成员道德意愿的凝聚和集结，促使其成为人们精神生活的重要内容，需经过人的道德意愿的生成阶段才能有效地实现内化。将道德意愿培育寓于践行社会主义核心价值观的进程中，促进广大人民群众的精神完满和德性贤达。需以社会主义核心价值观为精神坐标，将其"渗透到群众的意识中去，渗透到他们的习惯中去，渗透到他们的生活常规中去"③，使得全体人民能够同心同德陶铸起国之大德、民之共德和人之贤德。有效的价值渗透要经历"知""情""意""信""行"的道德意愿培育过程。

---

① 《习近平：深入开展学习宣传道德模范活动 为实现中国梦凝聚有力道德支撑》，《人民日报》2013年9月27日，第1版。
② 郑永年：《通往大国之路：中国与世界秩序的重塑》，东方出版社，2011，第199页。
③ 《列宁全集》（第39卷），人民出版社，1986，第100页。

　　"知"是道德认知，道德认知是培育道德意愿的必然前提。践行社会主义核心价值观，始于人们对其所蕴含的道德价值的深刻认知和理解。正如刘云山同志所说，"培育和践行核心价值观，一定要在增强认知认同上下功夫"①。当前人们践行社会主义核心价值观的意志还不够坚定，亟须广泛开展宣传教育以提升人们践行社会主义核心价值观的积极性和主动性。"情"是情感态度，道德意愿的培育要获得情感支撑，才会使道德约束成为一种真正自愿的行为意识。践行社会主义核心价值观不能止步于认知层面，还需引导人们对其投以真挚的情感，赢得人们的亲近感和认同感，才能达到入情化德、以情拥德的效果。"意"是意志力，道德意志反映的是当人们在面临道德抉择时毫不犹豫地坚持趋善避恶、惩恶扬善的勇气和毅力。践行社会主义核心价值观，要旗帜鲜明地"告诉人们什么是真善美，什么是假恶丑，什么是值得肯定和赞扬的，什么是必须反对和否定的"②，引导人们增强拥护社会主义核心价值观的道德意志力。培育人们向往、尊重、遵守社会主义核心价值观的强烈意愿，以意固德、以德立志，使人们成为社会主义核心价值观强有力的捍卫者和践行者。"信"是信念，道德信念作为人的内心最强大的道德意愿，已经成为一种精神信念。价值自信涵养着成熟而又纯粹的道德人格，可以激发出人的德操气节，逐渐积蓄起道德意愿的力量，从而形成一股凛然正气。培育人们的价值自信，是从内心深处践行社会主义核心价值观的必然要求。践行社会主义核心价值观，需要坚定社会主义的共同理想，不断地升华自己的精神世界。"行"是实践，即道德行为，通过知、情、意、信阶段的道德意愿积累，践行社会主义核心价值观的道德意愿已经相对坚定，外化行为成为检验人们是否完成对社会主义核心价值观内化的唯一标准。践行社会主义核心价值观就是要使人们将社会主义核心价值观内化于心、外化于行。习近平同志指出："要通过教育引导、舆论宣传、文化熏陶、实践养成、制度保障等，使社会主义核心价值观内化为人们的精神追求，外化为人们的自觉行动。"③ 社会主义核心价值观的内化就是要对人们进行知、情、意、信、行等方面的价值渗透，而社会主义核心价值观的外化就是要提升人们践行社会主义核

　　① 刘云山：《着力培育和践行社会主义核心价值观》，《党建》2014 年第 2 期。
　　② 《习近平谈治国理政》，外文出版社，2014，第 165 页。
　　③ 《习近平谈治国理政》，外文出版社，2014，第 164 页。

心价值观的行为能力，化行为德，在春风化雨、润物无声的日常行为中践行社会主义核心价值观。

第二节　以道德榜样引领崇德向善的道德追求

道德榜样既是历史的、民族的，也是时代的、社会的，任何道德榜样都是基于整体的历史发展进程和所处的特定社会发展阶段而产生的，反映了其所处社会的精神面貌和时代特质。习近平总书记在会见第四届全国道德模范及提名奖获得者时指出，要"弘扬真善美，传播正能量，激励人民群众崇德向善、见贤思齐，鼓励全社会积善成德、明德惟馨，为实现中华民族伟大复兴的中国梦凝聚起强大的精神力量和有力的道德支撑"①。道德榜样正是起着凝聚社会正能量、引领社会舆论的作用，感召和激发着人们自觉形成向上向善的道德意愿。当前中国社会对道德榜样的宣传推广，是对社会主义核心价值观的人格化塑造，也集中彰显着人们对"真、善、美"的道德意愿向往。社会转型时期的社会背景因素，以及榜样示范及宣传中的问题，导致了一些疏离道德榜样的现象出现。道德意愿的激发和培育亟须摆脱"榜样疏离"困境，提升公众对道德榜样的认同感，以道德榜样引领崇德向善的道德追求。

一　认识道德榜样的精神特质以增强榜样引领作用

道德榜样是"具有道德感染力、行为模仿力、能让人们产生情感共鸣，能激发社会大众产生尊敬、崇拜的心理并进而学习和效仿的模范、典型"②。人的发展不平衡性决定了道德榜样是居于社会精神发展前列的先进性代表，他们引领着广大普通民众形成高尚的道德情操和坚实的道德意愿。以树立道德榜样作为激发和培育道德意愿的路径，可以促使人们获得融认知、情感、修养为一体的道德体验，有利于人们在平实的道德感知中激发出崇高的道德意愿。虽然各种类型榜样人物的道德意愿和行为方式不

---

① 《习近平：深入开展学习宣传道德模范活动 为实现中国梦凝聚有力道德支撑》，《人民日报》2013年9月27日，第1版。

② 崔婷婷：《论道德模范影响力的提升》，《湖南社会科学》2012年第6期。

尽相同，但他们都注重崇德修身、善积小德以养大德，并以一己之力为社会积蓄着道德力量。习近平总书记认为，"修德，既要立意高远，又要立足平实。要立志报效祖国、服务人民，这是大德，养大德者方可成大业"①。无疑，道德榜样就充分体现出了这一精神实质。应充分发挥道德榜样引领道德追求的作用，激发民众愉悦、崇信和效仿学习的主观愿望。

在道德意愿培育过程中，道德榜样具有行为示范、精神激励、价值导向的作用，模范人物身体力行地感染、鼓舞、教育和鞭策着人们对崇高道德的向往和追求。首先，道德榜样具有行为示范作用。榜样作为道德意愿培育的重要资源，感召着人们从榜样的行为示范中获得道德追求的动力。当道德榜样的道德行为直观地呈现在人们眼前，可以直接唤起人们的情感共鸣和理性崇拜，具有非常强的示范性，易于人们模仿并身体力行。榜样示范促使人们将榜样人物的模范行为内化为自身的道德需求并外化为相应的道德行为，由外而内地推动人们道德意愿的生成。其次，道德榜样具有精神激励作用。道德榜样实质上就是社会主流价值观念和道德精神的人格化，其行为反映了社会所推崇的道德追求。人们在追求道德的积极性、主动性和创造性过程中，时刻受到弥漫于社会中的主流价值精神的感染。道德榜样的精神激励作用体现为对人们道德动机的干预，促使人们按照社会主导的价值标准去进行道德选择。最后，道德榜样具有价值导向作用。道德榜样的导向作用主要体现在从人格导向和价值导向等方面来引领人们的道德追求，使人通过对真实可信的榜样事迹和先进行为的感受与学习激发自我善良道德意愿。一方面，道德榜样可为人们树立起理想人格的典范，引导人们在长期的道德实践中生成追求理想人格的道德意愿。习近平曾强调，"要学习先进典型，学习身边榜样，不断发扬光大他们的宝贵精神和人格风范"②。另一方面，榜样人物身上所承载着的道德精神，集中体现了优秀传统美德和社会主义道德的价值取向，为人们的道德追求树立了价值标杆。人的价值从社会贡献与个人满足两方面来评价，而榜样人物的价值选择时常会突出社会贡献、社会的广泛认可，也为人们提供了道德追求中的价值选择示范。

---

① 《习近平谈治国理政》，外文出版社，2014，第 173 页。
② 转引自高平、侯兵《百姓铭记爱民官 激情担当励后人——内蒙古干部群众追忆学习"草原孺子牛"牛玉儒》，《光明日报》2014 年 4 月 11 日，第 4 版。

二　推动榜样选树的现代转型以走出榜样疏离困境

榜样作为道德精神的人格化载体，在不同的社会历史条件下，就会体现出不同的精神价值和作用方式。道德榜样的选树要面向大众、与时俱进，促进道德榜样选树方式的现代转型，适应多元社会、现实国情和人民主体意识的发展，才会激发人们学习道德榜样的意愿。首先，道德榜样的树立要适应多元化的社会环境，改变榜样类型单一的局面，要多层面、多类型地选树道德榜样。"既要有党政部门推出的道德模范、时代先锋、十杰青年，也要有社会媒体和团体机构评出的感动人物、公益英雄；既要有感人肺腑、静化灵魂的道德榜样，也要有催人奋进、努力争先的创业榜样、生活榜样等；既要有大家耳熟能详的名人榜样，更要有平凡岗位的草根榜样；既要有全国范围各行业系统的榜样，也要有身边的同龄榜样等。"① 各行各业、多种多样的榜样选树覆盖了绝大多数公民的生产生活领域，满足了人们各种类型、不同层次的精神需要，为人们提供全面的学习和仿效对象。其次，选树道德榜样要更加人性化。在选树榜样时要坚持真实性，切忌将模范人物及其事迹过度美化和修饰，应以真情合理的常人典范代替遥不可及的平面化的"高、大、全"式的神人典范。德性厚重、人性丰富的道德榜样更能使人们产生道德意愿，内心的亲近与认同使得人们更易在榜样的身上发掘到与己相似的特质，从而获得学习和模仿道德榜样的动力。

榜样教育是一种社会育人方式，其类型特点、精神内涵、生成模式和推广学习等，需要符合社会的时代特点和人们的精神现实，才能契合人们的内心认同并转化为道德追求的力量，从而发挥榜样效应、激发人们的道德意愿。随着我国社会的转型，道德榜样的选树方式也将逐步由传统向现代转型，"标准化、统一化的道德榜样逐步让位于多元化、个性化、生活化的道德榜样"②，以更加真实、接地气的道德榜样引领新时代道德意愿培育的新风尚。但道德榜样的科学选树仅仅是发挥榜样教育作用的基本前

---

① 李蕊：《试论"榜样疏离"困境的产生与解决》，《求实》2012 年第 8 期。
② 邹秀春：《道德榜样论》，北京出版社，2010，第 55 页。

提，要发挥榜样对道德意愿培育的社会作用，还需要进一步探寻发挥榜样作用的其他条件。

三　发挥特定群体的榜样示范作用以激发榜样学习热情

相对于社会所选树的道德榜样而言，人们身边还存在着一个更庞大的道德榜样群体，他们的榜样示范作用因为其身份的特殊性而更为显著。这个群体就是"最应该成为道德榜样的人"，也就是"潜在道德榜样"，如对人们的道德发展起到重要影响作用的公众人物、教师、父母等。发挥"潜在道德榜样"这个特定群体的榜样示范作用，为大众提供更亲近、易学的道德榜样，有利于激发人们的榜样学习热情。

公众人物要严以律己，带动全社会积极崇德向善。公众人物的公众性决定了他们具有榜样作用，他们的思想境界、精神面貌和道德情操，对人们道德意愿的生成与发展有着很强的示范效应。他们受到公众的广泛关注，经核裂变式的现代媒介报道后很容易成为社会道德发展的风向标，从而迅速成为社会大众热议的焦点。所以，公众人物应该严以律己，肩负起推动人们道德意愿健康发展的道德责任。公众人物的榜样示范效应有利于带动全社会形成崇德向善的道德意愿，公众人物需加强自我管理、自我约束，坚守内心的社会主义核心价值观。公众人物承担着激励人们从德向善的社会责任，要具备强烈道德责任意识，要具有"强烈的家国情怀，敬业乐群，修睦讲信，真诚无妄，臻于至善"，要具有"高尚的社会公德、职业道德、家庭美德、个人品德"，要能够"时刻激发深植于心的道德意愿、道德情感"。①

教师要强化育人意识，开展言行身正的示范教育。教师是学生最直接的榜样，这种强烈的"向师性"使得教师的举手投足容易产生放大效应，影响着学生道德意愿的生成与发展。教师的职业特性也决定了其必须具有扎实的专业精神、服务精神、奉献精神、敬业精神、协作精神等，肩负着培育学生道德意愿的责任。教师的示范教育需要渗透到教育教学的全过程，对学生的思想道德教育起着不可替代的作用。前苏联教育家马卡连柯

---

① 参见任静伟《部分公众人物道德缺失的现状、原因及应对》，《探索》2014年第6期。

认为，"教育者对被教育者的作用首先是教师品格的熏陶、行为的教育，然后是科学知识和技能的训练"①。教师的榜样育人活动应着力于塑造学生的健全人格、引领学生未来的生活、推动学生形成优良的品格，育人的核心应从知识的传授向人的品德塑造转变。古人云："修犹切磋琢磨，养犹涵育熏陶。"（《辞源》）教师应不断加强思想修养，锤炼品格，融高尚的品质于个性之中，才能防止对学生产生负面的影响。马卡连柯曾说，"首先是教师品格的陶冶、行为的教育，然后才是专门知识和技能的训练，不经过这样的步骤，任何一个教师也不能成为很好的教师"②。教师要努力提高自己的德育意识，树立起良好的道德形象以增加自己的人格魅力，在日常生活中的师生交往点滴中感染、感化学生强化自己的道德意愿。教师应以其自身的人格魅力和掌握的道德知识，在思想上和品德上树立起崇高的威望，达到集言传身教于一体的榜样育人效果，为学生道德意愿的培育做好向导。

家长要树立榜样意识，树立良好的家风。家长是家庭的核心成员，他们的言传身教对家庭成员更具有示范性、针对性、权威性和渗透性。家庭的道德环境主要是在家长主导下家庭成员共同创造出来的，所有家庭成员的道德素质都是在家庭道德氛围影响下的产物，家风影响着个人的道德意愿生成和发展。家长应树立榜样意识，在家庭生活、职业生活和社会生活中严以律己、砥砺品行，切实做到言行一致；要维护家庭道德规则，树立起自己的道德权威。家长的道德示范应落实于家庭日常生活的细节中，时刻以自己的言行举止为家庭成员提供道德参考，有意识地教育家庭成员明理知义和注意德性修养。习近平总书记在 2015 年春节团拜会上指出，"不论时代发生多大变化，不论生活格局发生多大变化，我们都要重视家庭建设，注重家庭、注重家教、注重家风，紧密结合培育和弘扬社会主义核心价值观，发扬光大中华民族传统家庭美德"③。立足于时代语境，家长应牢固地树立榜样意识，不断地提高自身的道德素养，创造性地继承和发扬传统的治家之道、教子之方、修身之法、处世之则等，为家庭成员道德意愿

① 转引自关月玲编著《教师品质教育》，西北农林科技大学出版社，2013，第 18 页。
② 转引自郑禾编著《教师职业道德修养》，对外经济贸易大学出版社，2004，第 25 页。
③ 《中共中央国务院举行春节团拜会 习近平发表重要讲话》，《人民日报》2015 年 2 月 18 日，第 1 版。

的培育提供优良的环境。

第三节　以制度育人夯实崇德向善的道德力量

人的道德意愿具有可上可下的两面性和居间性，这使得道德意愿的培育有可能会出现反复动摇。单纯地依靠人们的道德良心、人之本性和超脱心境，而想当然地认为经过确立榜样、宣传思想和进行道德教育后，就会形成牢固的道德意愿的培育理念就显得过于理想化了。"公民良好道德习惯的养成是一个长期的、渐进的过程，离不开严明的规章制度。"[①] 同样，培育公民道德意愿，还必须坚守制度底线，搭建制度平台，树立起制度育人观。"制度作为人的价值存在，因内含着一定时代的伦理道德精神而潜移默化地影响着人的道德养成。同样，德育制度在一定时代德育理念的影响下而内含着一定的道德教化价值。"[②] 以制度育人来夯实崇德向善的道德力量，需将正面引领、感化提升与负面防堵、规避制约结合起来，保障各种育人方式的有效性和育人环境的公正性，从而更好地激发和实现公民的道德意愿。

一　制度育人须立制彰显公正价值

制度公正是制度育人的必然前提，从善环境需要公正的制度保障。公正是制度德性的首要要求，正如罗尔斯所说，"正义是社会制度的首要德性，正像真理是思想体系的首要价值一样。一种理论，无论它多么精致和简洁，只要它不真实就必须加以拒绝和修正；同样，某些法律和制度，不管它们如何有效率和有条理，只要它们不正义，就必须加以改造或废除……作为人类活动的首要价值，真理和正义是决不妥协的"[③]。制度作为人们的社会交往规则，其公正与否深刻地影响着人们的价值取向、行为习惯和道德意愿等，公正的制度可以确保人们的道德意愿得到良性培育。反

---

① 《公民道德建设实施纲要》，学习出版社，2001，第20页。
② 刘超良：《论德育制度的价值标准》，《教育研究与实验》2010年第1期。
③ 〔美〕约翰·罗尔斯：《正义论》，何怀宏、何包钢、廖申白译，中国社会科学出版社，1988，第3~4页。

之，则会大大地削弱制度的德育功能，甚至破坏整个社会的从善环境，以致阻碍人们道德意愿的培育。没有制度的公正保障，"个人即使做到了'道德'，也起不到多大的社会作用，或者只能独善其身，或者助长这个社会的不道德。……因此，制度德性比个人德性更具普遍性，制度德性是个体德性的基础和前提"①。个人德性从属于制度德性，但制度德性须服务于人的德性发展。如此，在公正的制度长期规范下能够形成良好的道德行为习惯，使人的德性素养得到提高，从而固化其从善意愿。营造引人向善的制度环境，避免出现"道德的人与不道德的社会"矛盾，使其成为道德意愿培育的推进器，需要公正地维护好个人与社会、个人与他人之间和谐的道德关系。

(一) 制度公正要求惩恶扬善

制度是一定社会善恶价值判断的显性标准，它的生命力取决于其所秉持着怎样的价值观及其是否公正地判断和处理善恶的行为。"每一制度的具体安排都要受一定的伦理观念的支配，制度不过是一定伦理观念的实体化和具体化，是结构化、程序化了的伦理精神。"② 惩恶扬善就是彰显制度公正的比较显著的道德机能，规范着整个社会的道德意愿的培育方向。由于人类本身具有善恶的两面性，正如恩格斯所言，"人类来源于动物界这一事实已经决定人永远不能完全摆脱兽性，所以问题永远只能在于摆脱得多些或少些，在于兽性或人性的程度上的差异"③。这就决定了人的道德意愿和道德行为存在不稳定性，所以将惩恶扬善的道德机能制度化可以实现对公民常态化的他律监督。

任何善良意愿的培育都离不开助其成长的良好的制度环境，以制度育人需要建立健全各项制度安排，将惩恶扬善的机能植入与人们的日常生活息息相关的制度中去。首先，要完善法律制度，坚决弘扬社会正气。在现代市场经济的陌生社会里，传统熟人社会的人际监督效应逐步消解，"能够限制或阻止他人采取不道德行为的唯一有效方式，能够即便是在一种陌

---

① 杜时忠：《制度德性与制度德育》，《高教探索》2002 年第 4 期。
② 〔美〕罗斯科·庞德：《通过法律的社会控制——法律的任务》，沈宗灵、董世忠译，杨昌裕、楼邦产校，商务印书馆，1984，第 35 页。
③ 《马克思恩格斯文集》（第 9 卷），人民出版社，2009，第 106 页。

生人的环境中也能赢得一种可以信赖关系的唯一可靠途径，就是建构法律规则来对行为做出强制性的规约"①。完备有效的法律制度，为人们的道德意愿培育提供了可预期性，既防止了外来不确定性的道德干扰，也强化着自身的道德底线意识。良善的制度保障着社会的良法善治，有利于人们在社会正气的熏陶下，使善良意愿成为人们的本能反应和自然而然的心理诉求。其次，要完善惩恶扬善机制，促使道德价值的制度化。制度的执行机理要体现出明显的扬善抑恶倾向，为善良意愿提供制度支持，满足有德之人的道德回报，而对不道德行为予以严惩，增加无德之人的道德代价。公正的制度建设应该形成惩恶扬善的道德机制，营造出褒扬正气、贬抑邪气的道德氛围，引导人们在遵循制度的过程中汲取到蕴含其中的伦理精神。如此，既能树立起制度的道德权威，又能激发和提升人们的道德意愿。近些年，我国开始注重道德惩戒机制的建设，如2016年9月，中共中央办公厅、国务院办公厅印发了《关于加快推进失信被执行人信用监督、警示和惩戒机制建设的意见》，旨在通过惩戒机制建设来营造诚信互助的良好道德风尚。② 最后，要发挥公正制度所内含的精神力量，激发人们内心的道德意愿。制度的有效执行并不完全是靠权力的强制，从根本上说公正的制度是以德服人的。正如康芒斯所说，制度是"集体行动控制个体行动"③。制度具有控制和解放的双重功能，当人们体认到制度的公正就能从制度的约束中解放出来，从而将需要遵循的制度转化为内心的道德律令。

（二）制度公正要求德福一致

制度育人需要坚持德福一致的价值理念，促使人们在现实利益面前树立正确的义利观。如若缺乏公正的制度指引和规约，人容易在自然冲动的刺激下盲目地趋乐避苦，助长非道德欲望的膨胀继而造成"个人的物欲和情欲取代了社会，变成了行为目标，从而最终使社会的健康状况急剧恶化，道德秩序遭到了破坏，行为规范失去了效力，整个社会突显出了病态

---

① 甘绍平：《伦理学的当代建构》，中国发展出版社，2015，第46页。
② 《中办　国办印发〈关于加快推进失信被执行人信用监督、警示和惩戒机制建设的意见〉》，《光明日报》2016年9月26日，第1版。
③ 〔美〕约翰·罗杰斯·康芒斯：《制度经济学》（上册），于树生译，商务印书馆，1962，第87页。

的征兆"①。制度育人需要克制人的私欲，避免人的道德意愿埋没于私欲之中，但又不能矫枉过正而盲目拔高人的精神境界。马克思曾说过，"正确理解的利益是整个道德的基础"②。恩格斯也在《反杜林论》中以"切勿偷盗"为例论述了道德戒律的适用原则，指出"切勿偷盗"的道德戒律只适用于私有制经济社会中；他特别强调，"我们拒绝想把任何道德教条当做永恒的、终极的、从此不变的伦理规律强加给我们的一切无理要求，……我们断定，一切以往的道德论归根到底都是当时的社会经济状况的产物"③。由此可知，道德意愿的培育必须坚持德福相适、义利统一的价值均衡原则。要建立公正的制度，合理调节义利关系和确保德福一致，一方面需要确保人们正当利益的实现，避免利益失衡；另一方面要保护和奖励人们的善行，对社会的恶行加以严惩，让人们在日常生活的切身感受之中体验到惩恶扬善的美好。总之，建立健全道德规章制度，"要把思想引导与利益调节、精神鼓励与物质奖励统一起来"④，为激发和培育公民道德意愿提供有效的制度保障。

二　制度育人须立制系于人心人伦

坚持以人为本的立制理念，服务于人们的全面发展。制度设计要以完善人的德性为要旨，只有以人为本的制度要求，才能激发人们对制度的尊重、促使人们领悟到制度所蕴含着的道德价值，从而激发其善良道德意愿。制度育人着力于构建人们的精神世界，"如果制度能够成为社会理性、群体理性或职业理性的代表，那么人作为个人的道德存在就是有保障的"⑤。反之，立制违背人心人伦，形成不合理的制度安排，必将使制度"败倒在根深蒂固的道德的脚下"⑥。制度设计需要跳出以管理为本的思维，逐步向以人为本的理念转变，要充分尊重人的主体地位，基于现实条件和

---

① 渠敬东：《缺席与断裂——有关失范的社会学研究》，上海人民出版社，1999，第33页。
② 《马克思恩格斯全集》（第2卷），人民出版社，1957，第167页。
③ 《马克思恩格斯文集》（第9卷），人民出版社，2009，第99页。
④ 《公民道德建设实施纲要》，学习出版社，2001，第20页。
⑤ 张康之：《论伦理精神》，江苏人民出版社，2010，第208页。
⑥ 转引自〔澳〕皮特·凯恩《法律与道德中的责任》，罗李华译，张世泰校，商务印书馆，2008，第24页。

人民的需求进行人性化的制度设计，才能赢得民心继而实现对人们的思想和行为的合理引导。要发挥制度的育人功能先要引导人们认同、拥护和遵守制度，然而在现实的制度设计过程中仍存在形式化和单一化等弊端，盲目追求管理的便利而忽视了人们的主体感受，致使制度异化为没有灵魂的工具，丧失了其规范化的育人意义。制度育人必须突出制度设计中的主体精神，尊重人们的道德主体地位。"与成熟完善的社会主义市场经济体制改革的目标模式相对应，中国社会新道德必须以人的主体精神为其基本原则。"① 以人为本、服务人民的制度设计应尊重人的主体精神，坚持民主参与原则，让人们参与到制度安排的全过程。

（一）倡导制度伦理精神，不断促进人性完善

"人是一种有自我意识、会关注自己的存在状态并以自己的主体实践活动改变自己存在状态，并积极追求卓越和超越的实践性生命。"② 人的本质决定了人要寻求以符合人的存在逻辑的方式而存在。为此，社会制度的设置要特别强调人的精神自由和人格的完善，避免人为外在物所奴役而造成人格的不完善、不自由的人性异化现象。人性的完善需要倡导制度的伦理精神。人的道德意愿并不是与生俱来的，它是人在社会实践中对自我本性进行必要节制的过程中逐渐形成的。以富含伦理人性的制度来节制人的片面发展，是促进人的全面发展的制度路径。要建设人性的制度，服务于人的自由全面发展，在制度良好的社会之中催生出人们的道德意愿。道德意愿的培育既依赖于个人的道德素质，也需要良好的制度建设，且"制度问题更带有根本性、全局性、稳定性和长期性"③。因此，为防止人性异化，激发和培育人的道德意愿，要着重加强制度的伦理性观照，甚至在一定条件下可以推动道德与制度的相互转化。"道德和法律存在着具体的交叉与融合。一方面，道德训诫可以具有法律的威势，这就是道德的法律化；另一方面，法律规范同时要行使道德的职能，这又是把法律道德化。"④ 可以看出，道德与法律或制度在某些方面和情境中是可以相互转化

---

① 李兰芬、张晓东：《道德转型论》，《江海学刊》1997 年第 2 期。

② 赵明智、赵璟莎：《道德修养与现代人生》，文化艺术出版社，2011，第 76 页。

③ 《邓小平文选》（第 2 卷），人民出版社，1994，第 333 页。

④ 高国希：《道德哲学》，复旦大学出版社，2005，第 171 页。

的。道德转化为制度并不是要从外部给人们强加崇高的道德要求，而是本着公正的伦理精神以制度的形式维持基本的道德秩序，让人们在世俗的实践生活中自主地生发崇高的道德意愿。

（二）适时进行制度更新，满足人的精神发展需要

制度决定着人的发展，"人发展什么、怎样发展，根本上是由生产力决定的，而直接的则是由社会关系即制度来决定的"①。制度对人的精神发展起着决定性作用，但人是制度的主体，制度及其更新与人的发展需要在共生互动中维持着良好的道德环境。人的主体性、能动性和创造性表现为，人在社会交往过程中的价值选择推动着制度的不断发展。有学者指出，"人们从制度伦理视角出发对既有制度所作出的'不好'的道德评价及其所形成的舆论压力，是引发制度创新的群众基础"②。然而，人们所秉持的道德价值观念是不断发展着的，对制度的道德评价标准也会随之变化，这表明人们主观上具有推动制度创新的意愿。通过制度创新推动人的精神发展，需要根据社会发展阶段和实际情况，不断地制定、完善、更新道德规范或制度。

三 制度育人须立制固化善良意愿

将善良意愿固化于心、固化于制，要建立合理的道德赏罚机制，激励人们的道德意愿培育。道德赏罚机制是社会以利益或荣誉的影响来对人的道德品质或人们之间的道德关系进行调节的系统机制，它将道德因素融于分配制度或名利奖惩的方式中，实现对人们的道德状况、道德生活和道德心理施加影响。扬善抑恶是道德赏罚的基本功能，调节着人们的道德意愿和生活态度。由于人既是一种感性存在，也是一种精神存在，所以要建立合理的道德赏罚机制，需要兼顾到物质与精神上的适度奖惩，过于偏废一方都将致使赏罚机制丧失对人们的道德意愿的引导功能。要激发人的道德意愿需要将内在的需要与外在的诱导结合起来，"借助于利益杠杆或荣誉

① 吴向东：《制度与人的全面发展》，《哲学研究》2004 年第 8 期。
② 方军：《制度伦理与制度创新》，《中国社会科学》1997 年第 3 期。

杠杆，强烈刺激人们的功利心、荣誉心或成就需求，从而产生人们的怀赏畏罚的心理，在这种心理的驱使下，人们会自发地调节自己的行为，或激发起人们遵守道德的动机，形成某种社会所倡导的行为习惯"①。为充分发挥好道德赏罚机制的效能，社会建立起来的道德赏罚机制需要将通过舆论、政治和经济等手段来执行的赏罚方式与人们在自然生活中所形成的赏罚文化融合，使得有意识地进行赏罚所推行的道德观念能够深入人心，契合人们日常生活中所形成的普遍价值观，从而赢得人民大众的支持。国家所倡导的道德观念既源于人们的日常生活，但又高于日常的道德要求，以政治权力推行的道德赏罚尤其要注意与生活世界里的赏罚相和谐，否则在政治性道德赏罚的强有力作用下，只会造成人们道德意愿的压抑或扭曲，甚至丧失自己的价值观。赏善罚恶要植根于人们的大众生活，良好的道德赏罚机制有利于调动人们崇德向善的积极性，促使全社会形成向上向善的道德风尚。

将善良意愿固化于心、固化于制，要创新道德传播的实施机制，营造涵养道德意愿的舆论氛围。在现代化的信息社会，大众传播已经渗透到人们生活的各个领域，深刻地影响着人们的价值观念和思想意识。通过大众传播手段倡导社会道德规范，进而使主流道德观念进入人们的思想意识中，已成为固化人们善良意愿的惯用方法。大众传播过滤着社会中的道德观念，使真的认识、善的价值、美的风采得以显露，让假、恶、丑的无德行径饱受谴责，其价值导向功能助力善良道德意愿的广泛传播。因而，要运用现代传播工具，进行价值观念的沟通和道德信息的输出，对人们施加有价值倾向的道德影响，引起人们的观念碰撞，让人们在道德信息的选择、审视和再加工中形成道德共鸣，在如此的道德传播循环过程中固化大众的道德意愿。但是，传统的道德传播偏理性而轻情感，使得人们的反灌输感十分强烈，道德传播要引人向善和固化内心的道德意愿，就要创新道德传播的实施机制。"理性化的道德认知导向要转化为个体内在的心性价值信仰，主要取决于道德教化和道德传播的具体方式能否激起道德主体的心灵共鸣。"② 道德传播的方式应走近人们的内心，关切人们的情感体验，

① 龚群：《论道德赏罚》，《云南社会科学》2009年第5期。
② 蒋颖荣：《荀子的"礼乐"教化思想与现代道德传播》，《哲学动态》2010年第5期。

融入情感性的道德内容。理性的道德信息要深入人心，转化为个体的内心信仰，应当先引起人们的内心共鸣，赢得人们的道德认同，使得他们的道德意愿由意识进入无意识，成为某种思想定式或情感取向，才能将其善良道德意愿固化于心。

第四节　以环境育人营造崇德向善的道德风尚

随着社会的全面进步与发展，尤其是网络化和全球化等新兴环境因素的出现，人们所处的社会环境越来越复杂。良好的社会道德环境有助于润育人心，对道德意愿的强化起着潜移默化的熏陶和感染作用。"人创造环境，同样，环境也创造人"[①]，人与环境相互改造、相互促进，人的道德意愿也必然受其所在的社会环境的影响。"人在改变自身所处环境的丑陋的同时，也在改变自身的缺陷；人在使自身所处环境不断趋于完善的同时，也使自身趋于完善。"[②] 因此，环境育人需要正确处理人与环境的关系，发掘出社会环境中的德育功能，营造出崇德向善的道德风尚。

一　引导道德舆论传播，净化社会道德风气

社会道德环境对人的道德意愿和善恶品质影响重大，它对人的道德认知、行为及其后果都具有双重性的影响。道德环境与个体的道德认知相符，则会成为个人道德判断的依据，促使个人迅速采取道德决断，反之则会干扰个体的道德认知，使其出现犹豫甚至产生错误的道德判断；道德环境对个体的道德行为既起着规定和维护的作用，但也调节和控制着道德行为的发展方向。良好的道德环境能够激发出个人的善念善行，不良的道德环境助长个人的恶言恶行；道德环境对道德行为产生的后果也具有双重性影响，个人的道德行为是否与道德环境的价值指向性一致，会导致截然不同的社会效应。良好的道德环境会使道德行为的善价值增值，既能强化个人的道德意愿，又能扩大善价值的传播范围。相反，在不良的道德环境

---

① 《马克思恩格斯文集》（第 1 卷），人民出版社，2009，第 545 页。
② 杨峻岭：《道德耻感论》，中央编译出版社，2013，第 245 页。

下，个人的道德行为反而会受到抑制而不会被强化，甚至助长恶行的膨胀。由此可见，社会道德环境的优良与否，关系着人的内心善恶的价值调节，激发和培育个体道德意愿，必须积极地优化道德环境，并利用道德环境的调控作用，净化社会道德风气以引人向上向善。

运用大众传媒引导道德舆论，营造出良好的社会道德风气。"社会道德风气指社会上流行的道德观念和风尚及其行为习惯。它从更广的范围内和更长的时间上对个体的行为发生影响。"① 社会道德环境与个体的道德行为，通过大众媒体的道德信息交流而发生相互作用。大众媒体是人们了解社会、交流学习和价值形成的重要渠道，而且随着传媒技术的进步，大众媒体以其传播快、覆盖广和信息多的优势对人的道德进行全方位的渗透。良好的道德舆论和道德风气为道德意愿的培育提供了精神上的支持。人具有善恶的两面性，并非注定会向善发展，人的道德发展其实就是在道德舆论环境下，在其内心的善恶意识的斗争中，而逐步树立牢固的道德操守的过程。大众媒体应充当社会公众利益的代表，努力涤除社会腐败风气、遏制社会病态现象，要努力构建以"善善恶恶、荣荣辱辱、抑恶扬善、崇荣避辱"为价值引导的良好道德舆论环境，以正确的舆论环境呵护人心中的善良种子。因而，应运用报纸、电视、广播、刊物等大众媒体来引导道德舆论，要敢于揭露社会上的假、恶、丑现象和批判无德无耻行为，营造出谴责无德者的耻感舆论场，对无德者施加无形的精神压力，强化无德者的羞耻、愧疚、畏惧等痛苦的情感体验，进而迫使其主动地改过自新。总之，大众传媒对社会荣辱观的塑造和价值引导需要观照人心，坚持打造扶正祛邪、扬善惩恶的道德生活环境。

运用大众媒体传播健康向善内容，弘扬正能量预防道德环境被污染。预防道德环境被污染需要优化大众媒体的宣传教育内容，社会风气的全面进步必须坚决遏制不良思想道德文化的传播与渗透。净化道德环境，增强社会正能量，需要充分发挥大众媒体的传播功能。一是，要以科学的理论武装人，传播马克思主义道德理想。宣扬爱国主义、集体主义、社会主义思想，倡导为人民服务的精神追求，促进全社会形成崇尚先进、学习先进的风气，催人追求科学、文明、健康的生活方式。二是，要以正确的舆论

---

① 李建华：《罪恶论——道德价值的逆向研究》，辽宁人民出版社，1994，第249页。

引导人，倡导社会主义荣辱观。发挥正能量的强大舆论力量，大力宣传社会主义道德风尚的新事物、新典范，从社会舆论上强化对善行义举的评价与褒奖，对背离社会主义道德的言行进行批评，形成好人得褒、坏人受责、是非分明的社会舆论环境，帮助人们提高辨别是非、抵制假丑恶和同各种错误的观念与行为作斗争的能力，培育人们健康向上和追求真善美的道德意愿。三是，要以高尚的精神塑造人，普及历史名人的伟大品格。发掘历史名人身上的优良传统美德或红色革命精神，引导人们立志养成高尚的品质和气节，塑造美好心灵、弘扬社会正气。四是，要以优秀的作品鼓舞人，传递社会主义先进文化。不良的精神作品会消解人的道德意志，造成道德沦丧和道德环境污染，大众媒体必须及时祛除不良精神作品带来的恶劣影响，大力弘扬社会主义道德主旋律，构建尚善抑恶的精神环境。大众传媒应用积极健康的内容教育群众，为群体贡献美好的精神食粮，让每个人都能在优秀文化产品的陶冶中净化心灵，给人以鼓舞、启迪和美的享受。

二　加强道德舆论监督，规范媒体伦理责任

现代社会环境复杂，但由于人的活动范围和注意力有限，不可能对周围环境做到方方面面的经验性接触。因而，人需要依赖媒体了解外界的环境状况，这就意味着人的行为抉择并不一定是对客观环境的直接反应，而是对媒体营造出的舆论环境的反应。"传媒在人的社会化过程中提供模板、参照，并将认识的效果扩大化。"[1] 由此可见，媒体对人的态度、行为以及能否形成正确的认知具有重大的影响。"社会舆论是发挥道德规约作用的有效手段，它往往反映着广大社会成员的共同愿望、理想和利益，代表着社会的基本价值导向。"[2] 面对全面深化改革时期可能出现诸多社会问题的现实，媒体不能擅用其影响力来煽动舆论，需要肩负起进行正确健康的舆论引导的伦理责任。

恪守媒体职业道德，规范媒体的信息管理。当前，媒体已成为人们获

① 蔡凯如、黄勇贤等：《穿越视听时空：广播电视传播论》，新华出版社，2003，第280页。
② 吴潜涛等：《社会主义荣辱观研究》，中国人民大学出版社，2014，第330页。

取信息的主要来源。社会碎片化的趋势，使得媒体的触角延伸到社会生活的各个方面。因而，媒介素养和职业操守会深刻地影响着社会生活的道德环境。媒体工作者要严格恪守职业道德，弘扬职业精神，养成良好的思想作风，树立崇高的责任感和使命感，本着对社会负责的态度，为社会提供健康文明的精神文化产品，不宣传格调低劣、有害健康的内容，打击非法文化产品，让健康文明的精神文化产品占领思想文化的高地；要提高媒体职业的道德能力，杜绝虚假新闻、防止肆意炒作；不做低俗化、程式化、泛娱化的报道，使媒体真正成为记录社会、关心人文、改善风气的公共力量。媒体工作者还应自觉维护好其社会形象，廉洁从业、做事公道、为人正派，要在法律法规范围内以合理得体的传播方式来表达媒体向善的诉求，不揭人隐私、不诽谤他人，合法获取新闻素材，报实情、讲实话、不为获得关注而捏造事实，为社会提供真实、客观、及时、健康的信息。

　　提升媒体责任意识，让娱乐绽放公益光芒。随着传媒技术的高度发达，传播业态日新月异、传播格局多元发展，新的传播时代催生着新的传播理念。"大众媒体追求公益特色是发展的必然结局，是媒体的本质追求，而不是自我包装或者炒作结果。"[1] 反思媒体的社会价值引导作用，要推动从"感官娱乐"向"娱乐承载公益"的传播理念转型，让娱乐也绽放出公益的光芒，实现媒介产业的转型升级。"道德有底线，市场有规则，娱乐有分寸，媒体有责任。"[2] 媒体的责任意识是铸造媒体品格、支撑媒体脊梁的价值内核。因而，要重视传播行为的人文精神价值，增强媒体的社会责任意识，对传播行为施加道义上的影响力。媒体要始终把社会效益放在首位，提升传播品味、革除低俗顽症。在传播行为的实践过程中，积极设置公益议题、营造公益氛围、培养公益意识，使得公益生活化、常态化。在传媒广告甄选播放时，商业广告要讲究文艺品味，严格做到不伤风化、不损道德，公益广告要联系生活实际，着力净化人们心灵和优化道德环境。在娱乐节目中融入具有公益价值的传播因素，将公益的思想启迪融于感官娱乐中，增进节目的道德感染力，让高尚不再曲高和寡，实现社会效益与经济效益的共赢。

---

① 转引自黄家雄《坚守媒介精神立场 促进和谐社会建设——对湖北卫视公益特色的解读》，《中国广播电视学刊》2006 年第 3 期。

② 周敏：《电视娱乐节目的公益性传播研究》，人民日报出版社，2016，第 205 页。

三　及时回应道德事件，合理引导道德舆情

道德事件是指引发社会公众依据道德观念对当事人进行道德评价，但又不能达成共识而形成持续性讨论的争议事件。由于道德事件存疑点、有争议，能够引发聚集效应，权威媒体若不加以妥善引导，很可能造成社会道德情绪和社会道德态度的尖锐对立。在特定的道德事件中，各个群体会在心理上作出道德好恶的反应，并表现出极不稳定的赞叹或鄙夷的情态，很容易激发出极端的狂喜或暴怒情绪。而针对道德事件中的具体主体，无数的旁观者会对当事人的言行举止作出一种较为持久的道德反应，不管是肯定还是否定的道德态度都会对自身产生持续性的影响。无论是基于社会道德情绪还是社会道德态度的考量，都可能对社会道德环境产生正与负的双向影响。道德事件具有两面性，它既可以成为传播道德良知的契机，也可以恶化为扭曲社会良知的危机。因而，权威媒体在道德事件的舆论引导中必须审慎处理，实时警惕和纠正媒体在道德事件报道中的舆论误导，履行引导社会舆论、化解道德争议的社会责任。

要革新舆论引导理念，消除传统传播体制弊端。在以往传统媒体占据主导地位的时期，媒体的信息流通是要受管控的，舆论引导被限制在较为狭窄的渠道内。当面对道德突发事件时，传统媒体往往疲于被动地应急引导，受众也无法充分表达意见，只能被动接受。但随着互联网的普及和自媒体的发展，极大地突破了传统的信息传播格局，媒介资源不再为少数人控制，各种言论得到更为充分的自由表达。在新兴媒体背景下一旦发生道德事件，权威媒体应抢先赢得话语先机，及时发布真实可靠的信息，压缩虚假信息传播空间，才能避免道德绑架及其引发的道德暴力行为等。可见，舆论的引导机制应该与时俱进，推动传播体制由"控制"向"疏导"转型，由"被动式"应急向"主动型"披露转变。

要发挥权威媒体的优势，协同民间媒体理性发声。媒体之间可以相互监督，发出不同的声音，但都应以先责任而后功利的态度，真实全面地报道道德事件。拉扎斯菲尔德曾提到，"大众媒体是一种既可以为善服务、也可以为恶服务的强大工具，总的来说，如果不加适当的控制，它为恶服

务的可能性更大"①。尤其是媒体在关于道德事件的传播影响上，更易显现出媒体基于利益的考量而选择性地报道新闻消息。权威媒体与民间媒体之间需要在相互监督下及时地报道事件的全貌，各类媒体应理性发声，不能片面追求道德制高点。"媒体的选择性负面倾向性报道框架对大众的误导，会导致民众对社会道德滑坡过度焦虑，并产生信任危机，甚至产生教唆示范效应。因此，在当下的中国，媒体固然要鞭挞一切丑恶的东西，但不能用一种加剧社会恐惧的方式去批判，更不能断章取义，歪曲真相。"② 与民间媒体相比，权威媒体赖以生存的是其公信力，应充分利用其捕捉新闻的专业能力和社会动员能力，在第一时间提供可靠信息以便取得议程设置的主动权。"新闻报道在传递信息流的同时也在传播影响流和情感流，一旦报道取向失衡，人们对社会道德争议的负面情绪就被煽动起来。"③ 权威媒体要正确把握议程设置的向度，启动健全的新闻工作流程保障资讯的准确性，尽快满足受众向权威媒体的求证心理，不断提升主流思想舆论的影响力，引导道德舆论建构起向善的舆论环境，正面唤起人的善良意愿。

---

① 转引自金梦兰《媒体的社会责任》，山西人民出版社，2015，第 223 页。
② 吴献举：《道德争议事件的舆论误导与媒体责任》，《湖北社会科学》2012 年第 9 期。
③ 李玉娟：《社会冲突理论视阈下的网络突发事件的发生机理及治理创新》，《西南民族大学学报》（人文社科版）2015 年第 5 期。

参考文献

一 经典文献类

《马克思恩格斯文集》（1～10卷），人民出版社，2009。

《毛泽东选集》（1～4卷），人民出版社，1991。

《邓小平文选》（1～3卷），人民出版社，1993/1994。

《江泽民文选》（1～3卷），人民出版社，2006。

《胡锦涛文选》（1～3卷），人民出版社，2016。

《习近平谈治国理政》（第1卷），外文出版社，2018。

《习近平谈治国理政》（第2卷），外文出版社，2017。

《习近平谈治国理政》（第3卷），外文出版社，2020。

《习近平用典》，人民日报出版社，2015。

《习近平总书记系列重要讲话读本》，学习出版社、人民出版社，2016。

《公民道德建设实施纲要》，学习出版社，2001。

《十六大以来重要文献选编》（上、中、下），中央文献出版社，2005/
2006/2008。

《十七大以来重要文献选编》（上、中、下），中央文献出版社，2009/
2011/2013。

《十八大以来重要文献选编》（上、中、下），中央文献出版社，2014/
2016/2018。

二 中文著作类

安云凤主编《新编现代伦理学》，首都师范大学出版社，2001。

白先同主编《德育新观念：中国学校德育改革读本》，广西师范大学出版社，2000。

白先同编著《教育心理学教程》，广西师范大学出版社，1992。

程立显：《伦理学与社会公正》，北京大学出版社，2002。

迟毓凯：《亲社会行为启动效应研究》，广东人民出版社，2009。

迟云主编《社会的良心与善行——聚焦社会志愿服务》，山东教育出版社，2014。

崔光辉：《现象的沉思：现象学心理学》，山东教育出版社，2009。

戴钢书：《德育环境研究》，人民出版社，2002。

戴艳军、房广顺、王立娟编著《雷锋精神与公民道德建设》，中国财政经济出版社，2013。

杜凯：《自善论：自我思想道德建设研究》，贵州大学出版社，2008。

杜维明：《现代精神与儒家传统》，生活·读书·新知三联书店，1997。

冯契主编《哲学大辞典》，上海辞书出版社，2001。

冯友兰：《中国哲学简史》，赵复三译，天津社会科学院出版社，2005。

甘绍平：《伦理学的当代建构》，中国发展出版社，2015。

高国希：《道德哲学》，复旦大学出版社，2005。

高国希：《走出伦理困境——麦金太尔道德哲学与马克思主义伦理学研究》，上海社会科学院出版社，1996。

高来源：《实践范式下的杜威哲学：人在经验世界中的超越》，人民出版社，2015。

高兆明：《存在与自由：伦理学引论》，南京师范大学出版社，2004。

高兆明：《道德生活论》，河海大学出版社，1993。

高兆明：《道德文化：从传统到现代》，人民出版社，2015。

高兆明：《伦理学理论与方法》，人民出版社，2013。

郭本禹：《道德认知发展与道德教育：科尔伯格的理论与实践》，福建教育出版社，1999。

郭本禹、崔光辉、陈巍：《经验的描述——意动心理学》，山东教育出版社，2010。

郭金鸿：《道德责任论》，人民出版社，2008。

郭庆光：《传播学教程》，中国人民大学出版社，1999。

何怀宏：《底线伦理》，辽宁人民出版社，1998。

何怀宏：《良心论》，北京大学出版社，2009。

何怀宏：《良心与正义的探求》，黑龙江人民出版社，2004。

何怀宏：《伦理学是什么》，北京大学出版社，2008。

何怀宏：《中国的忧伤》，法律出版社，2011。

何建华：《道德选择论》，浙江人民出版社，2000。

贺来：《现实生活世界——乌托邦精神的真实根基》，吉林教育出版社，1998。

贺希荣、罗明星、朱美华：《道德的选择：来自大学生心灵的报告》，人民出版社，2006。

胡林英：《道德内化论》，社会科学文献出版社，2007。

黄向阳：《德育原理》，华东师范大学出版社，2000。

黄钊：《儒家德育学说论纲》，武汉大学出版社，2006。

季羡林：《风物长宜放眼量：季羡林谈传统文化》，重庆出版社，2015。

江畅：《德性论》，人民出版社，2011。

金炳华主编《马克思主义哲学大辞典》，上海辞书出版社，2003。

金梦兰：《媒体的社会责任》，山西人民出版社，2015。

金生鈜：《德性与教化——从苏格拉底到尼采：西方道德教育哲学思想研究》，湖南大学出版社，2003。

雷结斌：《中国社会转型期道德失范问题研究》，人民出版社，2015。

李伯黍、燕国材主编《教育心理学》，华东师范大学出版社，2001。

李丹：《儿童亲社会行为的发展》，上海科学普及出版社，2002。

李德顺：《价值论》，中国人民大学出版社，2007。

李德顺、孙伟平：《道德价值论》，云南人民出版社，2005。

李建华：《道德情感论——当代中国道德建设的一种视角》，北京大学出版社，2011。

李建华：《道德秩序》，湖南人民出版社，2008。

李建华：《罪恶论——道德价值的逆向研究》，辽宁人民出版社，1994。

李霞：《当代青少年的良心发展的心理学研究：对职业道德教育的启示》，东方出版中心，2012。

李义天：《美德伦理学与道德多样性》，中央编译出版社，2012。

李泽厚：《回应桑德尔及其他》，生活·读书·新知三联书店，2014。

李泽厚：《伦理学纲要》，人民日报出版社，2010。

李泽厚：《实用理性与乐感文化》，生活·读书·新知三联书店，2008。

李泽厚等：《什么是道德：李泽厚伦理学讨论班实录》，华东师范大学出版社，2015。

联合国教科文组织国际教育发展委员会编著《学会生存——教育世界的今天和明天》，教育科学出版社，2000。

梁启超：《梁启超清华大学演讲录：为学与做人》，东方出版社，2015。

梁漱溟：《中国文化要义》，上海人民出版社，2011。

廖小平：《道德认识论引论》，湖南教育出版社，1996。

林崇德：《品德发展心理学》，陕西师范大学出版社，2014。

林红：《道德完善视阈下的个体发展研究》，广东人民出版社，2010。

刘国强、翟元斌主编《学雷锋向导》，中共中央党校出版社，1990。

刘建军：《马克思主义信仰论》，中国人民大学出版社，1998。

刘惊铎：《道德体验论》，人民教育出版社，2003。

刘科：《从权利观念到公民德性》，上海大学出版社，2014。

刘梦溪主编《中国现代学术经典·唐君毅卷》，河北教育出版社，1996。

刘文英：《儒家文明——传统与传统的超越》，南开大学出版社，1999。

刘小枫、陈少明主编《美德可教吗?》，华夏出版社，2005。

刘玉梅：《道德焦虑论》，湖南教育出版社，2011。

刘裕：《传媒与道德——大众传媒对青少年道德影响研究》，人民出版社，2014。

刘云林：《善的求索——当代中国道德建设研究》，黑龙江人民出版社，2001。

龙静云：《马克思主义视野中的现代德治》，湖北长江出版集团，2008。

龙静云主编《马克思主义伦理学》，中国人民大学出版社，2016。

卢家楣：《情感教学心理学》，上海教育出版社，2000。

卢黎歌：《高校德育新探》，西安交通大学出版社，2009。

鲁洁：《当代德育基本理论探讨》，江苏教育出版社，2010。

鲁洁、王逢贤主编《德育新论》，江苏教育出版社，2010。

罗国杰：《传统伦理与现代社会》，中国人民大学出版社，2012。

罗国杰：《道德教育与价值导向》，教育科学出版社，2002。

罗国杰主编《伦理学》，人民出版社，2014。

罗国杰主编《中国伦理思想史》（上、下卷），中国人民大学出版社，2008。

罗国杰主编《中国伦理学百科全书：伦理学原理卷》，吉林人民出版社，1993。

武汉大学思想政治教育系组编《比较德育学》，武汉大学出版社，2000。

骆郁廷：《精神动力论》，武汉大学出版社，2003。

骆郁廷、倪愫襄主编《道德 人生 社会：中国特色社会主义思想道德建设》，武汉大学出版社，2014。

茅于轼：《中国人的道德前景》，暨南大学出版社，2003。

梅萍：《以德治国论》，湖北人民出版社，2003。

牟宗三：《心体与性体》，上海古籍出版社，1999。

牟宗三：《中国哲学的特质》，罗义俊编，上海古籍出版社，2007。

牟宗三：《中国哲学十九讲》，上海古籍出版社，1997。

倪梁康：《心的秩序：一种现象学心学研究的可能性》，江苏人民出版社，2010。

倪梁康等编著《现象学与古希腊哲学》，上海译文出版社，2015。

倪愫襄：《善恶论》，武汉大学出版社，2001。

倪愫襄：《思想政治教育元问题研究》，武汉大学出版社，2014。

倪愫襄：《制度伦理研究》，人民出版社，2008。

倪愫襄编著《伦理学简论》，武汉大学出版社，2007。

欧阳永忠：《道德心理和谐及其教育研究》，人民出版社，2014。

潘希武：《道德可教的涵义与方式》，中山大学出版社，2013。

彭柏林：《道德需要论》，上海三联书店，2007。

戚万学：《冲突与整合——20世纪西方道德教育理论》，山东教育出版社，1995。

戚万学等：《静水流深见气象：鲁洁先生的教育思想与教育情怀》，教育科学出版社，2010。

钱广荣：《中国道德国情论纲》，安徽人民出版社，2002。

钱穆：《文化学大义》，九州出版社，2012。

秦树理：《公民道德导论》，郑州大学出版社，2008。

渠敬东：《缺席与断裂——有关失范的社会学研究》，上海人民出版社，1999。

任建东：《道德信仰论》，宗教文化出版社，2004。

商戈令：《道德价值论》，浙江人民出版社，1988。

佘双好：《青少年思想道德现状及健全措施研究》，中国社会科学出版社，2010。

佘双好主编《毕生发展心理学》，武汉大学出版社，2013。

沈壮海：《思想政治教育的文化视野》，人民出版社，2005。

沈壮海：《思想政治教育有效性研究》，武汉大学出版社，2007。

黄钊等：《中国道德文化》，湖北人民出版社，2000。

沈壮海等：《学校德育问题研究》，大象出版社，2010。

沈壮海主编《兴国之魂——社会主义核心价值体系释讲》，湖北教育出版社，2013。

宋希仁：《不朽的寿律——人生的真善美》，中国人民大学出版社，1989。

宋希仁主编《西方伦理思想史》，中国人民大学出版社，2010。

宋希仁主编《社会伦理学》，山西教育出版社，2007。

孙其昂等：《思想政治教育现代转型研究》，学习出版社，2015。

孙迎光、徐青：《马克思总体性视域中的德育探索》，上海三联书店，2015。

覃青必：《论道德自由》，光明日报出版社，2012。

谭建光：《志愿服务：理念与行动》，人民出版社，2014。

檀传宝：《信仰教育与道德教育》，教育科学出版社，1999。

檀传宝：《学校道德教育原理》，教育科学出版社，2000。

唐代兴：《优良道德体系论：新伦理学研究》，中国大百科全书出版社，2004。

唐君毅：《道德自我之建立》，广西师范大学出版社，2005。

唐君毅：《中国文化之精神价值》，江苏教育出版社，2006。

唐凯麟：《伦理大思路：当代中国道德和伦理学发展的理论审视》，湖南人民出版社，2000。

唐凯麟编著《伦理学》，高等教育出版社，2001。

唐凯麟、邓名瑛主编《中国伦理学名著提要》，湖南师范大学出版社，2001。

唐凯麟、龙兴海：《个体道德论》，中国青年出版社，1993。

唐凯麟、王泽应：《20世纪中国伦理思潮》，高等教育出版社，2003。

唐凯麟主编《西方伦理学经典命题》，江西人民出版社，2009。

唐凯麟主编《西方伦理学名著提要》，江西人民出版社，2000。

唐凯麟主编《中华民族道德生活史研究》，金城出版社，2008。

陶倩：《当代中国志愿精神的培养研究》，上海人民出版社，2013。

万俊人：《伦理学新论》，中国青年出版社，1994。

汪凤炎、郑红：《良心新论——建构一种适合解释道德学习迁移现象的理论》，山东教育出版社，2011。

王炳林、郝清杰、黄明理：《强基固本的精神力量——社会主义核心价值观纵横谈》，安徽人民出版社，2016。

王炳书：《实践理性论》，武汉大学出版社，2002。

王国银：《德性伦理研究》，吉林人民出版社，2006。

王海明：《伦理学原理》，北京大学出版社，2001。

王海明：《新伦理学》，商务印书馆，2001。

王淑芹：《伦理秩序与道德研究》，中央编译出版社，2015。

王天民：《人的自我创造：历史唯物主义的伦理旨趣》，中国社会科学出版，2010。

王易编著《当代大学生价值观调查报告》，中共党史出版社，2008。

王育殊、王小锡编著《伦理学》，江苏教育出版社，1986。

王征国：《道德规范论：以人为核心的道德规范体系研究》，中山大学出版社，2001。

吴灿新：《善的追索》，广东人民出版社，2014。

吴瑾菁：《道德认识论》，社会科学文献出版社，2011。

吴潜涛：《伦理学与思想政治教育》，河南人民出版社，2003。

吴潜涛等：《社会主义荣辱观研究》，中国人民大学出版社，2014。

吴潜涛等：《当代中国公民道德状况调查》，人民出版社，2010。

吴潜涛主编《论公共伦理与公德》，湖北人民出版社，2008。

吴天岳：《意愿与自由：奥古斯丁意愿概念的道德心理学解读》，北京大学出版社，2010。

　　夏伟东：《道德本质论》，中国人民大学出版社，1991。

　　项久雨：《思想政治教育价值论》，中国社会科学出版社，2003。

　　肖川：《主体性道德人格教育》，北京师范大学出版社，2002。

　　肖巍：《女性主义关怀伦理学》，北京出版社，1999。

　　肖雪慧等：《主体的沉沦与觉醒——伦理学的一个新构想》，贵州人民出版社，1988。

　　熊伟主编《存在主义哲学资料选辑》（上卷），商务印书馆，1997。

　　徐向东：《道德哲学与实践理性》，商务印书馆，2006。

　　徐向东：《理解自由意志》，北京大学出版社，2008。

　　徐向东：《自我、他人与道德：道德哲学导论》，商务印书馆，2007。

　　徐向东编《自由意志与道德责任》，江苏人民出版社，2006。

　　许斌龙：《个体演绎与善恶抉择：社会转型期的道德扫描》，法律出版社，2012。

　　许为勤：《布伦塔诺价值哲学》，贵州人民出版社，2004。

　　杨国荣：《伦理与存在：道德哲学研究》，广西师范大学出版社，2015。

　　杨峻岭：《道德耻感论》，中央编译出版社，2013。

　　杨韶刚：《道德教育心理学》，上海教育出版社，2007。

　　杨韶刚：《西方道德心理学的新发展》，上海教育出版社，2007。

　　杨鲜兰、彭菊花：《交往与青少年道德修养》，中国社会科学出版社，2013。

　　姚新中：《道德活动论》，中国人民大学出版社，1990。

　　游子安：《善与人同——明清以来的慈善与教化》，中华书局，2005。

　　余源培等编著《哲学辞典》，上海辞书出版社，2009。

　　宇文利等：《高校社会主义核心价值体系教育全程化研究》，光明日报出版社，2011。

　　曾长秋、周含华编著《中国德育通史简编》，湖南人民出版社，2011。

　　曾钊新：《道德认知》，湖南人民出版社，2008。

　　曾钊新等：《心灵的碰撞——伦理社会学的虚与实》，湖南出版社，1993。

　　詹世友：《公义与公器：正义论视域中的公共伦理学》，人民出版社，2006。

詹万生:《整体构建德育体系引论》,教育科学出版社,2001。

张国春等:《风俗与道德》,山西教育出版社,1992。

张康之:《论伦理精神》,江苏人民出版社,2012。

张伟:《从分裂到融合的个体道德与公共伦理》,南京大学出版社,2014。

张耀灿、陈万柏主编《思想政治教育学原理》,高等教育出版社,2001。

张耀灿等:《现代思想政治教育学》,人民出版社,2006。

赵汀阳:《论可能生活:一种关于幸福和公正的理论》,中国人民大学出版社,2004。

赵祥禄:《论道德判断的基础》,中央编译出版社,2010。

浙江省中共党史学会、浙江现代革命历史文化研究基地编《榜样文化研究》,中国文史出版社,2015。

郑永年:《通往大国之路:中国与世界秩序的重塑》,东方出版社,2011。

郑永廷:《现代思想道德教育理论与方法》,广东高等教育出版社,2000。

郑永廷等:《主导德育论——大学生思想政治教育一元主导与多样发展研究》,人民出版社,2008。

郑永廷、张彦:《德育发展研究——面向21世纪中国高校德育探索》,人民出版社,2006。

郑永廷主编《思想政治教育方法论》(修订版),高等教育出版社,2010。

中国文化书院学术委员会编《梁漱溟全集》,山东人民出版社,2005。

周敏:《电视娱乐节目的公益性传播研究》,人民日报出版社,2016。

周作宇:《教育理论的边缘》,安徽教育出版社,2009。

朱江、张耀灿主编《大学德育概论》,湖北教育出版社,1986。

朱小蔓:《情感教育论纲》,人民出版社,2008。

朱小蔓主编《道德教育论丛》,南京师范大学出版社,2000。

朱贻庭主编《伦理学小辞典》,上海辞书出版社,2004。

朱贻庭主编《中国传统伦理思想史》,华东师范大学出版社,2009。

邹秀春:《道德榜样论》,北京出版社,2010。

三 中文译著类

〔瑞士〕艾尔玛·霍伦施泰因:《人的自我理解》,徐献军译,浙江大学出版社,2012。

〔德〕爱德华·封·哈特曼：《道德意识现象学：情感道德篇》，倪梁康译，商务印书馆，2012。

〔美〕安·兰德：《自私的德性》，焦晓菊译，华夏出版社，2007。

〔英〕安斯康姆：《意向》，张留华译，中国人民大学出版社，2008。

〔古希腊〕柏拉图：《理想国》，郭斌和、张竹明译，商务印书馆，1986。

〔美〕班杜拉：《社会学习理论》，陈欣银、李伯黍译，中国人民大学出版社，2015。

〔美〕班杜拉：《自我效能：控制的实施》，缪小春等译，华东师范大学出版社，2003。

〔德〕包尔生：《伦理学体系》，何怀宏、廖申白译，中国社会科学出版社，1998。

〔美〕伯尔赫斯·弗雷德里克·斯金纳：《科学与人类行为》，谭力海、王翠翔、王工斌译，华夏出版社，1989。

〔英〕达尔文：《人类的由来》，潘光旦、胡寿文译，商务印书馆，2005。

〔澳〕大卫·J. 查默斯：《有意识的心灵：一种基础理论研究》，朱建平译，中国人民大学出版社，2013。

〔英〕大卫·休谟：《道德原则研究》，曾晓平译，商务印书馆，2001。

〔英〕大卫·休谟：《人性论》（上、下册），关文运译，商务印书馆，2012。

〔美〕丹尼尔·C. 丹尼特：《意向立场》，刘占峰、陈丽译，商务印书馆，2015。

〔德〕迪特·亨里希：《思想与自身存在》，郑辟瑞译，浙江大学出版社，2013。

〔美〕杜威：《民主主义与教育》，王承绪译，人民教育出版社，2001。

〔德〕恩斯特·卡西尔：《人论：人类文化哲学导引》，甘阳译，上海译文出版社，2013。

〔美〕弗莱彻：《境遇伦理学》，程立显译，中国社会科学出版社，1989。

〔美〕富勒：《法律的道德性》，郑戈译，商务印书馆，2009。

〔瑞士〕耿宁：《人生第一等事：王阳明及其后学论"致良知"》，倪梁康译，商务印书馆，2014。

〔德〕哈贝马斯：《交往行动理论》，洪佩郁、蔺青译，重庆出版社，1994。

〔德〕哈贝马斯：《交往与社会进化》，张博树译，重庆出版社，1989。

〔德〕黑格尔：《精神现象学》（上、下册），贺麟、王玖兴译，上海人民出版社，2013。

〔德〕黑格尔：《法哲学原理》，范扬、张企泰译，商务印书馆，1979。

〔法〕亨利·柏格森：《道德与宗教的两个来源》，王作虹、成穷译，北京联合出版公司，2014。

〔德〕胡塞尔：《伦理学与价值论的基本问题》，艾四林、安仕侗译，中国城市出版社，2002。

〔德〕胡塞尔：《现象学心理学》，李幼蒸译，中国人民大学出版社，2015。

〔苏〕苏霍姆林斯基：《给教师的建议》，杜殿坤编译，教育科学出版社，1984。

〔法〕吉尔·利波维茨基：《责任的落寞：新民主时期的无痛伦理观》，倪复生、方仁杰译，中国人民大学出版社，2007。

〔美〕罗杰斯：《个人形成论：我的心理治疗观》，杨广学等译，中国人民大学出版社，2004。

〔加〕凯·尼尔森：《马克思主义与道德观念：道德、意识形态与历史唯物主义》，李义天译，人民出版社，2014。

〔德〕康德：《纯粹理性批判》，邓晓芒译，人民出版社，2004。

〔德〕康德：《道德形而上学原理》，苗力田译，上海人民出版社，2005。

〔德〕康德：《判断力批判》，邓晓芒译，人民出版社，2002。

〔德〕康德：《实践理性批判》，邓晓芒译，人民出版社，2003。

〔美〕科尔伯格：《道德发展心理学——道德阶段的本质与确证》，郭本禹等译，华东师范大学出版社，2004。

〔捷克〕夸美纽斯：《大教学论·教学法解析》，任钟印译，人民教育出版社，2006。

〔美〕里奇拉克：《发现自由意志与个人责任》，许泽民、罗选民译，吴福临校，贵州人民出版社，1994。

〔法〕卢梭：《爱弥儿》（上、下卷），李平沤译，商务印书馆，2011。

〔美〕罗尔斯：《道德哲学史讲义》，顾肃、刘雪梅译，中国社会科学出版社，2012。

〔美〕罗尔斯：《正义论》，何怀宏、何包钢、廖申白译，中国社会科学出版社，2015。

〔美〕罗洛·梅：《焦虑的意义》，朱侃如译，广西师范大学出版社，2010。

〔古罗马〕奥古斯丁：《论自由意志：奥古斯丁对话录二篇》，成官泯译，上海人民出版社，2010。

〔美〕马丁·L. 霍夫曼：《移情与道德发展：关爱和公正的内涵》，杨韶刚、万明译，黑龙江人民出版社，2003。

〔美〕马斯洛：《动机与人格》，许金声等译，中国人民大学出版社，2013。

〔美〕迈克尔·桑德尔：《公正——该如何做是好》，朱慧玲译，中信出版社，2014。

〔美〕麦金太尔：《伦理学简史》，龚群译，商务印书馆，2003。

〔美〕麦金太尔：《依赖性的理性动物：人类为什么需要德性》，刘玮译，译林出版社，2013。

〔美〕麦金太尔：《追寻美德：道德理论研究》，宋继杰译，译林出版社，2011。

〔美〕诺丁斯：《关心——伦理和道德教育的女性路径》，武云斐译，北京大学出版社，2014。

〔美〕诺丁斯：《教育哲学》，许立新译，北京师范大学出版社，2008。

〔英〕欧若拉·奥尼尔等：《美德伦理与道德要求》，徐向东编，江苏人民出版社，2008。

〔法〕皮埃尔·马利：《信仰、欲望与行动》，许铁兵、钟震宇译，中国社会科学出版社，2015。

〔瑞士〕皮亚杰：《儿童的道德判断》，傅统先、陆有铨译，山东教育出版社，1984。

〔英〕乔治·弗兰克尔：《道德的基础》，王雪梅译，国际文化出版公司，2007。

〔法〕萨特：《存在主义是一种人道主义》，周煦良、汤永宽译，上海译文出版社，1988。

〔美〕塞尔:《意向性:论心灵哲学》,刘叶涛译,上海人民出版社,2007。

〔美〕塞缪尔·鲍尔斯、赫伯特·金迪斯:《合作的物种——人类的互惠性及其演化》,张弘译,浙江大学出版社,2015。

〔美〕苏珊·桑塔格:《关于他人的痛苦》,黄灿然译,上海译文出版社,2006。

〔德〕叔本华:《伦理学的两个基本问题》,任立、孟庆时译,商务印书馆,2010。

〔荷兰〕斯宾诺莎:《伦理学》,李健编译,陕西人民出版社,2007。

〔美〕斯蒂芬·P. 斯蒂克、特德·A. 沃菲尔德:《心灵哲学》,高新民等译,中国人民大学出版社,2014。

〔美〕斯蒂文·费什米尔:《杜威与道德想象力——伦理学中的实用主义》,徐鹏、马如俊译,张驰校,北京大学出版社,2010。

〔法〕涂尔干:《道德教育》,陈金光、沈杰、朱谐汉译,上海人民出版社,2006。

〔法〕涂尔干:《乱伦禁忌及其起源》,汲喆、付德根、渠东译,上海人民出版社,2003。

〔英〕托马斯·里德:《论人的理智能力》,李涤非译,浙江大学出版社,2010。

〔英〕托马斯·里德:《论人的行动能力》,丁三东译,浙江大学出版社,2011。

〔美〕托马斯·里克纳:《美式课堂:品质教育学校方略》,刘冰、董晓航、邓海平译,海南出版社,2001。

〔美〕托马斯·内格尔:《利他主义的可能性》,应奇、何松旭、张曦译,上海译文出版社,2015。

〔美〕托马斯·内格尔:《人的问题》,万以译,上海译文出版社,2014。

〔美〕托马斯·斯坎伦:《我们彼此负有什么义务》,陈代东等译,人民出版社,2008。

〔英〕西季威克:《伦理学方法》,廖申白译,中国社会科学出版社,1993。

〔英〕西季威克:《伦理学史纲》,熊敏译,江苏人民出版社,2008。

〔英〕亚当·斯密：《道德情操论》，蒋自强等译，胡企林校，商务印书馆，2011。

〔古希腊〕亚里士多德：《尼各马可伦理学》，廖申白译注，商务印书馆，2003。

〔英〕约翰·洛克：《教育漫话》，杨汉麟译，人民教育出版社，2006。

〔美〕约翰·麦克道威尔：《心灵与世界》，韩林合译，中国人民大学出版社，2014。

〔英〕约翰·穆勒：《功利主义》，徐大建译，上海人民出版社，2008。

四 中文期刊报纸类

《把培育和弘扬社会主义核心价值观作为凝魂聚气强基固本的基础工程》，《人民日报》2014年2月26日，第1版。

曹鸿飞、吕锡琛：《从马斯洛的需要理论看个体的道德需要》，《现代大学德育》2004年第2期。

陈秉公：《论社会主义核心价值观"高势位"培育和践行的规律性》，《思想理论教育》2014年第2期。

陈会昌等：《尤尼斯道德发展的实践活动观述评》，《心理科学》2004年第1期。

陈启伟：《布伦塔诺的意向性学说浅析》，《中州学刊》2007年第5期。

陈玮：《亚里士多德论想望与道德生活的可能性》，《伦理学研究》2014年第5期。

陈小明：《道德需要、道德层次与新时期道德建设》，《道德与文明》1997年第5期。

程秀波：《善行的障碍剖析》，《河南师范大学学报》（哲学社会科学版）1991年第4期。

崔婷婷：《论道德模范影响力的提升》，《湖南社会科学》2012年第6期。

戴莹、马超：《道德需要：高校德育创新的基点》，《高教探索》2004年第4期。

杜时忠：《制度德性与制度德育》，《高教探索》2002年第4期。

杜振吉：《道德的起源与人的需要》，《理论学刊》2003 年第 5 期。

方军：《制度伦理与制度创新》，《中国社会科学》1997 年第 3 期。

方旭东：《道德实践中的认知、意愿与性格——论程朱对"知而不行"的解释》，《哲学研究》2011 年第 11 期。

方旭东：《为善何以"可而不能"：荀子论说中的意志自由问题》，《学术月刊》2007 年第 12 期。

费洪喜、高梁：《论道德的起源及本质》，《齐鲁学刊》1995 年第 5 期。

高兆明：《"道德"探幽》，《伦理学研究》2002 年第 2 期。

葛晨虹：《道德共识的达成与和谐社会建设》，《光明日报》2015 年 7 月 24 日，第 7 版。

葛晨虹：《建立道德奉献与道德回报机制》，《道德与文明》2001 年第 3 期。

葛岩、秦裕林：《善行的边界：社会与市场规范冲突中的公益选择——基于上海交通大学学生的研究》，《中国社会科学》2012 年第 8 期。

龚群：《论道德赏罚》，《云南社会科学》2009 年第 5 期。

郭本禹：《布伦塔诺的意动心理学述评》，《心理学报》1998 年第 1 期。

郭本禹、崔光辉：《意向性：从布伦塔诺到麦农》，《华东师范大学学报》（教育科学版）2006 年第 4 期。

韩东屏：《道德究竟是什么——对道德起源与本质的追问》，《学术月刊》2011 年第 9 期。

韩东屏：《论道德评价方法》，《人文杂志》2011 年第 6 期。

韩震、郑云勇：《试论布伦塔诺的意向性理论》，《学习与探索》2006 年第 2 期。

贺平：《道德需要：现代道德教育体系的理论基石》，《教育研究》1992 年第 3 期。

侯勇、孙其昂：《论精神生活的现代性遭遇与超越之路》，《南京师大学报》2010 年第 4 期。

黄明理：《从人性看人的道德需要》，《南京师大学报》（社会科学版）1997 年第 1 期。

姜永志：《布伦塔诺意动心理学对理论心理学的贡献》，《心理研究》2014年第3期。

蒋颖荣：《荀子的"礼乐"教化思想与现代道德传播》，《哲学动态》2010年第5期。

焦金波：《"道德人"及其生成的元问题审思》，《道德与文明》2010年第6期。

井红波、陈抗：《大学生道德动机对道德判断与反社会行为的调节效应研究》，《重庆大学学报》（社会科学版）2015年第5期。

寇彧、唐玲玲：《心境对亲社会行为的影响》，《北京师范大学学报》（社会科学版）2004年第5期。

蓝维：《道德需要与道德行为》，《当代青年研究》2006年第5期。

李光辉：《论道德意向在个体道德活动中的主导作用》，《重庆师范大学学报》（哲学社会科学版）1991年第2期。

李海星：《社会主义核心价值观论要》，《科学社会主义》2013年第2期。

李建华、冯昊青：《道德起源及其相关性问题——一种基于人类自演化机制的新视角》，《中南大学学报（社会科学版）》2007年第3期。

李兰芬、张晓东：《道德转型论》，《江海学刊》1997年第2期。

李丽娟：《以社会主义核心价值观引领公民道德共识培育》，《理论与改革》2015年第5期。

李蕊：《试论"榜样疏离"困境的产生与解决》，《求实》2012年第8期。

李胜华：《关于道德的三个问题》，《道德与文明》1987年第4期。

李曦：《论道德动机探究的科学证据》，《自然辩证法通讯》2013年第5期。

李晔、苗青：《道德"规范"与"意向"》，《河南师范大学学报》（哲学社会科学版）2010年第4期。

李玉堂：《高校以道德需要为核心的德育论略》，《现代大学教育》2001年第3期。

廖小平：《论道德榜样——对现代社会道德榜样的检视》，《道德与文明》2007年第2期。

林航：《道德意识》，《世界哲学》2004 年第 6 期。

刘建军：《接受理论对思想政治教育的启示》，《教学与研究》2000 年第 2 期。

刘曙辉：《论道德冷漠》，《道德与文明》2008 年第 4 期。

刘云山：《着力培育和践行社会主义核心价值观》，《求是》2014 年第 2 期。

柳礼泉、庞申伟：《道德模范选树与公民道德建设》，《伦理学研究》2015 年第 6 期。

龙静云：《道德问题治理与提升文化软实力》，《马克思主义研究》2015 年第 2 期。

龙静云：《我国社会道德共同体及其型构策略》，《中州学刊》2015 年第 1 期。

鲁洁：《超越性的存在——兼析病态适应的教育》，《华东师范大学学报》（教育科学版）2007 年第 4 期。

吕梁山：《从自我决定到自我实现：阿罗诺维奇对马克思道德观的阐释》，《马克思主义研究》2013 年第 5 期。

罗国杰：《论道德需要》，《湖北社会科学》1992 年第 9 期。

倪素香：《伦理道德规范建设的基本原则》，《学习月刊》2016 年第 3 期。

倪愫襄：《道德意识的发生学考察》，《浙江社会科学》1998 年第 1 期。

倪愫襄：《论善的功能》，《西安政治学院学报》1999 年第 6 期。

彭柏林：《道德需要范畴刍议》，《道德与文明》2003 年第 5 期。

彭柏林：《论人类道德需要发生的心理动因》，《湖南师范大学社会科学学报》2007 年第 2 期。

彭柏林：《人类道德需要发生论》，《求索》2001 年第 3 期。

彭庆红、李洁：《试论新时期青年德育发展的新取向——以高校德育整合发展为例》，《马克思主义与现实》2017 年第 1 期。

任静伟：《部分公众人物道德缺失的现状、原因及应对》，《探索》2014 年第 6 期。

任帅军：《马克思道德观意蕴及其启示》，《伦理学研究》2014 年第

1 期。

　　任松峰：《官德建设须臾不能放松》，《光明日报》2015 年 6 月 16 日，第 16 版。

　　佘双好：《青少年思想道德现状及发展特点的实证研究》，《思想理论教育导刊》2010 年第 5 期。

　　沈亚生、颜冬梅：《亚里士多德对道德责任的思考》，《吉林大学社会科学学报》2016 年第 6 期。

　　沈永福：《论传统儒家道德意志的修养方法》，《道德与文明》2011 年第 6 期。

　　沈壮海：《创新德育需要激活学派》，《辽宁教育》2012 年第 24 期。

　　沈壮海：《道德人心领域亟需良好治理》，《人民论坛》2014 年第 24 期。

　　沈壮海：《将优秀传统文化融入高校立德树人实践》，《思想政治工作研究》2014 年第 4 期。

　　沈壮海：《论高校德育的人本追求》，《思想理论教育导刊》2009 年第 11 期。

　　沈壮海、王迎迎：《大学生对全国道德模范的了解情况——基于全国 35 所高校的调研》，《道德与文明》2016 年第 6 期。

　　宋明：《大学生道德动力建构探析》，《思想教育研究》2005 年第 2 期。

　　宋启林：《论道德实效》，《道德与文明》2003 年第 5 期。

　　孙炳海等：《大学生的观点采择与助人行为：群体关系与共情反应的不同作用》，《心理发展与教育》2011 年第 5 期。

　　孙少平：《论道德需要及其培养》，《教育发展研究》2006 年第 18 期。

　　唐娟：《公民公益行为的理论分析》，《河南大学学报》（社会科学版）2004 年第 5 期。

　　王海明：《道德的起源和目的：从个人道德需要看》，《华侨大学学报》（哲学社会科学版）2004 年第 3 期。

　　王海明：《关于道德的起源和目的四种理论》，《吉首大学学报》（社会科学版）2009 年第 2 期。

　　王洁：《论道德需要的生成机制》，《学校党建与思想教育》2013 年第

9 期。

王洁、郑葵阳：《论道德需要的缺失及其教育价值指归》，《学校党建与思想教育》2013 年第 5 期。

王珺：《道德需要：对道德教育有效性的一种解读》，《理论月刊》2003 年第 11 期。

王枬：《论道德需要与道德教育》，《教育科学》1998 年第 2 期。

王庆节：《道德感动与伦理意识的起点》，《哲学研究》2010 年第 10 期。

王淑芹：《现代性道德冲突与社会规制》，《哲学研究》2016 年第 4 期。

王树荫：《高等学校师德建设论》，《思想政治教育研究》2010 年第 5 期。

王霞：《当代中国民间道德力量研究》，博士学位论文，南京师范大学》2014。

王学俭、顾超：《当前中国信仰问题的若干思考》，《毛泽东邓小平理论研究》2016 年第 10 期。

魏传光、曹琨：《道德需要：德育的前提性承诺》，《现代教育科学》2004 年第 1 期。

文学平：《论集体意向性与道德的起源——评王海明教授的"道德自律－他律论"》，《学术界》2010 年第 10 期。

吴潜涛：《正确理解理想信念的科学含义》，《教学与研究》2011 年第 4 期。

吴天岳：《奥古斯丁论信仰的发端（Initium Fidei）——行动的恩典与意愿的自由决断并存的哲学可能》，《云南大学学报》（社会科学版）2010 年第 6 期。

吴天岳：《奥古斯丁〈论自由决断〉第三卷中的神圣预知与自由意愿》，《社会科学战线》2011 年第 4 期。

吴天岳：《试论奥古斯丁著作中的意愿（voluntas）概念——以〈论自由选择〉和〈忏悔录〉为例》，《现代哲学》2005 年第 7 期。

吴献举：《道德争议事件的舆论误导与媒体责任》，《湖北社会科学》2012 年第 9 期。

吴向东：《制度与人的全面发展》，《哲学研究》2004 年第 8 期。

习近平：《青年要自觉践行社会主义核心价值观——在北京大学师生座谈会上的讲话》，《人民日报》2014 年 5 月 5 日，第 2 版。

习近平：《在同全国劳动模范代表座谈时的讲话》，《光明日报》2013 年 4 月 29 日，第 2 版。

《习近平会见全国道德模范》，《人民日报》（海外版）2013 年 9 月 27 日，第 1 版。

《习近平在中共中央政治局第十三次集体学习时强调 把培育和弘扬社会主义核心价值观作为凝魂聚气强基固本的基础工程》，《党建》2014 年第 3 期。

夏湘远：《义务·良心·自由：道德需要三层次》，《求索》2000 年第 3 期。

谢香云：《论道德需要与道德内化》，《教育导刊》1999 年第 Z2 期。

邢淑芬等：《共情倾向与受害者可识别性对大学生捐款意愿的影响：共情反应的中介作用》，《心理科学》2015 年第 4 期。

许建良：《道德需要驱动力机制》，《伦理学研究》2010 年第 2 期。

宣云凤：《论个体道德意识》，《道德与文明》1992 年第 4 期。

宣云凤：《论个体道德意识的心理机制》，《苏州大学学报》（哲学社会科学版）2005 年第 2 期。

杨峻岭、吴潜涛：《论自由意志与道德耻感》，《中国人民大学学报》2013 年第 1 期。

杨鲜兰：《论马克思的需要动力思想》，《哲学研究》2011 年第 5 期。

易小明、祝青：《道德意志概念论析》，《哲学研究》2010 年第 10 期。

余玉花：《道德信仰与价值共识》，《理论探讨》2015 年第 3 期。

曾小五：《从三个视点看道德需要》，《湖南师范大学社会科学学报》2000 年第 4 期。

曾钊新：《论道德需要发展的社会轨迹》，《中州学刊》1992 年第 4 期。

詹小美、金素端：《论社会主义核心价值观的强化认同》，《青海社会科学》2013 年第 3 期。

张弛：《大学生道德选择矛盾性研究》，《青年研究》2003 年第 6 期。

张耀灿：《关于弘扬志愿精神的几个问题》，《思想政治教育研究》2011 年第 5 期。

张宜海：《公民道德动力不足的原因和对策》，《学校党建与思想教育》2015 年第 11 期。

张志伟：《试论道德需要的发生》，《江汉论坛》1990 年第 11 期。

赵金兰：《以道德需要为起点的中学德育操作指向》，《天津教育》2005 年第 11 期。

郑睦凡、赵俊华：《权力如何影响道德判断行为：情境卷入的效应》，《心理学报》2013 年第 11 期。

郑永廷：《当代社会精神文化的发展与价值彰显——努力建设健康的精神文化环境与精神家园》，《思想政治教育研究》2010 年第 1 期。

郑永廷：《论德育环境优化》，《思想教育研究》1995 年第 3 期。

《中国青年志愿者行动 20 年报告》，《中国青年报》2013 年 12 月 5 日，第 8 版。

朱必法：《中国道德教育的三大困境》，《光明日报》2014 年 12 月 16 日，第 14 版。

朱美芬：《论道德需要与道德建设》，《学海》1999 年第 4 期。

祝东力、王振耀：《今天，道德需要怎样的激励?》，《人民日报》2010 年 9 月 2 日，第 8 版。

左玮娜：《善行　应当在举手投足间完成》，《中国社会报》2006 年 8 月 21 日，第 1 版。

五　外文著述类

A. H. Eagly, S. Chaiken , *The Psychology of Attitude, New York: Harcourt Brace Jovanovich College Publishers,* 1993.

B. H. Sheppard , J. Hartwick , P. R. Warshaw, "The Theory of Reasoned Action: A Meta – analysis of Past Research with Recommendations for Modifications and Future Research," *Journal of Consumer Research* 15(1988) .

B. M. Stilwell et al. , "Moral Volition: The Fifth and Final Domain Leading to an Integrated Theory of Conscience Understanding," *Journal of the American Academy of Child and Adolescent Psychiatry* 37(1998) .

E. Fehr , S. Gachter, "Fairness and Retaliation: The Economics of Reciprocity, " *Journal of Economic Perspectives* 14(2000).

F. Brentano, *Psychology from an Empirical Standpoint*, London: Routledge & Kegan Paul, 1973.

F. Cushman, "Action, Outcome, and Value: A Dualsystem Framework for Morality, " *Personality and Social Psychology Review* 3(2013).

G. Bolton , R. Zwick, "Anonymity versus Punishment in Ultimatum Bargaining, " *Games and Economic Behavior* 10(1995).

G. E. M. Anscombe, "Modern Moral Philosophy, " *Philosophy* 33(1998).

G. Harrison, "Satisfaction, Tension & Interpersonal Relations: A Cross − cultural Comparison of Managers in Singapore and Australia, " *Journal of Managerial Psychology* 10 (1995).

Heyman, D. Ariely, "Effort for Payment: A Tale of Two Markets, " *Psychological Science*, 15(2004).

Hyunmo Kang et al. , "Effects of Perceived Behavioral Control on the Consumer Usage Intention of E − coupons , " *Psychology & Marketing* 10(2006).

J. F. Engel, R. D. Blackwell , P. W. Miniard , *Consumer Behavior*, New York, 1995.

John Hensley Godwin, *Active Principles or Elements of Moral Science: Mental Feelings, Volitions, Moral Perceptions, and Sentiments*, Kessinger Publishing, 2010.

L. A. Penner et al. , "Prosocial Behavior: Multilevel Perspectives, " *Annual Review of Psychology* 56(2005).

M. Fishbein , I. Ajzen, *Belief, Attitude, Intentionand Behavior: An Introduction to Theory and Research Reading*, MA: Addison Wesley, 1975.

N. Eisenberg et al. , "Prosocial Development in Early Adulthood: A Longitudinal Study, " *Journal of Personality and Social Psychology* 82(2002). .

R. Janoff − Bulman, N. C. Carnes, "Surveying the moral landscape: Moral motives and group based moralities, " *Personality and Social Psychology Review*17 (2013).

Sarah F. Brosnan , Frans B. M. de Waal , "Monkeys Reject Unequal Pay, " *Nature* 18(2003).

S. Shim et al. , " An Online Prepurchase Intentions Modelahe Role of Intention to Search, " *Journal of Retailing* 77(2001) .

T. Kogut, I. Ritov, "The ' Identified Victim' Effect: An Identified Group, or Just a Single Individual?" *Journal of Behavioral Decision Making* 18(2005) .

后 记

何谓"善"？何谓"善念"？"善良道德意愿"该如何培育？又该如何激发？探索这些问题是我执着追求的学术信仰。

十年前的暑假，开始准备硕士学位论文选题，导师洪明教授让我先去读一读鲁洁老师、朱小蔓老师的著作和文章。就这样，我和道德教育相遇了，在这场最美的相遇里收获了静心读书、醉心学术的幸福。围绕"道德情感"话题，洪老师为我选定了硕士学位论文题目——《休谟道德情感思想及其对当代大学生情感教育的启示》。稚嫩的8万字，承载着一个初学者对学术殿堂的憧憬和向往。在此期间，我还尝试撰写了《高校思想政治理论课情感互动的思考》《情感视域下研究生学术道德失范研究》《传统文化与现代思想政治教育的人文情感建设》三篇主题相近的小论文，对情感教育的认识和理解得以进一步深化。

八年前的暑假，我从瑜珈山搬到珞珈山，提前加入了导师沈壮海教授的《中国大学生思想政治教育发展报告》研究团队，主要负责"道德观与道德行为"部分的问卷设计、数据分析、论文撰写等工作，开启了对大学生道德观与道德行为状况的持续关注。沈老师为我量身打造了博士学位论文题目——《道德意愿及其培育研究》，博士论文的写作使我对道德教育的研学更加全面、深入、精细。这期间，我先后在《道德与文明》《中国高等教育》《思想教育研究》《思想理论教育》《中国教育报》等刊物上发表了多篇以道德教育为主题的小论文，无论是理论层面的知识积累，还是实践层面的问题思考，都在持续深入中。

近几年来，我又申报了几个小课题，内容涉及"红色家风""家庭德育""师德意识""廉洁教育""青少年社会主义核心价值观""青年亚文化"等，在教学与研究中持续关注道德教育话题。

本书是在博士学位论文的基础上修改而成的。本书的出版暂且当作这十年道德教育研学经历的小总结吧，也作为今后的学术研究生活新的开篇。因时间、能力所限，本书还有不足之处，敬请各位专家学者批评指正！在今后的研究中，我也将会进一步深入道德意愿研究。在理论深化层面，一方面，以心学与玄学为线索，深入探讨中国伦理思想史中关于道德意愿问题的思考；另一方面，从心理学、现象学、心灵哲学视角，深入考察西方学者对道德意愿问题的关注。在实践深入层面，一方面，以实证研究调查不同道德主体的道德意愿状况；另一方面，通过田野调查深入剖析当前道德意愿培育问题。

特别感谢我人生中的三位导师，本科导师宋卫平副教授鼓励我走上学术研究之路，硕士研究生导师洪明教授带领我走进道德教育研究的学术殿堂，博士研究生导师沈壮海教授指导我在道德教育研究的学术殿堂中深耕、细作、厚植，三位老师的言传身教感染我修己悟道、潜心育人，做一个淡泊名利、虔诚守望的求学者。感谢骆郁廷教授、佘双好教授、倪素香教授、项久雨教授、熊建生教授、李斌雄教授、杨威教授等，给我指导开题报告、训诲论文写作，感谢刘建军教授、杨鲜兰教授、左亚文教授在论文答辩会上提出的宝贵意见。感谢学术成长道路上给予我帮助和关怀的师长、同学们。

感谢社会科学文献出版社曹义恒老师从选题立项到书稿付梓所做的一切，感谢岳梦夏老师的时时鞭策、悉心指导，感谢周浩杰老师的精心编辑，感谢给本书写作带来观点启发的所有学界前辈们！

王迎迎

2022 年 7 月 18 日

于西南交大三号楼

图书在版编目（CIP）数据

道德意愿及其培育研究 / 王迎迎著 . -- 北京：社
会科学文献出版社，2022.8
ISBN 978 - 7 - 5228 - 0523 - 8

Ⅰ.①道…　Ⅱ.①王…　Ⅲ.①道德建设 - 研究　Ⅳ.
①B82

中国版本图书馆 CIP 数据核字（2022）第 143123 号

道德意愿及其培育研究

著　　者 / 王迎迎

出 版 人 / 王利民
责任编辑 / 岳梦夏
文稿编辑 / 周浩杰
责任印制 / 王京美

出　　版 / 社会科学文献出版社 · 政法传媒分社（010）59367156
　　　　　　地址：北京市北三环中路甲 29 号院华龙大厦　邮编：100029
　　　　　　网址：www. ssap. com. cn
发　　行 / 社会科学文献出版社（010）59367028
印　　装 / 三河市东方印刷有限公司

规　　格 / 开本：787mm × 1092mm　1/16
　　　　　　印 张：14　字 数：226 千字
版　　次 / 2022 年 8 月第 1 版　2022 年 8 月第 1 次印刷
书　　号 / ISBN 978 - 7 - 5228 - 0523 - 8
定　　价 / 98. 00 元

读者服务电话：4008918866